青少年万有书系
最应该知道的为什么系列

优秀青少年
最应该知道的为什么

科技卷
KEJI JUAN

青少年万有书系编写组 编写

北方联合出版传媒（集团）股份有限公司
辽宁少年儿童出版社
沈阳

编委会名单（按姓氏笔画排序）

方　虹　冯子龙　朱艳菊　许科甲
佟　俐　郎玉成　钟　阳　谢竞远
谭颜葳　薄文才

图书在版编目（CIP）数据

优秀青少年最应该知道的为什么. 科技卷/青少年万有书系编写组编写. —沈阳：辽宁少年儿童出版社，2014.1（2021.8重印）
（青少年万有书系. 最应该知道的为什么系列）
ISBN 978-7-5315-6039-5

Ⅰ.①优… Ⅱ.①青… Ⅲ.①科学知识—青年读物 ②科学知识—少年读物 Ⅳ.①Z228.2

中国版本图书馆CIP数据核字(2013)第003911号

出版发行：北方联合出版传媒（集团）股份有限公司
　　　　　辽宁少年儿童出版社
出 版 人：胡运江
地　　址：沈阳市和平区十一纬路25号
邮　　编：110003
发行（销售）部电话：024-23284265
总编室电话：024-23284269
E-mail：lnse@mail.lnpgc.com.cn
http：//www.lnse.com
承 印 厂：三河市嵩川印刷有限公司

责任编辑：朱艳菊　谭颜葳
责任校对：李　爽
封面设计：红十月工作室
版式设计：揽胜视觉
责任印制：吕国刚

幅面尺寸：170mm×240mm
印　　张：12　　字　数：330千字
出版时间：2014年1月第1版
印刷时间：2021年8月第3次印刷
标准书号：ISBN 978-7-5315-6039-5
定　　价：45.00元

版权所有　侵权必究

全案策划　唐码书业（北京）有限公司
WWW.TANGMARK.COM

图片提供　台湾故宫博物院　时代图片库 等
www.merck.com　www.netlibrary.com
digital.library.okstate.edu　www.lib.usf.edu　www.lib.ncsu.edu

版权声明

经多方努力，本书个别图片权利人至今无法取得联系。请相关权利人见书后及时与我们联系，以便按国家规定标准支付稿酬。

联系人：刘　颖　　联系电话：010-82676767

ZONGXU 总 序

青少年最大的特点是多梦和好奇。多梦，让他们心怀天下，志存高远；好奇，让他们思维敏捷，触觉锐利。而今我们却不无忧虑地看到，低俗文化在消解着青少年纯美的梦想，应试教育正磨钝着青少年敏锐的思维。守护青少年的梦想，就是守护我们的未来。葆有青少年的好奇，就是葆有我们的事业。

正是基于这一认识，我社策划编写了《青少年万有书系》丛书，试图在这方面做一些有益的尝试。在策划编写过程中，我们从青少年的特点出发，力求突出趣味性、知识性、神秘性、前沿性、故事性，以最大限度调动青少年读者的好奇心、探索性和想象力。

考虑到青少年读者的不同兴趣，我们将丛书分为"发现之旅系列"、"探索之旅系列"、"优秀青少年课外知识速递系列"、"历史地理系列"、"最应该知道的为什么系列"和"最惊奇系列"六大系列。

"发现之旅系列"包括《改变世界的发明与发现》《叹为观止的世界文明奇迹》《精彩绝伦的世界自然奇观》和《永无止境的科学探索》。读者可以通过阅读该系列内容探究世界的发明创造与奇迹奇观。比如神奇的纳米技术将如何改变世界？是否真的存在"时空隧道"？地球上那些瑰丽奇特的岩洞和峡谷是如何形成的？在该系列内容里，将会为读者一一解答。

"探索之旅系列"包括《揭秘恐龙世界》《走进动物王国》《打开奥秘之门》。它们将带你走进神奇的动物王国一探究竟。你将亲临恐龙世界，洞悉动物的奇趣习性，打开地球生命的奥秘之门。

"优秀青少年课外知识速递系列"涵盖自然环境、科学科技、人类社会、文化艺术四个方面的内容。此系列较翔实地列举了关于这四大领域里的种种发现和疑问。通过阅读此系列内容，广大青少年一定会获悉关于自然以及人类历史发展留下的各种谜团的真相。

"历史地理系列"则着重于为青少年朋友描绘气势恢宏的世界历史和地理画卷。其中《世界历史》分金卷和银卷，以重大历史事件为脉络，并附近千幅珍贵图片为广大青少年读者还原历史真颜。《世界国家地理》和《中国国家地理》图文并茂地让读者领略各地风情。该系列内容包含重大人类历史发展进程的介绍和自然人文风貌的丰富呈现，绝对是青少年读者朋友不可错过的知识给养。

"最应该知道的为什么系列"很好地满足了广大青少年朋友的好奇心和求知欲。此系列分生物、科技、人文、环境四卷,很全面地回答了许多领域我们关心的问题。比如,生命从哪里来?电脑为何会感染病毒?为什么印度人发明的数字会被称作阿拉伯数字?厄尔尼诺现象具体指什么?等等,诸多贴近我们生活的有意义的话题。

"最惊奇系列"则为广大青少年读者朋友介绍了许多世界之最和中国、世界之谜。在这里你会知晓世界上哪种动物最长寿,宇宙是如何起源的,中国人的祖先来自哪里,传说中的所罗门宝藏又在哪里等一系列神秘话题。这些你都可以通过阅读《青少年万有书系》之"最惊奇系列"找到答案。

现代社会学认为,未来社会需要的是更具有想象力、创造力的人才。作为编者,我们衷心希望这套精心策划、用心编写的丛书能对青少年起到这样的作用。这套丛书的定位是青少年读者,但这并不是说它们仅属于青少年读者。我们也希望它成为青少年的父母以及其他读者群共同的读物,父女同读,母子共赏,收获知识,收获思想,收获情趣,也收获亲情和温馨。

谁的青春不迷茫?愿《青少年万有书系》能够为青少年在青春成长的路上指点迷津,带去智慧的火花,带来知识的宝藏。

Contents
目录 >>
KEJI JUAN

PART 1
身边的科学

为什么蒸熟的馒头里有许多小孔? 2
可乐打开为什么冒泡? 2
为什么用吸管可以把果汁吸上来? 3
水饺煮熟了以后为什么会漂在水面上? 3
爆米花是怎样做成的? 4
为什么镜子里的人像是左右颠倒的? 4
自来水是从哪里来的? 5
盥洗池的下水管为什么是弯的? 5
为什么冬天脱毛衣会"起电"? 6
为什么羊毛衫洗过以后会缩水? 6
为什么羽绒服穿起来特别暖和? 7
为什么拉链能把皮包的开口封上? 7
尼龙搭扣为什么能粘得那么牢固? 8
为什么用高压锅做饭熟得特别快? 8
为什么煮牛奶时很容易"潽锅"? 9
为什么水壶里会结一层厚厚的水垢? 9
为什么真空罐头食品不易变质? 10
为什么有些药片要包上糖衣? 10
肥皂为什么能洗掉衣服上的污迹? 11
铅笔是用铅做的吗? 11
自来水笔为什么会自动出水? 12
为什么老照片会泛黄? 12
为什么铁会生锈? 13
为什么不锈钢不生锈? 13
空调为什么能制冷? 14
暖气为什么都安装在窗户下面? 14
煤气为什么有怪味道? 15
为什么在屋里烧煤炉容易引起煤气中毒? 15
保险丝为什么能够保证用电安全? 16
为什么有时候空气开关会跳闸? 16

灯泡为什么会亮? 17
为什么白炽灯泡用久了会
　　发黑? 17
调光台灯为什么可以调节明暗? ..18
霓虹灯为什么是五光十色的? 18
为什么火苗会向上? 18
水为什么能灭火? 19
油锅着火为什么不能用水扑灭? ..19
泡沫灭火器为何能灭火? 20
烟花为什么绚丽多彩? 20
为什么救生圈和救生衣都是
　　橙黄色的? 21
大门上的"猫眼"有什么作用? ..21
为什么一把钥匙只能开一把锁? ..22
指纹锁用的什么原理? 22
为什么超市里的所有商品都有
　　条形码? 23
声控灯为什么有声音就会亮? ...23
电子琴为什么能奏出其他
　　乐器的声音? 24
自动扶梯如何工作? 24
电视为什么可以用遥控器来控制?
　　........................... 25
彩电为什么可以显示彩色图像? ...25
微波炉为什么可以加热食物? ..26
为什么微波炉中不能放金属器皿? .26
油烟机为什么能把油烟吸走? ..27
为什么洗衣机能将衣服甩干? ..27
为什么说失去摩擦力我们就会
　　寸步难行? 28

猫从高处跳下来为什么不会
　　摔死? 28
用撬棍为什么能撬动很重的
　　物体? 29
为什么夏天容易中暑? 29
为什么有时开着电风扇也不
　　凉快? 30
为什么温度计能测量温度? 30
为什么声音不能在真空中传播? ..31
为什么有的声音听起来令人
　　烦躁? 31
山谷里为什么有回声? 32
回音壁为什么会传声? 32
为什么人类听不到超声波和
　　次声波? 33
太阳下的物体为什么会有影子? ..33
为什么我们的眼睛能看见物体? ..34
为什么伸入水中的吸管看起来
　　是弯的? 34
为什么汽车的后视镜是凸出
　　来的? 35
手电筒灯泡后为什么有块
　　凹面镜? 35
望远镜为什么能望远? 36
为什么用光学显微镜看不到
　　更小的东西? 36
电子显微镜为什么能把物体
　　放大几十万倍? 37
汽车雾灯为什么选用黄色光? . 37
富兰克林为什么在雷雨天
　　放风筝? 38
吸铁石为什么能吸铁? 38
为什么磁铁烧红了会失去磁性? ..39
磁悬浮列车为什么能够悬空
　　前进? 39

为什么打火机按一下就能打出火苗? 40
照相机为什么能把风景照下来? ..40
数码相机为什么不用装胶卷? ..41
为什么照相机要使用三脚架? .41
为什么干电池不宜连续使用? ..42
为什么铅蓄电池可以储存电能? .42

PART 2
通信与计算机　43

人类最原始的通信方式是什么? ..44
古代信件怎样传递? 44
谁发明了电话? 45
什么是程控电话? 45
为什么手机在哪里都能接通? ...46
飞机上为什么禁用手机? 46
什么是"蓝牙"技术? 47
微波是怎样实现全球通信的? ...47
什么是卫星通信? 48
什么是地面卫星接收站? 48
电子计算机是谁发明的? 49
为什么电子计算机又称"电脑"?
......................................49
什么是计算机硬件? 50
盲人怎样使用电脑? 50
电脑能代替人脑吗? 51
什么是电脑的CPU? 51
键盘是做什么用的? 52
电脑为什么要配鼠标? 52
电脑的主板是什么? 53
计算机为什么需要软件? 53
什么是电脑操作系统? 54
CPU上为什么装有风扇? 54
计算机机房为什么要求清洁

无尘? 55
电脑为什么能执行人的指令? ...55
什么是内存? 56
什么是笔记本电脑? 56
什么是巨型计算机? 56
为什么将电脑列为"美容杀手"?
......................................57
电脑为什么会感染病毒? 57
什么是计算机网络? 58
企业为什么要建立网站? 58
为什么网站域名大都以WWW
开头? 59
电子邮件为什么便宜又快捷? .59
为什么电子邮件地址中都有个
@? 60
什么叫网络带宽? 60
光纤电缆是怎样传输数据的? .61
网络黑客是些什么人? 61
"博客"是什么? 62
"播客"又是什么? 62
什么是人工智能? 62

PART 3
物质与材料　63

铁矿石是如何炼成钢的? 64
为什么黄金的延展性非常强? .64
记忆合金为什么"记忆力"
超群? 65

为什么要用钛合金制造宇宙
　　飞船? 65
什么是超导材料? 66
谁发明了造纸术? 66
什么是宣纸? 67
阻燃纸为什么能阻燃? 67
尼龙布为什么很结实? 68
丝袜为什么富有弹性? 68
塑料是用什么做的? 69
为什么有些特殊塑料能够导电? ..69
为什么硅胶可以用于整容手术? ..70
天然橡胶是怎样生产的? 70
为什么要生产人造橡胶? 71
"陶"和"瓷"是一回事吗? 71
新刷的油漆为什么有一股难闻的
　　气味? 72
油漆为什么能防水? 72
混凝土为什么是理想的建筑
　　材料? 73
防弹玻璃为什么能够防子弹? ...73
钢化玻璃碎裂后为什么不会
　　伤人? 74
金属玻璃是玻璃吗? 74
"不粘锅"为什么能不粘锅? ...75
婴儿"尿不湿"为什么尿不湿? ...75
吸声材料为什么能消除噪声? ...76
什么是纳米材料? 76

PART 4 军事与武器 77

太极拳为什么打起来软绵绵的? ..78
中国古代的"十八般兵器"指
　　什么? 78
为什么古代读书人也常佩剑? ..79

"兵器之王"是什么? 79
古代士兵为什么要穿戴盔甲? ...80
为什么说云梯是古代最有效的
　　攻城器械? 80
塞门刀车是怎样守卫城门的? ...81
古代城墙四周为什么有护城河? ..81
中国骑兵是何时出现的? 82
火药为什么会爆炸? 82
最早的手枪什么样? 83
无声手枪为什么无声? 83
什么是转轮手枪? 84
什么是步枪? 84
狙击步枪为什么能远距离命中
　　目标? 85
卡宾枪为什么又叫马枪? 85
冲锋枪为什么适用于近距离
　　作战? 86
AK-47自动步枪为什么广受
　　欢迎? 86
机枪为什么能连发? 87
高射机枪为什么能击中飞机? ..87
为什么轻机枪诞生在重机枪
　　之后? 88
霰弹枪为什么伤害范围很大? ..88
最早的火炮出现在什么时候? ..89
什么是滑膛炮? 89
榴弹炮和加农炮各有什么优点? ..90
火箭炮为什么威力巨大? 90
激光炮为什么威力大? 91

手榴弹的优点是什么？..........91
地雷为什么一踩就炸？..........92
穿甲弹为什么能穿透坚硬的
　　装甲？.....................92
什么照明弹能隐形？............93
烟幕弹为什么能放出大量烟雾？..93
深水炸弹为什么能在水下爆炸？..94
装甲车为什么装空调？..........94
坦克为什么要装履带？..........95
轻型步兵战车为什么多采用
　　轮式？.....................95
坦克架桥车是如何架设
　　桥梁的？...................96
坦克是何时出现在战场上的？...96
什么是主战坦克？...............97
火箭筒为什么可以攻击坦克？...97
军用飞机的代号是怎样命名的？
　　...........................98
什么是战斗机？.................98
战斗机为什么配有弹射座椅？...99
歼击机、截击机和强击机有什么
　　不同？.....................99
"鹞"式飞机为什么能垂直
　　起降？....................100
F-117A型飞机为什么能
　　"隐形"？..................100
什么是轰炸机？................101
武装直升机为什么可以执行
　　多种任务？................101
侦察机怎样进行侦察？.........102
空中加油机如何为飞机加油？..102

战船最早出现在哪里？.........103
破冰船为什么能破冰？.........103
舰艇的航行速度为什么用"节"
　　表示？....................104
什么是战列舰？................104
巡洋舰为什么能适应远洋作战？
　　..........................105
驱逐舰有什么特点？...........105
什么是登陆舰？................106
什么是航空母舰？..............106
航空母舰上为什么会有弹射
　　装置？....................107
飞机怎样在航空母舰上降落？..107
"尼米兹"级航空母舰到底有
　　多大？....................108
潜艇为什么能潜水？...........108
为什么说声呐系统是潜艇
　　最重要的设备？............109
潜艇的外形为什么像支雪茄？..109
导弹为什么能准确打击目标？..110
什么是弹道导弹？..............110
什么是巡航导弹？..............111
核武器为什么具有极大的
　　破坏力？..................111
氢弹为什么要用原子弹
　　来引爆？..................112
中子弹为什么能减少对建筑物的
　　破坏？....................112
为什么化学武器杀伤力很大？..113
什么是生物武器？..............113
什么是"三防"？...............114
防毒面具为什么有个
　　"猪鼻子"？................114
为什么要建造防空洞？.........115
什么是预备役部队？...........115

陆军包括哪几个部分？..........116
特种兵为什么具有超强的
　战斗力？.....................116
海军陆战队为什么强悍勇猛？..117
海军航空兵是做什么的？..117
战略轰炸机部队为什么要
　编队飞行？..................118
什么是特技飞行？...........118
防弹服为什么能防弹？......119
迷彩服为什么能迷惑敌方侦察？..119
水手服的军帽后面为什么有
　飘带？.......................120
飞行员为什么要穿上厚厚的
　飞行服？....................120

Part 5 交通与体育 121

最早的交通工具是什么？.....122
为什么说轮子的发明是运输史
　上的一大进步？............122
自行车是何时发明的？.........123
自行车轮上为什么有辐条？.....123
充气轮胎是何时出现的？......124
山地车为什么能在崎岖的
　山路上行驶？................124
摩托车为什么能够高速行驶？..125
为什么骑摩托车一定要戴头盔？..125
第一辆汽车是什么时候问世的？
　..............................126
为什么说引擎是汽车的心脏？..126
为什么绝大部分汽车都使用
　汽油引擎？..................127
为什么方向盘能够控制汽车
　灵活转向？..................127

离合器和变速器是怎样配合
　工作的？....................128
汽车的轮胎上为什么布满了
　花纹？......................128
轿车的风挡玻璃为什么
　是斜的？....................129
汽车是怎样刹车的？.........129
安全气囊为什么能保护驾乘
　人员？......................130
什么是ABS系统？............130
为什么方程式赛车的外形
　那么怪？....................131
为什么无轨电车有两根
　"辫子"？...................131
为什么越野车能轻松地翻山
　越岭？......................132
极地越野车是如何在冰面上
　前行的？....................132
什么是SUV？.................133
什么是"老爷车"？...........133
概念车的设计为什么大都
　前卫而怪异？................134
未来汽车发展的趋势是什么？...134
最早的铁路何时出现的？.....135
最早的火车是谁发明的？.....135
火车为什么只能在铁轨上行驶？..136
火车的动力来源是什么？.....136
地下铁道和城市轻轨是一回
　事吗？......................137
什么是"动车组"？...........137
为什么会有单轨列车？.........138
为什么火车站台上画有
　安全线？....................138
早期航海业是怎样的？.........139
为什么要开凿运河？...........139

为什么船能浮在水面上？……140
帆船是怎样航行的？…………140
为什么说气垫船实际上是在
　"飞行"？…………………141
为什么水翼船船底有个
　"翅膀"？…………………141
轮船为什么逆水靠岸？………142
超导船为什么不用装螺旋桨？…142
人类第一次乘飞机飞行在什么
　时候？……………………143
飞机为什么能上天？…………143
为什么早期的飞机都有两层
　机翼？……………………144
为什么大多数飞机采用喷气式
　发动机？…………………144
超音速飞机为什么能超音速？…145
为什么飞机身上装有
　"红绿灯"？………………145
民航客机上为什么不配备
　降落伞？…………………146
什么是"黑匣子"？……………146
使用手机会干扰飞机飞行吗？…147
为什么飞机要按"航线"
　飞行？……………………147
飞行员怎样知道飞机在空中的
　高度？……………………148
为什么要把机场附近的
　鸟群驱走？………………148

为什么飞机表面要涂上涂料？…149
火箭为什么能飞入太空？……149
什么叫航天运载火箭？………150
为什么有的火箭要分成多级？…150
火箭发射场为什么建在人烟
　稀少的地方？……………151
火箭为什么要垂直发射？……151
什么是宇宙飞船？……………152
宇宙飞船为什么要加压密封？…152
什么是航天飞机？……………153
航天飞机怎样与空间站对接？…153
航天飞机怎样耐受高温？……154
什么是空天飞机？……………154
什么是高速公路？……………155
城市中为什么要架设立交桥？…155
为什么大部分国家都规定靠右
　行驶？……………………156
为什么交通信号灯采用红、黄、绿
　三色？……………………156
什么是全球卫星定位系统
　（GPS）？…………………157
为什么不能酒后驾车？………157
古希腊人为什么要举行奥运会？…158
古希腊运动员为什么裸体
　参赛？……………………158
奥运会开幕前为什么要传递
　"圣火"？…………………159
奥运五环代表什么？…………159
什么是奥林匹克精神？………160
奥运会选手为什么要进行性别
　检查？……………………160
田径运动的"田"和"径"
　分别指什么？……………161
为什么许多田径运动员要穿
　钉鞋参赛？………………161

为什么跳高选手多采用
　　"背跃式"？……………162
什么是三级跳远？………… 162
推铅球为什么先滑步？…… 163
掷铁饼前为什么要原地旋转？.. 163
跑步比赛为什么都要逆时针跑？ 164
短跑比赛为什么要使用起跑器？ 164
为什么说长跑运动能锻炼心脏？.. 165
为什么说马拉松长跑起源于
　　古希腊？………………165
为什么自由泳的速度比其他
　　泳姿快？………………166
为什么称花样游泳为
　　"水上芭蕾"？…………166
人在冷水中游泳时为什么容易
　　抽筋？…………………167
跳水运动员为什么要控制
　　入水时的水花？………167
什么是冲浪运动？………… 168
为什么说水球是"水中足球"？.. 168
为什么滑雪用滑雪板而滑冰
　　却用冰刀？……………169
什么是花样滑冰运动？…… 169
为什么划船运动员的肺活量比
　　较大？…………………170
为什么运动后要"冷身"？.. 170
为什么称足球为"世界第一
　　运动"？…………………171
为什么说足球运动起源于
　　中国？…………………171
什么是世界杯足球赛？…… 172
足球场为什么铺草皮？…… 172
谁发明了篮球？…………… 173
什么是"NBA"？………… 173

在国际篮球比赛中为什么没有1、
　　2、3号队员？…………174
乔丹为什么被称为"空中
　　飞人"？…………………174
乒乓球为什么被称为中国的
　　"国球"？………………175
排球比赛中为什么要设
　　"自由人"？……………175
网球比赛怎样记分？……… 176
为什么棒球帽又被称为
　　"战斗帽"？……………176
什么是"全垒打"？……… 177
垒球和棒球有什么区别？… 177
高尔夫球为什么被称为
　　贵族运动？……………178
高尔夫球上为什么布满小坑？.. 178
台球运动为什么又叫
　　"斯诺克"？……………179
为什么保龄球要打10根球柱？.. 179
体操运动员赛前为什么要在
　　手上擦白粉？…………180
为什么李宁被称为
　　"体操王子"？…………180
为什么体操运动员手上要
　　戴皮条？………………180

为什么蒸熟的馒头里有许多小孔？可乐打开后为什么会冒泡？其实每一种现象都蕴含着科学道理，科学就在我们的身边。只要我们留心观察、不断研究，就能成为一个小小的科学家，也许还能成为未来的大科学家。

Part 1
身边的科学

◁ 主题索引
为什么蒸熟的馒头里有许多小孔？可乐打开为什么冒泡？

◁ 科学关键词
酵母 发酵 二氧化碳 碳酸饮料

■ 为什么蒸熟的馒头里有许多小孔？

Weishenme

馒头是大家经常吃的食物，可是，馒头里的学问却不是人人都了解的。比如说，馒头里为什么有许多小孔呢？告诉你吧，它们全都是酵母的杰作。

做馒头时，要先在面粉里放些水，然后再放些酵母菌，搅拌均匀后揉成面团盖起来，等它发酵。酵母菌被放到潮湿的面团里，就开始生长繁殖。它们把面粉里的淀粉分解成葡萄糖，并在这一过程中不停地制造出二氧化碳。这些二氧化碳都想从面团里跑出来。但是，面团却把它们阻拦住了。渐渐地，二氧化碳气体越来越多，最后把面团顶了起来，面团就发胖胀大了。

面团发酵好后，就可以将其做成一个个馒头，放到蒸笼里蒸。馒头里的二氧化碳气体因为受热，会加倍膨胀，把面团胀出一个个小洞，面团也会渐渐变大。最后，当馒头蒸熟时，这些小孔就留在了馒头里。

现在你明白了吧，原来，馒头里的小孔都是二氧化碳曾经住过的"小屋子"。

面包
面包是传统的西式食品，和馒头一样，面包也要用酵母发酵，所以烤熟的面包中也会有很多二氧化碳的"房子"——小孔。

■ 可乐打开为什么冒泡？

Weishenme

我们都知道，第一次打开可乐瓶盖的时候，可乐会像喷泉一样冲出来，不停地冒出泡沫，这是为什么呢？这是因为，可乐中含有能制造泡沫的奇妙物质。

可乐是一种碳酸饮料。所谓碳酸饮料，就是指在一定条件下充入二氧化碳气体的饮料制品，一般是由水、甜味剂、酸味剂、香精香料、色素、二氧化碳及其他原料组成。

可口可乐
可乐是碳酸饮料，碳酸极不稳定，容易分解为水和二氧化碳。所以，可乐中产生的气泡实际上就是二氧化碳气体。

可乐里含有的碳酸成分，在外部压强减小、碳酸溶解度降低时，就会分解成水和二氧化碳。二氧化碳是气体，于是，在水中就形成了气泡。当我们打开盖子以后，由于外边的气压小于可乐瓶中的气压，二氧化碳气泡就纷纷从水中冒出，在短时间内形成大量泡沫，并从狭小的瓶口涌出来。

•••【百科辞典】•••

酵母菌：
酵母菌是真菌的一种，在显微镜下呈小圆颗粒状。

发酵：
利用生物体（包括微生物、植物细胞、酵母菌等）的代谢功能，使有机物分解的生物化学反应过程。

压强：
物理学的一个基础概念，指物体单位面积上受到的压力。

二氧化碳：
是一种透明的，没有气味的气体，比空气密度大，不能支持燃烧。

◆ 生活之最 销量之最：迄今为止，可口可乐是全世界销量最大的碳酸饮料。销量仅次于它的碳酸饮料是百事可乐。

主题索引
为什么用吸管可以把果汁吸上来？水饺煮熟了以后为什么会漂在水面上？

科学关键词
大气压 浮力 阿基米德原理

身边的科学

■ 为什么用吸管可以把果汁吸上来？

Weishenme

炎炎夏日，来一杯清凉的果汁，那是多么惬意的一件事啊！我们喝果汁的时候，往往都是将吸管插入饮料杯，再慢慢把它吸入口中的。但是，很少有人去思考：果汁为什么能被我们轻易地吸上来呢？难道这里面还蕴含着什么科学道理吗？没错，这里面藏着物理学的一个小秘密。我们之所以能用吸管吸上果汁，是空气中的大气压帮了我们的忙，是它把果汁送到我们嘴里的。

地球的周围被厚厚的空气包围着，由于受到重力作用，这些空气的内部向各个方向都有压强，这个压强被称为大气压。

我们把吸管插入果汁里，管内和管外受到的大气压相等。但是，当我们把管内的空气吸走后，管内的大气压也就随之消失，这样一来，管外的大气压就把果汁顶上来，让它流到我们口中了。

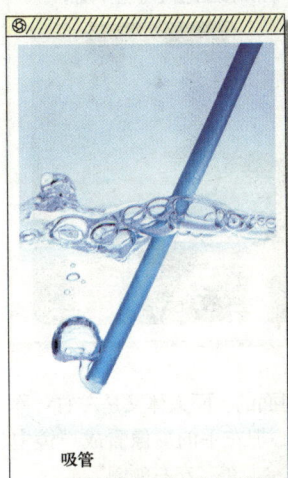

吸管
吸管是美国人马文史东1888年发明的，最初是类似于烟卷的纸吸管。塑料发明后，纸吸管便被五颜六色的塑料吸管取代了。

■ 水饺煮熟了以后为什么会漂在水面上？

Weishenme

过年的时候，北方人喜欢煮香喷喷的饺子吃。生饺子下锅以后，由于它的比重比水大，所以就沉下去了。但是，煮熟的饺子为什么又会浮起来呢？原来，随着炉子的加热，锅中的水和饺子都慢慢地热起来。我们知道，热的物体是要膨胀的，饺子和水也不例外。不过，物体受热膨胀的程度是不同的，有的东西膨胀快，有的东西膨胀慢。饺子的膨胀速度就比水要快得多，这一点你一定很清楚。热饺子膨胀后鼓鼓的，比生饺子大得多。但是，饺子的重量并没有增加，所以当它的体积增大以后，单位体积的重量（比重）就减小了。

根据阿基米德原理，浸在水中的饺子受到的浮力与和它同体积的水的重力相等。既然饺子体积大了，那么，它在水中的排水量也会变大，也就是说，水对饺子的浮力变大了。这样，变大的浮力就会把重量没变而体积变大的饺子托起来。

饺子
饺子是我国传统特色食品，又称"水饺"，起源于南北朝时期，是我国北方民间的主食之一，也是过年过节必不可少的食品。

【百科辞典】

浮力：
指浸在液体中的物体受到液体对它向上托的力。

阿基米德原理：
浸入液体中的物体受到向上的浮力，浮力的大小等于它排开的液体的重力。

生活之最 **最大的饺子**：1997年7月，为庆祝香港回归，香港同胞制作了一个重达480千克的饺子。

爆米花是怎样做成的？

爆米花是一种膨化食品，很受年轻人欢迎，经常被当作零食食用。那么，你知道玉米是怎样做成爆米花的吗？

将玉米粒放到密闭的锅中，在加热过程中，密闭锅内温度不断升高，锅内气体的压强也不断增大。当温度升高到一定程度时，玉米粒便会逐渐变软，玉米粒内的大部分水分也会变成水蒸气。由于温度较高，水蒸气的压强很大，这会使已变软的玉米粒膨胀。但此时玉米粒内外的压强是平衡的，所以它们不会在锅内爆开。当锅内压强升到4至5个大气压时，突然降低锅内的压力，锅内的气体就会迅速膨胀，压强则很快减小，从而使玉米粒的内外压强差变大，导致玉米粒内高压水蒸气也急剧膨胀，使它们瞬时爆开，这样就做成了爆米花。

爆米花
爆米花是一种膨化食品，儿童常吃极易发生慢性铅中毒，造成食欲下降、腹泻、烦躁、牙龈发紫以及生长发育缓慢等现象。

为什么镜子里的人像是左右颠倒的？

假设你站在镜子前，抬起左手，右手垂着不动，你会看到镜中的自己抬起的似乎是右手。再做一个试验，你在左手心里写上"左"字，右手心里写个"右"字，然后张开双臂照镜子，你就会发现"左"字还是在左边，"右"字还是在右边，不可能左右互换。

但这时，你会说，为什么"左"字是在镜子里的人像的右手上呢？其实，这是因为镜子里

照镜子
镜子一般是竖直放置的，物体经过反射成像后就会"左右颠倒"。如果镜子水平放置，物体的成像就会变成"上下颠倒"。

的那个人跟你是面对面的，而人体又是左右对称的，如果你一不小心把左手的影像看成"镜中人"的右手，那你就会觉得"左右颠倒"了。

这下知道了吧，不是镜子里的影像左右颠倒，而是我们利用人体的左右对称特点，把左手的影像看成了"镜中人"的右手，所以才会得出左右颠倒的结论。

科学的解释就是，你在镜子中看到的影像是身体反射的光线在镜子里的成像，因为光线是呈直线传播，左边的光线反射到镜子左边，右边的光线反射到镜子右边，所以看到的镜子里的成像正好与身体相反。

你知道吗

■ 我们面对镜子时，镜中影像只会左右颠倒，不会上下颠倒。但如果把镜子平放在地上，人站在镜面上，这时，影像就上下颠倒了。

■ 除了最常见的玉米爆米花，还有用大米做成的爆米花，口味也有普通、加糖、加奶油等很多种。

最早的镜子： 早在公元前3000年，古埃及人就已经懂得把青铜板打磨光滑，以使它照出人影，这就是人类制作的最早的镜子。

■ 自来水是从哪里来的?

Weishenme

自来水是人们生活中不可缺少的。当我们轻轻拧开水龙头时,洁净的自来水就会"哗哗"地奔流而出,给我们的生活带来很多方便。如果问起自来水是怎样流进千家万户的,似乎一下子难以说清。难道自来水真的是自己来的吗?

当然不是,自来水是自来水厂送来的,而水厂的水又是从江河湖泊里或地底下取来的。自从有了城市,人类就开始了铺设自来水管道的尝试,这样做不仅仅是为了方便生活,也是为了饮水的洁净和安全。比起直接饮用江河湖泊里的地表水或地下井水,这是人类饮水史上的一次革命,被称为第二代饮水。

正如上面提到的,自来水的来源是地表水和地下水,需要经过自来水厂的处理,达到一定标准后才能供给人们饮用。

自来水厂在送水前,首先把水沉淀、过滤和消毒,然后再把净化后的洁净水送进水塔和贮水箱,或者通过很大的出水管输送到外边。水厂的大出水管连着埋在地下的自来水管网,这些水管又连着千家万户的水龙头。所以,每当你打开水龙头时,水就会流出来。要提醒大家的是,自来水虽然经过了多次加工和处理,但还是会含有少量的病菌物质,所以一定不要饮用没有烧开的自来水。

自来水管道
自来水厂一般建在江河湖泊等地表水源附近,人们通过取水泵站把水源里的水抽取到水厂,再进行净化处理。

自来水
自来水并不是"自来"的,而是由水厂从江河湖泊或地底下取来的。

■ 盥洗池的下水管为什么是弯的?

Weishenme

我们都知道,家用洗手池下面的水管有一段弯曲的部分,公共场所盥洗池的下水管也有这样的弯管,这是为什么呢?

这是因为,下水管里全是污水,污水发臭后,会通过管道传出臭味。为了防止臭味散发,就把管道做出有一段弯曲的形状,利用连通器原理,使存在于弯管中的水封住下水管,这样可以避免臭味传出。

此外,污水臭气中含有氨气,氨气过多时易引起爆炸。因此,把水管做成弯形也有益安全。

你知道吗

☐ 自来水的生产流程最少要经过四道工序:投加"净水剂"除杂质;沉淀使水清澈;过滤消毒;经过水泵加压后供给千家万户。

☐ 如果下水管没有做成弯曲形状,当下水道堵塞时,污水的异味就会通过排水管轻而易举地进入房间里。

▶ 主题索引
为什么冬天脱毛衣会"起电"？为什么羊毛衫洗过以后会缩水？

▶ 科学关键词
静电 电荷 天然纤维 缩水

静电
在干燥多风的秋天，我们的头发经常会自己"飘"起来，越理越乱，这是体内静电向外释放的结果。

■ 为什么冬天脱毛衣会"起电"？
Weishenme

到了冬天，人们都要穿上暖和的毛衣。但是，在脱毛衣的时候，经常会发出噼里啪啦的声音。如果我们在晚上关了灯脱毛衣，还会看到细小的蓝色火花。这种现象在干燥的北方尤其明显。冬天我们在和别人握手时，两人的手指相互接触也会"起电"，指尖会感到像被针刺了一下；早上起来梳头时，发丝有时也会随着塑料梳子"飘"起来，头发越梳越乱……这是怎么回事呢？

其实，引起这些现象的"元凶"都是一个：静电。静电并不是静止不动的电，而是在空间缓慢移动的电荷，或者说是一种相对稳定的电荷。任何两个不同材质的物体接触后再分离就能产生静电，干燥而流动快的空气更容易产生静电。当你活动时，皮肤与衣服之间、衣服与衣服之间互相摩擦，都会产生静电。干燥的冬天，我们都会穿好几件衣服，发生摩擦的机会很多，所以在脱毛衣的时候才会"起电"。

■ 为什么羊毛衫洗过以后会缩水？
Weishenme

有时，一件在服装店里试穿时相当合身的衣服，买回来以后在水里洗一洗，就变得短小了，再穿就不好看了。确实，有些材料的衣服特别容易缩水，比如羊毛衫，洗过几次以后就会缩小变形，无法再穿。那么，为什么羊毛衫这么容易缩水呢？

其实，几乎所有用天然纤维织成的布料都会发生缩水。这些布料在生产加工过程中，会受到一些机械拉伸，制成衣服后再经过漂洗，就会发生自然收缩。而各种各样的织布所用的纤维的吸湿性各不相同，纤维的吸湿性越大，缩水率就越大。例如，天然纤维中的棉、毛以及丝、麻的吸湿性相对较大，所以其缩水率也大。

毛纤维在湿热条件下，经机械外力的反复作用，纤维集合体逐渐收缩紧密并相互穿插纠缠，交织毡化，这一性能就被称为毛纤维的缩绒性。羊毛纤维的缩绒性就是羊毛衫容易缩水变形的主要原因。

毛衣
公元前1000年左右，西亚幼发拉底河和底格里斯河流域便出现了手编毛针织服装。1862年，机器编织毛针织服装开始出现，毛衣遂成为人们常用的御寒衣物。

···【百科辞典】···

电荷：
电荷是物质、原子或电子等所带电的量，单位是库仑（单位符号为C）。

缩水率：
指经水浸及洗涤后，布料发生收缩的百分率。缩水率与布料的纤维特性以及生产加工工艺过程有着相当密切的关系。

生活之最 最大的手工编织羊毛衫：为纪念2008年奥运会倒计时500天而织的羊毛衫，胸围8米，身长4.3米，共用毛线62113米。

主题索引
为什么羽绒服穿起来特别暖和？为什么拉链能把皮包的开口封上？

科学关键词
热传导 齿轮原理 斜面原理

身边的科学

■ 为什么羽绒服穿起来特别暖和？
Weishenme

虽然冬季服装越来越趋向多元化，但由于羽绒服既轻便又保暖，许多人还是喜欢穿着它来抵御寒冷。从理论上讲，一件真正的羽绒服的"羽绒"特指鸭绒和鹅绒。用来填充羽绒服的材料有羽绒和羽毛两种，前者的保暖性更好一些。那么，羽绒服为什么会保暖呢？

羽绒服能保暖不是因为它能隔离冷气，而是因为羽绒与羽绒之间有相互的空隙，能够形成空气隔离层，破坏空气对流，从而使外面的冷空气不容易到达衣服里面；同理，里面的热空气也不容易散发到外面，这样就形成了一个与外界相隔的保暖层，从而达到保持人体温度的目的。事实上，不仅仅是羽绒，一些毛料同样可以达到这种效果。

绒羽
绒羽指长在水禽腹部，呈芦花状的羽毛，也称羽绒，鸭绒即鸭的绒羽。绒羽是一种动物性蛋白质纤维，比棉花的保温性高。绒羽球状纤维上密布着千万个三角形的细小气孔，能随气温的变化而收缩膨胀，可吸收人体散发流动的热气，隔绝外界冷空气的入侵。因此，绒羽常被用作防寒服的填充物。

■ 为什么拉链能把皮包的开口封上？
Weishenme

我们日常所用的皮包，开口一般都装有拉链。拉链可是个神奇的小东西，只要轻轻一拉拉头，两条拉链带就合上了，再一拉又分开了，既方便又牢固。拉链作为20世纪对人类最有用的十大发明之一，已经被载入史册了！那么，它到底为什么这么神奇呢？

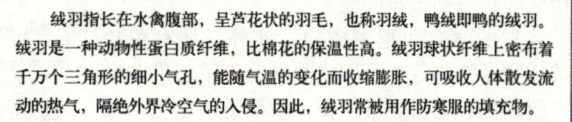

拉链又称拉锁，是一个可重复开合、柔性交错的连接件。它的高明之处在于，利用齿轮原理和斜面原理，通过拉头的作用，使两条拉链带能随意拉开或闭合。当拉头向前移动时，两条拉链带上的链牙脚因拉头内腔闭合角的形状限制，受到推挤，从而互相有规则地啮合，这就形成了拉链的闭合状态。当把拉头拉到顶点时，因为拉链带合拢后的宽度大于拉头内腔最狭窄处的宽度，拉头就不会脱落；当拉头向后拉时，拉头内腔两侧柱面组成的劈开角又可以把链牙的牙锋与牙谷逐个分开，使两条拉链带分离。

【百科辞典】

热传导：
热量从系统的一部分传到另一部分或由一个系统传到另一个系统的现象。

热对流：
液体或气体中较热部分和较冷部分之间通过循环流动使温度趋于均匀的过程。

斜面原理：
斜面减少了提高物体所需之外力，因斜面具有机械利益，斜面越平缓，机械利益越大。斜面使拉拉链的微小力量转换成足以分合链齿的强大力量。

羽绒服
羽绒服内充装着羽绒填料，保温性较强，是住在寒冷地区的人以及极地考察人员冬天必备的衣物。

生活之最　最早的拉链：1893年，美国工程师贾德森设计出了一种可快速滑动的关启系统，它就是拉链的雏形。　7

▎主题索引
尼龙搭扣为什么能粘得那么牢固？为什么用高压锅做饭熟得特别快？

▎科学关键词
尼龙 沸腾 沸点

■ 尼龙搭扣为什么能粘得那么牢固？

Weishenme

有这样一种东西：一块毛茸茸的布和另一块带着硬硬小钩的布，把两块布稍微用力挤压一下，它们就可以紧紧地粘在一起。这个东西叫什么呢？它的表面又没有胶水，为什么能粘得那么牢固呢？

它的学名叫尼龙搭扣，此外，还有免扣带、魔术搭扣等外号。它是一种使用起来非常方便的服装辅料，被广泛用于服装、手套、帐篷、座椅、袋子、鞋子、帽子、行李、书包、背包、安全装置、皮件、垂帘、布幔、运动用品、医疗器具等物品的制造中。

尼龙搭扣的原理十分简单。它是由尼龙材料织成的纺织品，一个表面织有许多毛圈（简称"绒面"），另一个表面织有许多均匀的小钩子（简称"钩面"）。由于尼龙材料的强度和韧性很高，只要将这两面对齐后轻轻挤压，毛圈就被无数的小钩子钩住。由于它们错综紧密地混粘在一起，增大了摩擦面积，所以粘得非常牢固。如果想撕开，就只能从搭扣的头端向外用力拉。尼龙搭扣上的钩子是活动的、有韧性的，当拉力足够大的时候，钩子会自动打开，从圆圈里脱落，然后又迅速恢复形状。因此，它能起到联结作用，可以代替纽扣、按扣、拉链等连接材料。

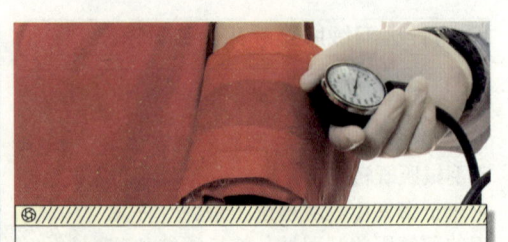

测量血压
血压计根据水银柱的高度来测量血压。血压计的袖带上安有尼龙搭扣，这样，使用时才能紧紧地缠在病人的上臂部。

■ 为什么用高压锅做饭熟得特别快？

Weishenme

很多人家里都有高压锅，你知不知道，用高压锅煮饭会比电饭煲煮饭快很多呢？赶快看一下高压锅快速做饭的秘诀吧！

大家都知道，水的沸点是100摄氏度。但有人也许不知道，水的沸点会受到气压的影响。气压越高，水的沸点越高。在高山和高原上，气压不到1个大气压，也就是说，不到100摄氏度时水就能沸腾了。如果气压大于1个大气压，水就要在温度高于100摄氏度时才会沸腾。

高压锅就是利用这个原理，把水封闭起来，水受热蒸发后的蒸汽不能扩散到空气中，只能保留在高压锅内，这样就增大了液面上方的气压，使高压锅内部形成高温高压的环境。当高压锅中的压强达到2个大气压时，水要煮到120摄氏度才会开。换言之，高压锅中的水温越高，饭就会熟得越快，当然，做饭的时间也就缩短了。但是，高压锅内的压力不会无限地上升，排气装置会在气压达到一定程度时把蒸汽排出，以保证使用安全。

老式铁制高压锅
高压锅又叫压力锅，用它可以将食物加热到100摄氏度以上。高压锅是1679年由法国物理学家帕斯卡发明的。

•••【百科辞典】•••

尼龙：
　　即锦纶纤维，是由人工加工制造成的纤维状物体，学名为聚酰胺（简写为PA）。

沸腾：
　　指在一定温度下，液体内部和表面同时发生剧烈的汽化现象。

▶ 8 生活之最 水沸点最低的地方：世界第一高峰珠穆朗玛峰，由于海拔8000多米，所以在理论上，温度达到52摄氏度就可以使水沸腾。

主题索引
为什么煮牛奶时很容易"潽锅"？为什么水壶里会结一层厚厚的水垢？

科学关键词
比热 比热容

身边的科学

奶牛
世界上奶牛的品种近百个，其中最著名的有黑白花牛、娟姗牛、更赛牛、爱尔夏牛等。经用黑白花牛与中国黄牛杂交，科学家现已培育出了中国黑白花奶牛。

■ 为什么煮牛奶时很容易"潽锅"？

Weishenme

小朋友正处于长身体的时期，一定要多喝营养丰富的牛奶。但是，在煮牛奶时很容易出现"潽锅"的现象，也就是牛奶咕嘟咕嘟地冒起好多泡泡，一不小心就会从锅里溢出来。你家煮牛奶的时候，有没有发生过"潽锅"现象呢？

煮牛奶容易"潽锅"的原因很多，总结起来主要有以下三个方面：一、牛奶的比热容比较小，容易沸腾。单位质量的某种物质温度升高1摄氏度所吸收的热量叫做这种物质的比热容。由于牛奶的比热容不大，因此吸收较少的热量就会沸腾。二、牛奶中有许多类似乳化剂的东西，它们在沸腾时会产生许多泡沫，所以会溢出锅。三、牛奶里有水，给牛奶加热时，水蒸发形成的小气泡会跑出来。但是，小气泡的外面却形成了一层膜，它包住了小气泡。所以小气泡既飞不出来，又不容易破裂，于是越聚越多，使劲往上顶，最后就带着牛奶一起溢出锅了。

同样道理，不仅是煮牛奶，煮粥、煮面条时，也很容易出现"潽锅"现象。

■ 为什么水壶里会结一层厚厚的水垢？

Weishenme

众所周知，水壶用久了，内壁会"长"出一层厚厚的水垢。这些水垢是怎样形成的呢？

首先，我们所用的自来水都来自地表或地下，其中都含有非常丰富的矿物质，尤其是钙、镁离子及其他重金属离子，这是水垢形成的根本原因。据研究，1吨河水里大约有1.6千克矿物质，而1吨井水里的矿物质则更是高达30千克。

含有钙、镁等盐类杂质的水进入水壶后，在烧水时吸收了许多热量，钙、镁盐类杂质便会发生化学反应，生成难以溶解的物质，最后析出。析出物随着沸水的不断蒸发而逐渐浓缩，当达到一定浓度时，就会成为固体，并沉淀附着在水壶内壁上，形成一层白色的"膜"。这就是我们所说的水垢，它的主要成分是碳酸钙、碳酸镁等。

牛奶
牛奶营养
丰富、容易消化吸收、物美价廉、食用方便，是"最接近完美的食品"，人称"白色血液"，是最理想的天然食品。

你知道吗

■ 牛奶含有丰富的营养，可以起到抑制肿瘤、镇静安神、美容养颜、减肥、促进幼儿大脑发育等作用。

■ 去除水垢小窍门：若铁锅、铝锅底有了水垢，只需在锅内放些土豆皮，然后加水煮一下，水垢即可除去。

生活之最 喝牛奶的最佳时间：每天早晨起床和晚上睡前是喝牛奶的最佳时机，有利于人体对牛奶中营养成分的吸收。

■ 为什么真空罐头食品不易变质？

Weishenme

玉米罐头
罐头食品是将符合要求的原料经处理、分选、修整、烹调、装罐、杀菌、冷却、密封后，再精制而成的真空食品。

真空罐头食品是指先将食品装入密封性较强的罐头瓶，再用真空包装机抽取瓶内的空气，使密封后的容器内部达到预定真空度后保存的罐头食品。真空罐头食品的保质期很长，通常放上几个月甚至一年都不会变质。为什么会这么神奇呢？

食品发霉变质的主要原因是微生物的活动。大多数微生物（如霉菌和酵母菌）的生存都需要空气，而真空包装把罐头内和食品细胞内的氧气抽掉，使微生物失去了"生存的环境"，也就不会有致病性的微生物了，当然也不会有繁殖的非致病性微生物。并且所有微生物都处于抑制状态，不会再生长发育。

真空除氧的另一个重要功能是防止食品氧化。食品长时间暴露在氧气里，一些成分会发生氧化，使食品变味、变质。除氧既能有效地防止食品变质，还能保持其色、香、味、形及营养价值。另外，真空罐头还有抗压、阻气、保鲜等功能。

■ 为什么有些药片要包上糖衣？

Weishenme

每个人都难免会生点儿小病，这时，打针吃药就是一件最令我们头疼的事。但有一种药片我们并不害怕，那就是包裹了糖衣的药片。这些药片一般五颜六色，吃时不但感觉不到苦，甚至还有一丝丝甜味。那么，为什么要给药片包上糖衣呢？

很多药都有苦味，所以加上糖衣就便于入口了。糖衣入口之后会溶化，这样既掩盖了苦涩的味道，又不会影响药效。

除了减少药味之外，糖衣还有好多作用：一是可以掩盖某些药片本身的臭味和刺激性气味；二是有些药片只有在肠中溶解，才能充分发挥药效，糖衣可以保证药物进入肠道，而不会在胃里就受到胃酸的破坏，同时也保护了胃部；三是为了使药品整洁美观，使病人不至于产生厌恶感，从而增强战胜疾病的信心；四是糖衣具有遮光和隔绝空气的作用，对于易潮解、遇光易变质或是遇空气易氧化的药物，糖衣可增强其稳定性；五是给不同药片包上不同颜色的糖衣，方便病人识别。根据国际惯例，消炎药常用黄色；镇静、镇痛、安眠、降压等药选用蓝色或绿色；营养补益类药常选用红色或咖啡色；驱虫药常用白色。

糖衣包裹的药片
为了减少药的苦味，有些药片会裹上一层糖衣，既便于入口，又不会影响功效。糖衣入口之后就会溶化，可减少药片苦涩的味道。

你知道吗

■ 当你买真空罐头食品时，如果发现盖子鼓起，就不要购买了，因为它已经变质了。

■ 药片的糖衣虽好，但是由于糖尿病人不可食用，而且具有易霉变、生产工艺繁琐等缺点，所以薄膜包衣已经逐渐成为糖衣的替代品。

◆ 生活之最 **最苦的物质**：苯酸铵酰糖化物是一种白色的结晶，即使将它稀释三千万分之一，用舌头尝一下，依然苦味难耐。

■ 肥皂为什么能洗掉衣服上的污迹？

Weishenme

洗衣服要用肥皂，这是众所周知的常识。可是，肥皂是怎样去污的呢？

我们日常用的肥皂，主要成分是含有硬脂肪酸的钠盐，也叫钠肥皂。肥皂的分子有个特点，一端具有亲水性，另一端具有亲油性。如果衣服沾有油污，把它浸湿，擦上肥皂，轻轻揉搓，肥皂分子中的亲油部分就会同油污"抱成一团"，互相融合在一起，形成外表亲水的微小"胶团"。这样一来，油污被肥皂和水包围起来，渐渐地从衣服上溶解到水中，再经过清水漂洗，油污连同肥皂分子便会一起被水清洗掉。

在洗衣服的时候，轻轻地揉搓，可以帮助肥皂分子同油污更好地接触，增加把油污从衣服上"捉下来"的机会。

肥皂
肥皂是一种具有极强去污能力的洗涤用品。洗衣服时轻轻揉搓，肥皂液中就会出现许多泡沫，把油污、灰尘等脏东西"漂出去"。

石墨
石墨是碳元素结晶矿物，它的晶体格架（晶格）为六边形层状结构。石墨质软，黑灰色，有油腻感，可污染纸张。

石墨矿数量有限，这使人们无法坐等大自然的恩赐。后来，人们发明了人造石墨的方法：把煤放在电炉里，通入强大的交流电，加热到两三千摄氏度，使煤再结晶而变成石墨。

当石墨与别的物体摩擦时，它那鳞片状的结晶便会脱落下来，附在别的物体上面，留下它的痕迹。人们正是利用石墨的这种性质，把它做成了笔。在铅笔里，工人们把石墨、黏土分别研磨，然后混合，再加入适当的辅助材料，揉成黑面团，在机器里像挤牙膏一样把它变成黑面条。然后把黑面条烘干，便制成了铅笔芯。

那么，人们为什么还叫它铅笔呢？原来，这种笔起源于古希腊，当时人们用纯铅来制造，并称为铅笔。到了1664年，在英国彼罗多尔发现了石墨矿后，人们便用石墨替代铅来做笔了，但铅笔的名称仍沿用至今。

■ 铅笔是用铅做的吗？

Weishenme

铅笔是用铅做的吗？没错，它是用铅做的，不过，这已经是五百多年前的事情了。由于用铅做的笔写出来的字看不太清楚，到了近代，人们就改用石墨来制造铅笔了。

石墨是黑色的细鳞片状晶体。大自然中有天然的石墨矿，可是，天然

生活之最 最大的肥皂泡：英国人制造出了世界上最大的肥皂泡，由一根7米长的竹竿吹出，巨大的气泡可以罩住19个人。

主题索引
自来水笔为什么会自动出水？为什么老照片会泛黄？

科学关键词
毛细现象 冲洗照片 定影液

■ 自来水笔为什么会自动出水？

Weishenme

19世纪以前，西方人用羽毛制成鹅毛笔蘸取墨水写字。后来才有了用笔胆贮存墨水的钢笔，也就是"自来（墨）水"笔。

现在，自来水笔已经成为人们使用最为广泛的书写工具之一。自来水笔盛墨水的笔胆通常是一个圆柱形的塑料管，它外形像一个小注射器。笔胆内有一个活塞，墨水是通过提起活塞进入塑料管的。人们应用毛细现象又设计成了具有毛细作用的零件——笔舌，它与钢笔尖紧密互配。用滴管将墨水注入空心的笔杆，依靠毛细引力作用，使墨水自动流向笔尖，这样一来，自来水笔就可以自动出水了。

1884年，美国人刘易斯·爱迪生·华特门（Lewis Edison Waterman）利用毛细管的原理，用一条硬橡皮连接笔嘴和笔内的贮墨水管，然后又在硬橡皮上钻了一条细如毛发的通管，让少量的空气进入贮墨管，以保持贮墨管内的气压平衡。这样，在笔嘴受到压力时，墨水便会源源不断地流至笔尖。这是自来水笔自动出水原理最早的应用。

钢笔
钢笔是人们普遍使用的书写工具，它是在19世纪初发明的。1809年，英国颁发了第一批贮水笔的专利证书，这标志着钢笔的正式诞生。

■ 为什么老照片会泛黄？

Weishenme

泛黄的照片
保存久了的老照片，难免因受潮而泛黄。但泛黄的老照片，却别有一种沧桑感。

现在，家家都用拍照的方式来保留生活中最珍贵的画面。但是，照片放置时间长了，为什么有的会泛黄呢？是照相时的问题吗？是洗照片时的问题吗？还是放置时间过长的原因呢？

实际上，导致照片变色的因素有很多，情况也非常复杂。一般来讲，以下几种情况会使老照片产生泛黄现象。一、洗照片时水洗不彻底。水洗的目的是洗去照片上残留的定影液和可溶性银盐，使照片上仅留下黑色金属银影像。水洗如果不彻底，就会引起照片泛黄。二、定影不足。这会使照片中残留的银盐感光变黑，久置而产生黄色银斑。三、保存不当。照片最怕潮，如长久接触潮湿空气，就会产生氧化作用而变色泛黄。

因此，保存照片的正确做法是，将照片置于阴凉、干燥、通风处，如能放置在防潮箱中更好。长期保存的照片应加以冷裱或塑封，使乳剂膜与空气隔绝。在相册上粘贴照片时，要用照片专用糨糊，因为一般的糨糊和胶水也容易引起照片泛黄。

【百科辞典】

毛细现象：
浸润液体在细管里升高的现象和非浸润液体在细管里降低的现象。

冲洗照片：
传统的照相、洗印工艺都是利用银盐的感光性来制作照片的。由于胶卷和相纸必须在黑暗或暗红色的环境下进行处理，所以要在暗房里用显影液浸泡显像，然后再用定影液浸泡定影，最后晾干完成。

生活之最　自来水笔的始祖：早在5000年前，古埃及人就利用纸草的空心茎管贮存有色液体，然后在管端绑上金属笔尖，用来书写。

主题索引
为什么铁会生锈？为什么不锈钢不生锈？

科学关键词
铁锈 氧化还原反应 元素 抗腐蚀

身边的科学

铁锈与废墟
锈是铁的氧化物，铁和溶解在水里的氧化合时就会形成锈。铁锈一旦形成，即使在干燥的空气中也会不断增多。

为什么铁会生锈？

Weishenme

人们常常把贵重的东西锁在保险柜里。大家都知道，金子在保险柜里躺几千年，也可以分毫不损。铁却不是这样，即使放在保险柜里，它也会慢慢地损耗——生锈。博物馆里陈列的古代铁器，几乎没有一个不是锈迹斑斑的；家里的铁制菜刀几个月不用，也会满身是锈。那么，铁为什么会生锈呢？

水分是铁生锈的条件之一。化学实验证明：在绝对无水的空气中，铁即使放几年也不会生锈。然而，仅有水也不会使铁生锈。人们曾经试验过，把一块铁放在煮沸过的、密闭的蒸馏水瓶里，它并没有生锈。

你注意到河边的那些自来水管了吗？靠近水面的那一段更容易生锈。原来，只有当空气中的氧气溶解在水里，并与铁发生氧化还原反应，才会使铁生锈。自来水管靠近水面的部分，与空气距离最近，水中溶解的氧气也最多，所以容易生锈。另外，空气中的二氧化碳溶在水里，也能使铁生锈。

为什么不锈钢不生锈？

Weishenme

不锈钢不容易生锈与其成分有很大的关系。不锈钢的成分中除了铁和钢以外，还有铬、镍、铝、硅等元素。一般的不锈钢，含铬量不低于12%，高的甚至达到18%。添加了铬等元素后，就能改变钢的性能，使不锈钢的分子结构更均匀，在表面生成一层致密的氧化物保护膜等，从而大大提高不锈钢耐腐蚀的能力。所以不锈钢能抵抗火、水、酸、碱和各种溶液对它的腐蚀，而不生锈。

科学家发现，钢的内部结构越均匀，其各种组成成分就联系得越紧密，腐蚀物入侵也就越困难，而表面附着的一层氧化物保护膜，就像给钢穿上盔甲。在层层结构的保护下，钢自然就不容易生锈了。

虽然不锈钢具有抵抗大气氧化的能力（不锈性），同时也具有在含酸、碱、盐的介质中抗腐蚀的能力（耐蚀性），但其抗腐蚀能力的大小是随着钢质本身化学组成、使用条件及环境介质类型的改变而改变的。一旦有某种原因使其致密的氧化物保护膜遭到破坏，那么，即使是"不锈钢"，也还是会生锈的。

不锈钢座椅
不锈钢具有耐空气、蒸汽、水等弱腐蚀介质和酸、碱、盐等化学侵蚀性介质腐蚀的特性，常被用在各种建筑物及装饰品中。

生活之最　**最轻的金属**：所有金属里，锂是最轻的，1立方厘米的锂只有0.543克重，把它扔在水里，它甚至还会浮起来。

> 主题索引
> 空调为什么能制冷？暖气为什么都安装在窗户下面？

> 科学关键词
> 空气对流 密度 蒸发制冷 氟利昂

空调"马赛克"
随着全球气候日益变暖，空调越来越成为人们不可或缺的家用电器。

■ 空调为什么能制冷？

Weishenme

炎炎夏日，在地上洒点水会使人感觉很凉快，这是因为，水蒸发时从地面和空气中吸取了热量。同样的道理，打针前用酒精在皮肤表面消毒，也会让人感到清凉，这也是因为酒精蒸发吸走了皮肤的热量。可见，液体蒸发时，会从周围吸取热量，使周围环境的温度下降。这便是空调制冷最基本的原理。

现在，空调采用的蒸发物质一般都是氟利昂。启动空调后，氟利昂就会被吸入空调的压缩机，被压缩成高温高压的气态氟利昂；而后，气态氟利昂流到室外的冷凝器，在向室外散热的过程中，逐渐冷凝成高压液态氟利昂；接着，通过节流装置降温降压，又变成低温低压的气液氟利昂混合物。此时，气液混合的氟利昂就可以发挥空调制冷的"威力"了：它进入室内的蒸发器，通过吸收室内空气中的热量而不断汽化，这样，房间里的温度就降低了。而氟利昂逐渐又变成了低压气体，重新进入压缩机。如此循环往复，空调就可以连续不断地运转工作了。

■ 暖气为什么都安装在窗户下面？

Weishenme

我国北方的冬天很冷，所以室内都安装暖气来取暖。为什么暖气总被安在窗户底下，而不是其他地方呢？

首先，室内的冷空气主要由窗户进入，而暖气会使窗户周围的空气先热起来，冷空气进来后和周围的热空气混合，就不那么"凉飕飕"了。其次，室内空气流动速度慢，冷空气通过窗户空隙进入后，还有相对较快的流动速度，能把热空气挤向室内，这样能够平衡室内空气的温度，加快空气对流。再次，把暖气安在窗户下面，冷空气进来后就会被加热，温度升高，密度变小，向屋顶升去，而屋顶较冷的空气降下来，碰到暖气片又被加热成热空气上升。如此周而复始，使整个屋子里的空气循环起来，屋内自然也就暖和了。

暖气片

你知道吗

▫ 热气球就是利用了加热空气，使空气密度变小、不断向上升的原理制造出来的。

▫ 加压和冷却都可以使气体变成液体，而且压力越高、温度越低，气体变成液体所要的时间越短。

▫ 氟利昂有非常大的危害，它的温室效应值比二氧化碳高1700倍，更危险的是，它会破坏大气中的臭氧层。

◆ 14 生活之最 **最大的空调生产国**：中国目前是全球最大的空调生产国。2006年，中国空调产量为5500万台，约占世界总产量的70%。

- 主题索引
  煤气为什么有怪味道？为什么在屋里烧煤炉容易引起煤气中毒？
- 科学关键词
  一氧化碳 硫醇 煤气中毒

> 身边的科学

■ 煤气为什么有怪味道？
Weishenme

家里做饭用的煤气，为什么会有股很怪的味道呢？大家可不要厌烦这种怪味，因为它虽然难闻，却有很重要的作用，甚至可以挽救生命呢。

燃气火焰
燃气火焰正常呈淡蓝色，如发现呈红色，即表示有不完全燃烧现象，可能会产生一氧化碳中毒的危险，应立即请燃气专业人员上门检修、调整炉具。

你知道吗

- 凡是含碳的燃料，如汽油、煤油、木炭等，在缺氧而燃烧不充分时，都可产生大量的一氧化碳。
- 煤气中毒对人的肺、心、脑等器官的损害都很大，即使被抢救过来，也很可能留下后遗症。

通常说的煤气，包括液化石油气和天然气，它们的主要成分是甲烷以及一定含量的一氧化碳，此外还有氢和烯烃、芳烃等气体。这几种气体既没有颜色，也没有气味。其中，一氧化碳有剧毒，当空气中一氧化碳的含量达到万分之几的时候，人呼吸它就会中毒，后果非常严重。而且一氧化碳和甲烷与空气混合达到一定浓度时，极易发生爆炸。

煤气无色、无味，泄漏出来不易被发觉。为了使人们尽早发现煤气泄漏，避免煤气中毒和爆炸，就要在煤气中添加臭味剂。经过多次实验，人们发现硫醇担当这个角色是最合适的，因此生产煤气、液化石油气和天然气的工厂会特意在燃气里掺进一点点有怪味的硫醇，充当气味"报警员"。

■ 为什么在屋里烧煤炉容易引起煤气中毒？
Weishenme

寒冷的冬季，医院里不时有煤气中毒的病人被送来急救，轻者头晕心慌、四肢无力，重者昏迷不醒、呼吸微弱，甚至可能导致死亡。

那么，煤气中毒是如何造成的呢？煤炉点燃时，空气从炉子下部进入炉膛，炉膛中的煤可以得到充分的氧气，燃烧完全，生成二氧化碳，并产生大量的热。可是，刚刚点燃炉子，或者炉火快要熄灭，或者紧闭炉门封火的时候，由于炉温比较低或氧气供应不足，会使燃烧不能充分进行，从而产生一氧化碳。一氧化碳被吸入人体后，会透过肺泡进入血液，抢先和负责输送氧气的血红蛋白结合，使血红蛋白丧失了与氧结合的能力。人体的氧气供应一断绝，就会因缺氧而头晕、昏迷，甚至死亡。

燃烧中的煤炭
煤炭在燃烧过程中，会消耗空气中的氧气，并释放出一氧化碳（CO）。而一氧化碳是有毒气体，人体一旦因此中毒，轻者头疼、恶心、乏力，重者会昏迷甚至危及生命。

生活之最　**最臭的气体**：乙硫醇与丁硒硫醇是迄今可区分的1.7万种气味中最臭的，二者都含有硫成分，这正是其臭味的来源。　15

◁ 主题索引
保险丝为什么能够保证用电安全？为什么有时候空气开关会跳闸？

◁ 科学关键词
电路 空气开关 额定电流 短路

■ 保险丝为什么能够保证用电安全？

Weishenme

电路发生故障或异常时，随着电流不断增大，有可能损坏电路中的某些器件，也有可能烧毁电路，甚至造成火灾。为了防止此类事故的发生，就需要安装保险丝。

保险丝的学名叫熔断器，它是由好几种金属熔解在一起做成的，比单一金属制成的电线更容易熔断。当电流过大时，保险丝就会熔断，保险丝一断，电线和电器都不通电了，这样就防止了意外事故的发生，保证了用电的安全。

一般保险丝由三个部分组成：一是熔体部分，它是保险丝的核心，它熔断时可起到切断电流的作用；二是电极部分，通常有两个，是熔体与电路连接的重要部件，必须有良好的导电性；三是支架部分，保险丝的熔体一般都纤细柔软，支架的作用就是将熔体固定并使三个部分成为牢固的整体，便于安装、使用。

另外还要注意，保险丝要选用合适的型号。不然，不是经常烧断，影响正常使用，就是不能保证安全，造成意外事故。

保险丝
保险丝也被称为熔断器，是一种安装在电路中，保证电路安全运行的电器元件。最早的保险丝是一百多年前由爱迪生发明的。

■ 为什么有时候空气开关会跳闸？

Weishenme

与以前家庭使用的保险丝不同，现在的家用电表普遍用空气开关来保护电器。如果电路出现意外，空气开关就会"啪"的一下自动弹起，断开电路，保证安全，俗称"跳闸"。那么，为什么空气开关会跳闸呢？这需要从空气开关的工作原理谈起。

空气开关是一种遇到异常情况就会自动跳闸的开关，学名叫做断路器。当流过断路器的电流超过额定电流时，里边的零件会产生足够大的吸力，将衔铁吸合并撞击杠杆，引起"跳闸"。跳闸是电气设备自保的一种方式。当电路中的负荷加大、电流增大时，导线的温度就会升高。当导线的温度超过一定限度时，热保护装置就会自动将断路器断开，避免电流进一步增大而烧毁电气设备。

一般说来，以下几种情况会引起跳闸：一、短路时，电流强度瞬间会达到导线所能承受的极限，为防止导线过热而引发火灾，空气开关就会自动断开；二、同时启动过多大功率电器的情况下容易跳闸；三、人触电时即跳闸，这可以保护人身安全。

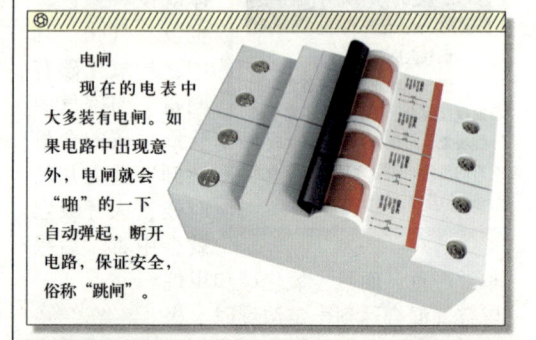

电闸
现在的电表中大多装有电闸。如果电路中出现意外，电闸就会"啪"的一下自动弹起，断开电路，保证安全，俗称"跳闸"。

•••【百科辞典】•••

电路：
汽车走的路叫公路，火车走的路叫铁路。如果要让电流工作，必须使它按照指定的路线流动。我们把电流所走的路线叫做电路。同时，它也是相互连接的电子器件的总称。

短路：
电源的两端不经过任何电气设备，直接被导线连通叫短路。

◆ 生活之最　最早的保险丝：1881年爱迪生发明了保险丝，最初用它来保护当时价格昂贵的白炽灯。

主题索引：灯泡为什么会亮？为什么白炽灯泡用久了会发黑？
科学关键词：白炽灯 电功 升华 凝华

> 身边的科学

■ 灯泡为什么会亮？

Weishenme

世界上第一盏电灯诞生于1879年10月21日，它是由美国科学家爱迪生发明的。小小的电灯泡，怎么会发光呢？

电灯泡的学名叫白炽灯。它是一种通过电流做功加热钨丝，直至钨丝发光的灯。电流做功，简单地说，就是电流通过用电器时把电能转化为其他能量的过程。电流通过钨丝时产生热量，而螺旋状的钨丝又不断将热量聚集，使自身的温度不断升高，达到2000摄氏度以上（钨丝的熔点高达3410摄氏度）。超高温的状态下，电流通过线径细、电阻大的钨丝时，会发生类似塞车的情况，使钨丝在白炽状态下发光。白炽灯发光时，大量的电能将转化为热能，只有极少的一部分可以转化为有用的光能。

灯泡中的钨丝温度越高，发出的光就越亮，所以人们称之为白炽灯。灯亮着的时候，钨丝遇到空气中的氧气会很快熔断，所以电灯泡外围用玻璃制作，把钨丝维持在内部真空状态或惰性气体的保护之下，以防止高温时钨丝氧化、熔断。

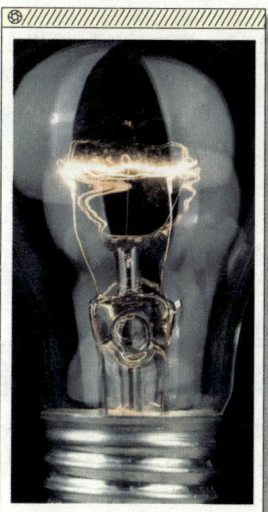

灯泡中的钨丝
白炽灯是靠加热钨丝来发光的。在持续的高温状态下，钨丝逐渐升华，变成气态物质后又凝华在灯泡壁上，从而导致灯泡发黑。

■ 为什么白炽灯泡用久了会发黑？

Weishenme

白炽灯泡用久了会发黑，这和钨丝的升华、凝华现象息息相关。温度越高，灯丝就越容易升华。所谓升华，就是固态物质不经过液态过程，直接变成了气态。白炽灯发黑的原因是：在持续的高温状态下，钨丝逐渐升华，变成钨的气体状态，这些气体遇到温度较低的灯泡壁时，又会凝华在灯泡壁上。

所谓凝华，是指物质从气态直接变成固态的现象，它和升华正好是一个相反的过程。钨丝受热升华形成的钨蒸气又在灯泡壁上凝华成极薄的一层固态钨，时间长了以后，灯泡壁上就会出现一层淡淡的黑色薄膜。

科学家们根据气体对流自下而上的特点，在灯泡内充有少量惰性气体，并把灯泡做成梨形。这样，灯泡内的惰性气体对流时，金属钨蒸发时的黑色微粒大部分被气体卷到上方，附着在灯泡的颈部，从而保持玻璃透明，使灯泡亮度不受影响。

【百科辞典】

熔点： 固体将其物态由固态转变（熔化）为液态时的温度。

电压： 即两点间的电势差，就是能使导体中电子按一定方向运动的一个物理量。有了电压，电子就会在电线中流动形成电流。

电功： 电在流动过程中所做的功。

白炽灯
白炽灯是所有用电的照明灯具中效率最低的，它所消耗的电能只有12%至18%可转化为光能，其余部分都以热能的形式散失了。

生活之最 **发明最多的人：** 爱迪生是举世闻名的电学家和发明家，他一生共有约两千项创造发明，为人类文明的进步作出了巨大贡献。

1.

◁ 主题索引　　　　　　　　　　　　　　　◁ 科学关键词
调光台灯为什么可以调节明暗？霓虹灯为什么是五光十色的？　可变电阻 惰性气体 直流电
为什么火苗会向上？

■ 调光台灯为什么可以调节明暗？

Weishenme

我们在晚上看书时常会使用调光台灯。通过控制按钮，我们可以调节灯光的亮度。那么，调光台灯为什么可以调节明暗呢？

调光台灯之所以可以调节光，是因为其电压调节器能够调节灯泡上的电压。电压越高，灯光越亮；电压越低，灯光越暗。如果转动灯座上的旋钮，就会连带转动一个叫做电位器的可变电阻，从而控制晶体管中流过的电流。流经晶体管的电流越多，经过电压调节器加到灯泡上的电压就越高，灯就越亮。

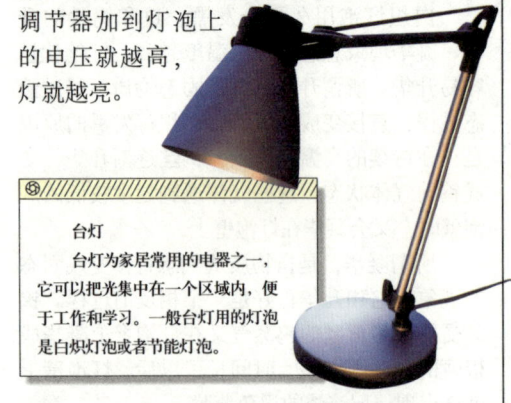

台灯
台灯为家居常用的电器之一，它可以把光集中在一个区域内，便于工作和学习。一般台灯用的灯泡是白炽灯泡或者节能灯泡。

■ 霓虹灯为什么是五光十色的？

Weishenme

每当夜幕降临时，五光十色的霓虹灯就会成为一道美丽的风景线。大家知道霓虹灯的工作原理吗？其实，霓虹灯的构造和原理并不复杂。在两端封闭的玻璃管中，装置两个电极，将管里的空气抽出，再在两个电极之间通以上万伏的高压直流电，管内的稀薄空气就会发生电离，发生放电现象，从而发出光芒。

如果把空气抽出后，将少量不同的惰性气体或水银蒸气充入管内，灯光就会出现不同的颜色：若充以氖气，放电时就发出橘红色的光；如果掺入少量的水银蒸气，就发蓝光，若配上黄色玻璃，就会变成绿光；若充以氩气，就会发出紫蓝色的光。通过许多不同的搭配，霓虹灯就可以发出五颜六色的光了。

霓虹灯
霓虹灯是靠充入玻璃管内的低压惰性气体，在高压电场下冷阴极辉光放电而发光的，其光色由充入的惰性气体的光谱特性决定。

■ 为什么火苗会向上？

Weishenme

无论是燃起熊熊大火，还是点燃一根火柴，明亮的火焰总是不停地向上跳跃，这是为什么呢？

当温度达到一定程度时，燃烧物质的内部就要发生变化，分解出可燃气体。由于分解出的气体温度较高，密度较小，受空气浮力的作用，它们会立即上升。在上升过程中，这些气体又不断被加热，若遇到空气中的氧气且温度达到燃点，它们就会发生激烈的氧化反应，同时放出光和热，这就是我们看到的火焰。火焰周围的空气被加热后形成了上升的气流，把可燃气体"吹"向上方燃烧，这就是火苗为什么总是向上蹿的原因。

••• 【百科辞典】 •••

惰性气体：
惰性气体是稀有气体的旧称，包括氦、氖、氩、氪、氙、氡。它们由于化学性质不活泼，不易与其他物质发生反应，所以被称为惰性气体。

气体放电：
电流通过某些气体时发生的放电现象。

◆ 18 生活之最　最大的霓虹灯广告：我国广州市中信广场的"七喜临门"灯饰，高160米，面积达7000平方米，接近于一个足球场大小。

主题索引　水为什么能灭火？油锅着火为什么不能用水扑灭？

科学关键词　焦耳　有机物　密度

身边的科学

■ 水为什么能灭火？
Weishenme

灭火
水与火接触后能大量吸收火中的热量，使燃烧物质因温度降到燃点以下而熄灭，人们就是利用这个道理来用水扑灭大火的。

我国古代人民根据自己的经验创造了"五行"学说，五行就是金、木、水、火、土，其中点明了水能克火的道理。成语中也有"水火不容"一词，说明了水与火之间的对立关系。大家都知道水是最常见、最经济、最方便的灭火剂。但是，水为什么可以灭火呢？原来，这是由水的化学和物理性质所决定的。

水不是可燃性物质，它的化学性质很稳定。水与火接触后，还能大量地吸收火中的热量，使燃烧物质的温度降到燃点以下。水能从火中吸收多少热量呢？1升25摄氏度的水，吸收2569.6焦耳的热才会全部变为水蒸气。在一般的火炉上倾注1升水，马上就可使火熄灭殆尽。此外，水与火焰接触后，水滴转化为水蒸气，体积急剧增大（1升水可变成1700升水蒸气）。而水蒸气能稀释可燃气体和助燃空气的浓度。在一般情况下，空气中只要含有30%（体积）以上的水蒸气，燃烧就会停止。所以人们常用水来做灭火剂。

■ 油锅着火为什么不能用水扑灭？
Weishenme

我们刚刚说完水能灭火的道理，现在又说油锅着火时不能用水扑灭，是不是互相矛盾呢？

油是一种有机物，其化学性质之一就是易燃，还有很重要的一点，就是油的密度比水的密度小。如果油着火了用水来泼，当水倒入锅中，因为油比较轻，会漂浮在水上面，仍然与空气中的氧接触，激烈燃烧。而且，浇水后会使油分散成更大的面积，增大油和空气的接触面，反而使燃烧更剧烈。因此，用水不但不能扑灭油火，而且起了反作用。此外，远远超过100摄氏度的高温油锅会瞬间将水加热，致使滚烫的水外溅，油火也会随之飞溅到别处，很容易造成火势蔓延和人员伤亡。所以，油锅着火时千万不可以用水来浇灭。正确扑救油锅着火的方法是：将冷菜倒入锅内，火就自动熄灭了；或者将锅盖迅速盖到锅上，使燃烧的油火接触不到空气而熄灭。

扑灭起火的油锅
油锅因为过热而起火燃烧时，切不可试图用水浇灭，而要采取盖上锅盖、关闭煤气等其他应急措施。

生活之最　密度最小的气体：氢气，标准状况下，1升氢气的质量只有0.0899克。

- 主题索引
泡沫灭火器为何能灭火？烟花为什么绚丽多彩？

- 科学关键词
二氧化碳 灭火剂 烟花

■ 泡沫灭火器为何能灭火？

Weishenme

根据二氧化碳既不能燃烧，也不能支持燃烧的特性，人们研制出了各种各样的二氧化碳灭火器，包括泡沫灭火器、干粉灭火器及液体二氧化碳灭火器。那么，泡沫灭火器是怎样迅速把火扑灭的呢？

泡沫灭火器内有两个容器，分别盛放着硫酸铝溶液和碳酸氢钠溶液两种液体。这两种溶液一旦接触，就会发生激烈的化学反应，所以平时千万不要碰倒泡沫灭火器。当需要灭火时，把泡沫灭火器倒立，让两种溶液混合在一起，两种溶液混合马上就会产生出大量的二氧化碳气体。二氧化碳的比重比空气大，一旦喷出后就落在燃烧物的表面上，起到隔绝空气的作用。同时，灭火器中还加入了一些发泡剂。打开灭火器开关后，泡沫就会从灭火器中喷出，覆盖在燃烧物品上，使燃着的物质与空气隔离，并降低温度，达到灭火的目的。

灭火器

消防灭火器的类型多种多样，主要有：清水灭火器、泡沫灭火器、二氧化碳灭火器、干粉灭火器、卤代烷灭火器、酸碱灭火器等。不同的灭火器适宜扑救不同类型的火灾。

■ 烟花为什么绚丽多彩？

Weishenme

老百姓在过年燃放爆竹的同时，还喜欢放烟花。相传，烟花始于隋唐，盛于宋代，又称为"焰火"或"礼花"，是由爆竹演变发展而来的。烟花由引信、发射药和炮药三部分组成。现代烟花可分为低空烟花、高空烟花、地面烟花、水面烟花、手持烟花、吊线烟花、造型烟花等八大类，燃放时令人眼花缭乱，目不暇接。绚丽多彩的烟花与声声爆竹交相辉映，将节日的夜空装点得热闹非凡。

烟花浪漫

烟花的炮药中有混杂的盐类，烟花爆炸后，这些盐类在高温下与氧气发生化学反应，便会产生绚丽多彩的火花，其中不能燃烧的物质则产生烟雾。

但是，烟花燃放时为什么会产生绚丽多彩的效果呢？其实，这是利用了发射药和炮药燃烧时产生的几种烟花效应的结果。发光效应是烟花药剂的一种主要效应，而在烟花药剂中增加一些金属粉（如铝粉、镁铝合金粉等），燃烧时即可生成固态和液态物质，同时又可放出大量的光能和热能。

另外，烟花药剂燃烧时除了能发光外，还能产生不同颜色的火焰。火焰颜色是由于药剂燃烧时，它的多种成分间产生许多化学反应、生成某些原子或分子而形成的。这些分子或原子以一定的频率振动，在可见光谱范围内呈现出一定波长的谱线，从而使火焰着色，最终造成了特殊的"焰色效应"。

除此之外，烟花药剂还具有声响、气动和发烟等效应，从而使烟花在燃放时更加绚丽多彩。

你知道吗

■ 为了保护图书，图书馆着火时不能用泡沫灭火器灭火，而要用干冰灭火器。

■ 当电器失火时，不能用泡沫灭火器灭火，因为有触电的危险，所以最好用干冰灭火器。

■ 据《大美百科全书》记载，1879年已经出现了一种可以变出人形的烟花了。

生活之最 最大的烟花：中国产的"至尊皇冠"烟花，高0.6米，装火药34千克，能在8秒内升到488米，爆发出直径500米的金色火花

主题索引：为什么救生圈和救生衣都是橙黄色的？大门上的"猫眼"有什么作用？

科学关键词：暖色系 凹透镜 凸透镜

>>>>>>>>>>>>>>>
身边的科学

■ 为什么救生圈和救生衣都是橙黄色的？

Weishenme

经常乘船的人会发现，很多国家都将救生衣和救生圈做成橙黄色，这样做有什么特别的意义吗？简单地说，这样做一是防备鲨鱼，二是便于营救遇险人员。

海中的鲨鱼异常凶猛，遇难落水的人时常受到它的伤害。但是，人们发现鲨鱼最怕橙黄色。它一见到这种颜色就调头远远逃走，宁愿挨饿也不肯靠近。所以人们将救生圈和救生衣做成橙黄色，以吓跑鲨鱼。

戴着救生圈游泳的宝宝
救生圈是水上救生设备的一种，通常由软木、泡沫塑料或其他比重较小的轻型材料制成，外面包着帆布、塑料等。

此外，这还与橙黄色的波长有关。橙黄色能见度高，明亮刺眼，可以强烈地刺激我们的视神经。人的眼睛很容易注意到橙黄色，且不会和其他颜色混淆。所以，在许多危险的场合，橙黄色就是警戒色，如火车头、登山服装、背包、救生衣等物品上都染有橙黄色。使用这样的救生衣或救生圈，万一出了事

救生衣
海中一霸——鲨鱼最怕橙黄色，它一见到这种颜色就调头远远逃走，于是人们就将救生衣和救生圈做成橙黄色，以便吓跑它。

故，较容易被人发现，从而尽早得到救援。

■ 大门上的"猫眼"有什么作用？

Weishenme

现在，大多数居民的房门上都安装了一种叫"猫眼"的小孔，其实，它真正的名字叫门镜。为什么叫它"猫眼"呢？这是因为，在远处看，门镜闪光的样子非常像猫眼睛在晚上发光，所以人们就给它取了个别名叫"猫眼"。那么，"猫眼"有什么作用呢？

"猫眼"是一种防盗门镜，由凹透镜和凸透镜组成。使用过"猫眼"的人都知道，从室内通过门镜向外看时，门外的景物都被缩小了，眼睛能看到的视角范围很大。而且眼睛越靠近"猫眼"，观察景物的效果越好，可以看见比景物略小的正立虚像。这样一来，门外的人、发生的事，都能看得一清二楚。而人在室外向屋里看时，无论眼睛靠近"猫眼"还是远离"猫眼"，都无法看清室内景物。

正是因为这种特性，很多人在公寓等处的大门上装上"猫眼"，屋里的人可以仔细看清门外来人的情况，而不用随便开门。因此，它在家庭防盗和安全方面发挥了很大的作用。

•••【百科辞典】•••

暖色系：
由太阳光衍生出来的色彩，如红色、黄色、橙色等，可以给人以温暖柔和的感觉。

凹透镜：
两侧面均为球面或一侧是球面而另一侧是平面的透明体，中间部分较薄。它对光线有散射作用。

凸透镜：
凸透镜是中央较厚边缘较薄的透镜。薄凸透镜有汇聚光线的作用，较厚的凸透镜则有望远、发散光线或汇聚光线等作用。

生活之最 **最特别的颜色**：在所有色彩中，最冷的颜色是蓝色，最暖的颜色是橙色。

▶ 主题索引
为什么一把钥匙只能开一把锁？指纹锁用的什么原理？

▶ 科学关键词
锁芯 指纹锁 指纹识别技术

黄山连心锁
黄山连心锁遍及黄山各山道险隘，是黄山的一道独特风景线。爱侣们将连心锁挂在铁索上，而后将钥匙抛向深谷，表示永结同心、爱情不渝。

■ 为什么一把钥匙只能开一把锁？

Weishenme

锁对大家来说并不陌生，家里的抽屉上有锁，柜子上有锁，家家户户的门上都安装着锁。这些锁担负着保护财产安全的责任，只有用特定的钥匙才能打开。那么，人们是怎样保证一把钥匙只能开一把锁的呢？

原来，每把锁里面都有一个圆柱形的锁芯，锁芯上有四个孔，每个孔里有两个很短的圆柱形铜柱和一个小弹簧。我们用钥匙锁门的时候，锁芯随着钥匙转动，由于铜柱长短不同，又有弹簧顶着，就把锁芯挡住转不动了。而钥匙上的齿深浅不一，把钥匙插进锁芯后，深浅不同的齿正好填满四个孔里的缝隙，把锁芯顶到适当的位置，就能转动锁芯了。锁芯转动可以带动锁里面的弹簧，并将所有小铜柱顶出，于是锁就被打开了。

由于每一把钥匙上的齿都深浅不同、大小不一，因此一把钥匙不能将任意一把锁里的锁芯都顶到特定位置上，所以一把钥匙只能开一把锁。这才是钥匙的真正目的，上锁就是为了防止东西被别人随便打开。不过，如果齿形真的非常近似，有的时候一把钥匙也能打开其他的锁。所以，人们现在又发明了十字钥匙及各种异形钥匙和锁具，以减少误配的可能性。

■ 指纹锁用的什么原理？

Weishenme

指纹锁设计新颖，运用了非常先进的指纹识别技术。它彻底改变了传统锁类的设计方式和保密措施，极大地改进了保密方法。

指纹识别技术分为两种：一种是光学技术，另一种是电容技术（半导体技术）。前者类似于照相机，相对来说容易被复制。后者更保险，它采集了手指更深一层的图像，根据手指的真皮、血流量，指纹的脊、谷等细微区别，在手指的表皮和芯片之间产生不同的电容，通过电容场得到完整的指纹图像，因而很难被复制。

指纹锁把允许进入该门内的人员的指纹存储起来，每个想进门的人都必须先检验指纹，核对无误后才能进入。指纹锁一旦发现不吻合的指纹，其电脑系统就会立即报警。由于每个人的指纹都是独一无二的，所以不会出现钥匙失窃或者被人复制的情况。

有时，房主为了安全起见，在经过指纹的检验后，还要通过小键盘来回答比如血型或生日等问题，然后再与计算机内存储的数据相比较。如果二者准确符合，门就自动打开，如果不符合，它就会客气地将你拒之门外。

指纹
由于人的遗传特性，虽然指纹人人皆有，但各不相同。据说，全世界五十多亿人中，还没有发现两个指纹完全相同的人。

◆ 22 生活之最 **最小的古代锁**：是我国长9.95毫米、宽5.712毫米、重0.5255克的银质珐琅小横锁。

■ 为什么超市里的所有商品都有条形码？

Weishenme

条形码（Product Code）是一种产品代码，由一组宽窄和间隔不等的平行线条及相应的数字组成，代表与商品有关的许多信息。条形码经过光电扫描输入电脑后，人们就能迅速查出某件商品的生产国、制造厂商、品名规格、价格等一系列产品信息。

许多国家和地区的超级市场都在使用条形码识别系统。顾客选定商品后，售货员只要把商品包装上的条形码对着扫描阅读器，电子计算机就能自动查询售价并进行收款累计。顾客选定商品的所有条形码都经过扫描后，计算机就能立即报出总价并把购物清单打印出来。这样，超市只需配备少量的售货员便能迅速、准确地完成结账、收款等工作，既方便消费者，也能提高超市的工作效率，降低销售成本。

目前，条形码辨识技术已经相当成熟，读取错误率只有约百万分之一，是一种输入快速、可靠性高、准确性强、成本低、应用面广的资料自动收集技术。不难预料，条形码辨识技术将会在今后的货物流通中发挥越来越大的作用。

条形码扫描
在超市购物时，售货员用条形码扫描器把商品包装上的条形码扫描进计算机后，计算机就能自动查询售价并进行收款累计。

■ 声控灯为什么有声音就会亮？

Weishenme

如今，城市里许多现代化小区的楼道中都安装了声控灯，人们在夜晚进入漆黑的楼道时，不用摸索墙上的开关，只要拍拍巴掌或者跺跺脚，灯就能自动变亮。这其中有什么奥秘吗？

其实，声控灯的关键器件是电路里的"小话筒"——声传感器。声传感器能将声波以电信号的形式输出，电信号经过专用的芯片处理就可以控制电子开关，这样灯就亮了。

准确地说，声控灯是一种声控电子照明装置，由音频放大器、选频电路、延时开启电路和可控硅电路组成。其实，它应该叫做声光控灯，因为它和光线也有关系。在白天，即使你放鞭炮，声控灯都不会亮。这是因为声控灯里面还有一个检测光线的光传感器。所以，在白天有光的时候，灯总是灭的，只有晚上发出声响的时候，灯才会亮。

传感器
传感器是一种检测装置，能感受到被检测的信息，并将这些信息变换成电信号等形式输出，以满足信息的传输、处理、存储、控制等需求。

生活之最　最新的结账方式： 美国一家超市集团推出了一种全新指纹结账方式，目前已有1万多人建立了自己的指纹账户。

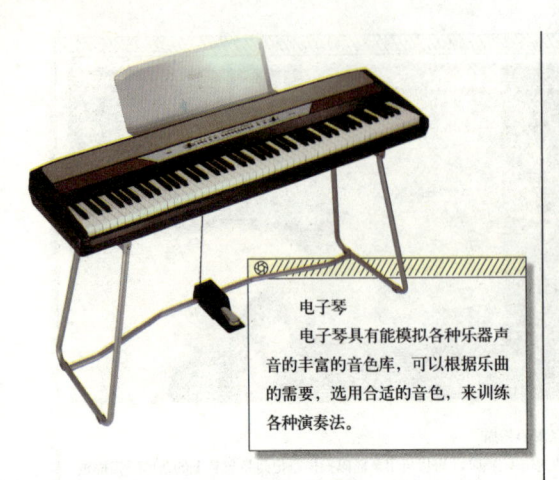

主题索引
电子琴为什么能奏出其他乐器的声音？自动扶梯如何工作？

科学关键词
基音 泛音 自动扶梯

电子琴
电子琴具有能模拟各种乐器声音的丰富的音色库，可以根据乐曲的需要，选用合适的音色，来训练各种演奏法。

■ 电子琴为什么能奏出其他乐器的声音？

Weishenme

大家都知道，电子琴既可以演奏不同的曲调，又可以发出强弱不同的声音，甚至还可以模仿二胡、笛子、钢琴、黑管以及锣鼓等不同乐器的声音。那么，电子琴的发音原理是怎样的呢？

乐器发出的优美动听的乐声，一般都是由琴弦、琴簧或者管内空气的振动形成的。在电子琴里，虽然没有能振动的弦、簧、管等物体，却有许多特殊的电子装置。当每个电子装置工作时，就会使喇叭发出一定频率的声音。于是，当你按动了某个琴键时，就会使与它相对应的电子装置开始工作，从而使喇叭发出某种音调的声音。

乐器发声时，除了发出某一频率的基音以外，还会发出响度较小、频率加倍的泛音。我们听到的乐器的声音就是它发出的基音和泛音混合而成的。不同的乐器在发出一样基音的同时，各自的泛音数目和响度都不相同，因而不同的乐器具有不同的音色。在电子琴里，除了有与基音对应的电子装置外，还有许多与泛音对应的电子装置，只要适当地选择不同的泛音电子装置，就可以将基音与不同的泛音混合，从而模仿出不同乐器的声音。

■ 自动扶梯如何工作？

Weishenme

1900年，巴黎国际博览会上展出了一台阶梯状的自动梯，它就是现代自动扶梯的雏形。此后，自动扶梯在许多国家得到了进一步的发展。如今，它早已普及，在车站、码头、商场、机场和地下铁道等许多人流集中的地方都能看到自动扶梯。

自动扶梯是循环运行的运输设备，能够倾斜向上或向下连续输送乘客。直观地看去，它就像伴随着扶手带缓慢移动的楼梯。它由梯路（变形的板式输送机）和两旁的扶手带（变形的带式输送机）组成，转动原理并不复杂。

扶梯的两个尽头装有两个大齿轮，两个大齿轮之间连接着轮链，每个阶梯都安装在轮链上。在电动机的带动下，轮链推动阶梯沿两条轨道上下移动。这样，人站在上面就可以随着阶梯上下楼了。为了方便乘客登梯，梯路在乘客入口处作水平运动，以后逐渐形成阶梯。在接近出口处，阶梯逐渐消失，梯路再度作水平运动。为了保证乘客安全，自动扶梯在特制链条断开时，能够自动停止运行并在安全装置上卡住，以防向下滑动。

自动扶梯
自动扶梯是循环运行的运输设备，能够倾斜向上或向下连续运送乘客。在车站、码头、商场和机场等人流集中的地方，都能看到它的身影。

生活之最　**最大的电子琴**：由美国古典风琴演奏家瓦·福克斯设计，1977年制作完成，共有上下5排键盘，总重近4吨，音域宽广宏大。

主题索引　　　　　　　　　　　　　　　　科学关键词
电视为什么可以用遥控器来控制？彩电为什么可以显示彩色图像？　红外线 三基色 荧光粉

身边的科学

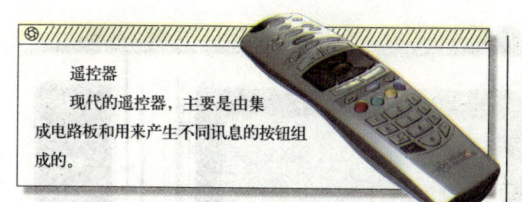

遥控器
现代的遥控器，主要是由集成电路板和用来产生不同讯息的按钮组成的。

■ 电视为什么可以用遥控器来控制？
Weishenme

看电视的时候，我们手里拿着遥控器，只要按一按上面的按钮就可以换台、调音或开关机，省掉了许多起起坐坐的麻烦。那么，为什么遥控器能控制电视呢？

遥控器分两个部分，我们手里拿的是它的发射器，它还有一个接收器装在了电视机的内部。我们按不同的按钮时，发射器就会发出不同的信号，接收器收到后，就会按照发射器的指令控制电视作不同的反应，遥控就成功了。

目前，全世界生产的彩电几乎全都带有红外遥控装置。用红外遥控器对电视机进行功能控制时，需要对准接收端方向。遥控器由红外遥控发射器、接收器和控制电路组成。红外线是一种波长极短的电磁波，用它作遥控开关的媒介，不会对其他电器造成干扰。我们使用遥控器时，首先由红外线发射器发出红外遥控信号，通过红外线接收电路放大处理后，再送到微处理器，最后经译码后再变成相应的控制信号。因此，只要编码是一样的，电视机就可以接收控制。比如，同一个型号的遥控器，可以用于所有适用的机型。这种类型的遥控器成本便宜，使用简单，给人们的生活带来了很多便利。

■ 彩电为什么可以显示彩色图像？
Weishenme

电视机被誉为"20世纪最伟大的发明之一"，最初诞生于1925年。1930至1940年间的10年，是电视机成型的时代。早期的电视机只能接收和显示黑白图像，直到1940年，美国无线电公司首先成功研制出播放彩色图像的电视机。此后，电视机逐渐成为一种大众化的信息媒介和娱乐工具，走入了千家万户。

彩色电视机之所以可以显示逼真的彩色图像，是由于它的显示屏上涂有红、绿、蓝三种不同发光材料的荧光粉。这三种颜色叫"三基色"，用三基色可以配出其他各种颜色。此外，彩色电视机的显像管里还装有三把电子枪，它们按各自收到的电视信号，发射出代表不同颜色的电子束。当电子束打在显示屏上时，屏上的荧光粉就会发出不同颜色的光。

如果我们走近看彩电的屏幕，会发现上面的图像是由很多红、绿、蓝色的小点构成的，由于人眼空间细节分辨能力比较差，所以这些三基色的小光点混合在一起，看起来就像是彩色了。

【百科辞典】

红外线：
红外线是不可见光线中的一种，由德国科学家霍胥尔于1800年发现，又称为红外热辐射。

荧光粉：
荧光粉在受到自然光、灯光、紫外光等照射后，能把光能储存起来。在光停止照射后，又以荧光的方式释放出光能来。

电视塔
电视塔是用于发射传播广播电视信号的建筑。要使信号播送的范围更大，电视发射天线就要更高，这样，电视塔愈建愈高，最终成为现代最高的建筑物类别之一。

生活之最　最早的电视机：1925年，拜尔德在英国首次成功装配出世界上第一台电视机。25

主题索引
微波炉为什么可以加热食物？为什么微波炉中不能放金属器皿？

科学关键词
微波 微波炉 磁控管

■ 微波炉为什么可以加热食物？

Weishenme

1946年，美国人斯潘瑟于一个偶然的机会，发现了微波融化糖果的现象。事实证明，微波辐射能引起食物内部的分子振动，从而产生热量。1947年，第一台微波炉问世。

微波是一种频率为300至300000兆赫的电磁波，它的波长很短，具有可见光的性质，可沿直线传播。这种电磁波的能量不仅比通常的无线电波大得多，而且还很有"个性"：微波在遇到金属材料时能反射；遇到玻璃、塑料、陶瓷等绝缘材料时则可以穿透；遇到含有水分的蛋白质、脂肪等介质时可被吸收，并将微波的电磁能量变为热能。微波炉正是利用微波的这些特性制成的。

微波炉的心脏是磁控管。这个叫磁控管的电子管是个微波发生器，它能产生每秒钟振动频率为4.5亿次的微波。这种肉眼看不见的微波，能穿透食物达5厘米深，并使食物中的水分子也随之运动。剧烈的运动产生了大量的热能，于是食物就被"煮"熟了。这就是微波炉加热食物的原理。

微波炉
微波炉是一种用微波加热食物的现代化烹调电器，功率范围一般为500至1000瓦。

■ 为什么微波炉中不能放金属器皿？

Weishenme

我们在使用微波炉时，产品说明书上都会提醒说，不能用金属器皿在微波炉内加热食物，这是为什么呢？

原来，微波有一个特性，遇到金属就会被反射回来，所以金属容器中的食物根本无法被加热，而且由于发射出去的微波没有损耗地全部反射回来，经过累积，还可能使发射微波的器件产生高温以至损坏。同时，金属的电阻又很小，会形成微波能量的高频短路，极易使发射微波的磁控管阳极因产生高温而烧毁。所以，微波炉里不能放入金属容器。

烤箱里包裹食物所用的铝箔也不可以放在微波炉内。同时，也不要忘记把金属的勺子、刀叉等拿出来，以免在加热时与微波炉内壁摩擦而产生电火花。

微波炉内用最理想的器皿是玻璃制品，因为它对微波的吸收性较小，而且非常耐热。此外，在微波炉内加热食物时，也可使用陶瓷、塑料等材料的容器。

微波炉专用盒
微波一碰到金属就发生反射，金属根本没有办法吸收或传导它，所以应选用玻璃、陶瓷、塑料等绝缘材料的器具来盛放需微波加热的食物。

你知道吗

■ 用微波炉烹饪时，由于热量直接深入食物内部，所以烹饪速度比其他炉灶快4至10倍，热效率高达80%以上。

■ 在微波炉内尽量使用广口容器，因为封闭容器内食物加热时产生的热量不容易散发，而使容器内压力过高，易引起爆炸。

生活之最 卫星最多的国家：美国在太空的卫星数量最多。目前，太空约有800颗卫星，其中400颗左右属于美国。

主题索引　　　　　　　　　　　　　　科学关键词
油烟机为什么能把油烟吸走？为什么洗衣机能将衣服甩干？　气压差　离心力

> 身边的科学

■ 油烟机为什么能把油烟吸走？
Weishenme

油烟机是一种净化厨房环境的厨房电器，它安装在厨房炉灶上方，能将炉灶燃烧的废物和烹饪过程中产生的对人体有害的油烟迅速抽走，排出室外，减少室内空气污染。油烟机一般由风机系统、控制系统、滤油装置、外壳与悬吊装置等零部件组成。

油烟机工作时，电机带动风轮转动，从而在进风口、风柜内和出风口之间造成气压差，压力差引起空气快速流动，油烟也就随之开始了吸排运动。当油烟经过进风口的过滤网时，部分油烟因冷却而被分离开来。那些冷却凝聚的污油通过导油系统被导入油杯，而滤过的烟则直接由出风口排出室外。

厨房一角
油烟机可谓是厨房的"肺"，它改变了厨房的环境，减少了油烟对厨房环境和人体健康的危害。

■ 为什么洗衣机能将衣服甩干？
Weishenme

洗衣机是现代家庭最常见的家用电器之一，它的诞生将人们从繁重的清洗劳动中解脱了出来。目前受到人们广泛欢迎的全自动洗衣机，不仅能将衣物洗涤、漂洗干净，而且还能自动甩干，洗好的衣服只需再晾晒很短的时间就能完全干了，非常方便。那么，洗衣机的甩干功能用的是什么原理呢？

洗衣机甩干衣服利用了离心力的原理。在洗衣机中，有一台能够高速转动的电动机，它可以带动洗衣机里的甩干桶高速旋转。在用洗衣机将衣服甩干时，桶内的湿衣服会随着圆桶一起作高速圆周运动，最高速度可达每分钟800至1000转。甩干桶的桶壁上有许多圆孔，附着在湿衣服纤维中的小水珠会在离心力的作用下，沿着圆周运动的切线方向离开衣服，从桶壁的圆孔中甩出去。于是，湿衣服就这样被甩干了。有些洗衣机除了甩干之外，还有烘干的功能，衣服拿出来就可以直接穿了。

滚筒洗衣机
这种洗衣机模仿棒槌击打衣物的原理，利用电动机使滚筒旋转，从而使滚筒中的衣物不断被提升摔下，最终被"捶打"干净。

你知道吗

☐ 清洗油烟机时，最好不要擦拭风叶。可在风叶上喷洒清洁剂，然后再旋转甩干，这样做可以避免风叶变形。

☐ 1776年，在欧洲出现了最早的简易机械洗衣机。1979年，以电脑控制的全自动洗衣机在日本问世。

生活之最　洗衣最快的洗衣机：日本三菱电机公司宣称生产出了世界上洗衣最快的洗衣机，能在35分钟内清洗9千克衣物。

主题索引
为什么说失去摩擦力我们就会寸步难行？猫从高处跳下来为什么不会摔死？

科学关键词
摩擦力 延脑 平衡功能

■ 为什么说失去摩擦力我们就会寸步难行？

Weishenme

两个互相接触的物体，当它们要发生或已经发生相对运动时，会在接触面上产生一种阻碍相对运动的力，这种力就是摩擦力。假如地球上没有摩擦力，将会变成什么样子呢？那样的话，生活将处处都是无法解决的难题：想写字却拿不起笔，想喝水却端不起杯子；想工作劳动，但任何工具都一次次从手上滑落，甚至想站起来都会立刻滑倒，想走路更是寸步难行……

摩擦力虽然是一种阻力，但在生活中却是必不可少的。我们要稳稳地站在地面上，就得靠鞋底与地面之间的静摩擦力。而我们想要向前走或者跑，更是离不开这个静摩擦力。当一个人迈开腿时，会下意识地先用另一条腿蹬地，于是鞋先给地面一个向后的作用力，而地面相应地给鞋一个向前的摩擦力，人就可以成功地跨出这一步，向前移动了。如果没有了摩擦力，人一走动就会滑倒，而且滑倒后，由于缺少摩擦力的帮助，将再也无法站立起来。

猫的爪子
猫的每只脚下都有一块大的肉垫，每一个脚趾下又有一块小的趾肉垫。这些柔软的肉垫起到了良好的缓冲和防滑作用，当猫从高处跳下时，能使它免受伤害。

■ 猫从高处跳下来为什么不会摔死？

Weishenme

如果一只狗从高处摔下，它多半会摔伤。可是，猫从高处跳下却可能安然无恙，这是为什么呢？这是因为，猫的平衡功能比其他动物更完善。

当猫从高处跳下来时，它的眼睛能很快地看清地面是平坦还是不平坦。如果它的身体失去平衡，它内耳的平衡器官很快感觉到，这些平衡器官会把感觉及时地通知延脑。延脑一方面把消息报告给大脑"司令部"，另一方面向下通知脊髓。脊髓的脊神经立刻把感觉再传给四肢的肌肉，四肢的肌肉就以最快的速度调整，使身体保持平衡状态。这样，猫在着地之前，身体已经做好了准备。

此外，猫的脚底有很厚的肉垫，这种肉垫既柔软又富有弹性。当猫从高处落下的时候，它脚底的肉垫可以帮助它减小震动，再加上它的长尾巴如同飞机的尾翼，可使身体保持平衡，所以猫从高处跳下，一般不会摔死。

轮胎锁链
汽车在平常路面上不易打滑，而在雪地上却极易打滑，这是因为雪地的摩擦系数较小，汽车前进的摩擦力不足。所以下大雪时，很多车辆都要在轮胎上绑上铁链，以增加摩擦力。

生活之最 **最富有的猫** 据记载，1978年1月，美国人格雷斯临终前把价值25万美元的遗产全部留给了一只名叫查理·陈的白猫。

■ 用撬棍为什么能撬动很重的物体？

Weishenme

在采石场里，我们可以看到工人在撬动比较大的石头时，经常先把长铁棍的一端插到石头底下，再在撬棍下面放一个小石头作支点，然后用力去压铁棍的另一端，这样就能撬动很大很重的石块了。为什么一个工人用一根撬棍就能撬动巨石呢？这是因为，他们利用了杠杆原理，他们手中的那根长铁棍就是杠杆。

撬动地球
阿基米德有一句世界闻名的豪言壮语："给我一个支点，我可以撬动地球。"这充分说明了杠杆所能发挥的巨大力量。

我们把支撑杠杆左右摇摆的点称为支点。当支点靠近物体时，撬起物体就会省很大的力气；当支点远离物体、靠近我们用力的双手时，就会非常费劲。这就是杠杆原理。千万别小看这个简单的科学原理，它在我们的生活中有着很大的用处。把一枚钉子从木头里拔出来，用羊角锤或老虎钳就能轻松完成；牛皮纸很硬，用普通剪刀很难剪开，但是用长柄剪刀却可以很容易剪开；开瓶子的专用起子、吃饭时夹菜用的筷子、用手握住写字的毛笔、铲土用的铲子等，这些工具都巧妙地运用了杠杆原理。

■ 为什么夏天容易中暑？

Weishenme

在炎热的三伏天，人们若在烈日下劳动或进行体育比赛，往往会出现发烧、抽筋等症状，严重的还会突然昏倒，不省人事，这种情况就是中暑。

人为什么会中暑呢？虽然中暑看起来比较突然，但它却是逐步形成的。人体每时每刻都在通过出汗向外散热，由于劳动和运动时出汗多，因此散发的热量也多。在通常情况下，环境的温度低于体温，人体的热量就能顺利地散发出去。但是，在炎热的夏天，环境温度高于体温，人体热量散发不出去，大量的热积聚在体内，再加上出汗过多，体内的水分和盐分消耗过多，就会引起中暑。

中暑对人的身体损害很大。所以，在夏天或高温环境里劳动时，必须注意通风降温，尽量避免烈日直晒，还应多喝一些淡盐开水、汽水等饮料。

烈日下
在高温酷热的夏天，特别是在中午太阳最盛时，应该避免让烈日直晒头部，并多喝一些淡盐开水、汽水等饮料，以防中暑。

遇到中暑的人，应该立刻将其抬到阴凉而空气流通的地方，解开衣服，用凉水擦拭身体，用冷湿毛巾敷头，帮助患者降温。如果中暑的人一直脸色苍白、昏迷不醒，就应该赶快送到医院进行抢救。

生活之最 最易中暑的时段： 在夏天，最好不要在10至16时之间外出，因为这个时段阳光最强，中暑的可能性也最大。

◁ 主题索引
为什么有时开着电风扇也不凉快？为什么温度计能测量温度？

◁ 科学关键词
蒸发 饱和状态 热胀冷缩

■ 为什么有时开着电风扇也不凉快？
Weishenme

电风扇
电风扇由斯凯勒·惠勒于1882年发明。电风扇工作时可加快空气流动，降低室温。但是，假如房间与外界没有热传递，即便有电风扇，室内的温度不仅不会降低，反而会升高。

夏天为了避暑降温，一般室内都备有电风扇。可是，在闷热的夏天，有时电风扇虽然对着人吹，却只感到一阵热风过来，而不觉得凉快。这是什么原因呢？

电风扇吹出来的风使人感觉凉爽，是因为它加快了皮肤表面的空气流动，汗液蒸发随之加快，吸收了身体热量，使皮肤温度下降。同时，空气快速流动带动了空气对流，对流也可以带走大量的热，最终也可以降低温度。由此可见，汗液的蒸发才是使人凉爽的主要和直接因素。

在闷热的夏天，有时室内的湿度特别大，接近饱和状态。这时，空气中已经不能再容纳水蒸气了。这时候，尽管有电风扇迫使空气流动加快，但也难以促进汗液蒸发。在这种情况下，就算一直吹着电风扇也不能减轻人们闷热的感觉。

■ 为什么温度计能测量温度？
Weishenme

在日常生活中人们往往凭自己的感觉来判断物体的冷热程度，但这样的判断由于多种因素的存在，通常是不准确的。要想准确知道物体的温度，就要借助于温度计。那么，温度计为何能测量温度呢？

最早发明温度计的人是意大利科学家伽利略。当时，伽利略设计了一根一端呈球形、中间充满空气的玻璃管，管的另一端开口朝下置于液体之中。当温度升高时，管内空气受热膨胀。由于在相同条件下，液体的热膨胀程度没有气体大，所以管中液面的高度会降低。同理，温度降低时，管中液面会升高。但是，这样的温度计容易受大气压变化的影响，所以精确程度并不是很高。

我们现在用的温度计则完全是利用液体的热胀冷缩原理制成的：由于在相同条件下，液体的热膨胀程度要比固体大，所以当温度变化时，玻璃管中的液面便随之上升或下降；又因为温度计的玻璃管内径很细，因此，液体体积变化在细管中呈现出较明显的高度变化，所以从玻璃管上的刻度就可读出温度的具体数值。

随着科学技术的发展，测温技术也在不断地改进和提高。由于需要测温的范围越来越广，人们又制造出许多不同种类的测温仪器。

水银温度计
水银温度计是膨胀式温度计的一种，用来测量0至150摄氏度或500摄氏度以内的温度。这种温度计不仅比较简单直观，而且还可以避免气压的影响。

•••【百科辞典】•••

蒸发：
液体蒸腾挥发为水汽的现象。蒸发在任何温度下都能发生，且蒸发过程吸收热量。影响蒸发快慢的因素有温度、湿度、液体的表面积和液体表面上的空气流动速度等。

热胀冷缩：
是物体的一种基本性质。物体在一般状态下，受热以后体积会膨胀，受冷以后体积会缩小。

◆ 30 生活之最 **最高的温度计**：位于美国洛杉矶和拉斯韦加斯之间的15号州际公路上，高40米，仅比自由女神像低5米。

主题索引	科学关键词	身边的科学
为什么声音不能在真空中传播？为什么有的声音听起来令人烦躁？	声波 赫兹 噪声 分贝	

■ 为什么声音不能在真空中传播？

Weishenme

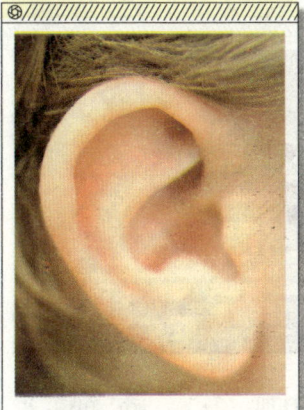

耳朵

耳朵要听见声音是有条件的，首先需要有发声源，而且声波要在一定频率内；其次需要空气、固体、液体等声音传播介质。

在日常生活中人们往往凭自己的感觉来判断声音是由物体机械振动而产生的，人们所听到的声音实际上是物体振动后引发的声波。当物体发生机械振动时（例如我们说话时声带的振动或乐器被击打时发生的振动），周围的空气也被迫产生微妙的振动，并在空气中以每秒钟340米的速度向周围传播，这就是声波。声波在空气中不断扩散，当它到达鼓膜时，就会通过复杂的变化，转化为生物电信号；接着，由人的神经系统感知；最后，变成人们能察觉到的声音。不同的声波是由振动频率的不同造成的。

频率是指物体每秒钟振动的次数，单位是赫兹（Hz），人耳能听到的声音频率范围是20至20000赫兹。

由此我们知道，声音实际上是一种声波，它的传播需要介质，固体、液体、气体等都是声音传播的介质。声音在不同介质中传播的速度会不同，一般情况下，在固体中传播得最快，在液体中次之，在气体中最慢。由于真空中没有任何介质，所以以声音在真空中无法传播。

音叉

■ 为什么有的声音听起来令人烦躁？

Weishenme

声音是非常重要的环境因素之一，美妙的音乐能使人心情舒畅。但是，有一些声音听起来不仅没有悦耳的感觉，反而令人心烦意乱，尤其是那些音量过大、杂乱无章的嘈杂声，听了更会使人心烦意乱、坐卧不安。这是为什么呢？

从物理学角度讲，噪声指的是一种非周期性的声音振动。它的声波波形不规则，音高和音强变化混乱，让人听起来感到刺耳、难以忍耐。而在生活中，所有使人烦躁，干扰人们学习、工作和休息的声音都属于噪声，比如建筑噪声、交通噪声及其他生活噪声等。

高强度的噪声不仅损害人的听觉，而且对人的神经系统、心血管系统、内分泌系统、消化系统以及视觉、智力等都有不同程度的影响。

噪声的单位是分贝，分贝是声压级的大小单位，1分贝就是人耳刚刚能听到的声音。如果一个人长期在高达95分贝的噪声环境里工作和生活，甚至会有丧失听力的危险。

令人烦躁的声音

噪声是一种可使人心情烦躁，甚至会危害人体健康的声音。它会影响人的神经系统，使人急躁、易怒，影响睡眠，使人疲倦不堪。

生活之最　**最高音歌唱家**：中国歌唱家卢兰青，被誉为世界上"声音最高、音域最宽"的人，她的高音比帕瓦罗蒂还高两个八度。

主题索引
山谷里为什么有回声？回音壁为什么会传声？

科学关键词
回声 声呐装置 回音壁

■ 山谷里为什么有回声？

Weishenme

当我们爬山的时候，在山谷里高声叫喊，过一会儿就会传来一模一样的声音，难道是有人在学我们说话吗？当然不是，那是回声。那么，山谷里为什么会有回声呢？

这是因为，在人们喊叫的时候，声音会向四面八方传去。声音是以声波的形式传播的，假如在传播过程中遇到较大的障碍物，它就会被障碍物的界面反射回来。由于反射回来的声音比直接传入耳朵的声音多跑了很多路，所以人们总是先听到直接发出的声音，过一会儿才能听到反射回来的回声。

事实上，只要存在障碍物就会有回声。但是，人耳只能区分时间相隔超过0.1秒的两个声音。如果障碍物与声源的距离较近，原声与回声的间隔不到0.1秒，它们就会混在一起，使人不易察觉。一般情况下，声音每秒钟可以扩散340米，因此人耳要将原声和回声区别开来，声源和障碍物之间的距离至少也得有17米。由于山谷四周高山围绕，人和高山距离较远，喊叫的声音传出去后，过了比较长的时间才被高山反射回来，结果就形成了山谷里清晰可辨的回声。

广泛应用于潜艇上的声呐装置，就利用了回声的原理。仪器先发出声波，然后再接收障碍物反射回来的声波信号。之后，人们通过测量发出信号和接收信号之间的时间，再根据声音在水中的传播速度，就可以计算出障碍物的距离或海的深度了。

天坛
天坛是明清两代帝王用以"祭天"、"祈谷"的建筑。其主要建筑祈年殿、皇穹宇、圜丘等都建造在北京南北纵轴上。坛墙南方北圆，象征天圆地方。

空谷回声
幽静的山谷中，群山环绕，人如果站在其中大声喊叫，声音传出去后，高山又把它反射回来，就会形成独特的"空谷回声"。

■ 回音壁为什么会传声？

Weishenme

北京天坛公园里的回音壁是一个奇妙的建筑物，即使人们朝着回音壁小声地说一句话，在另一面的人也能听到。这是为什么呢？

我们平时在比较小的屋子里说话无法听到回声，是因为屋子面积小，回声反射回来很快，基本上跟原来的声音合并在一起；而大房子的回声反射回来的时间长，回声和原声有一定的时间间隔，所以能听出回声。天坛回音壁的壁圆很大，半径足有32.8米，这个距离足以使人清楚地分辨出回声。

回音壁有回音效果的另一个原因是，围墙由磨砖对缝砌成，光滑平整，弧度十分柔和，有利于声波的规则折射。加之围墙上端覆盖着的琉璃瓦，可使声波不至于散漫而消失，从而加强了回音壁的回音效果。此外，围墙建造成磨砖对缝，可以使声音在传递途中减小损失。因此，只要对着墙壁说话，就算相隔四五十米，见不到面，也可以清晰地听到对方说话。

◆ 32 生活之最 **最大的天然回音壁：** 河北省嶂石岩景区的回音壁，直径90米，弧长310米，壁高100多米，在其中任一位置说话都可听到回音

主题索引
为什么人类听不到超声波和次声波？太阳下的物体为什么会有影子？

科学关键词
超声波 次声波

身边的科学

你知道吗

■ 太阳光实际上是由赤、橙、黄、绿、青、蓝、紫七种颜色组成的。

■ 医院手术室里的无影灯上装了许多灯，这些灯可以从各个方向发出光线，使影子淡化，从而保证医生动手术时不会受到影子的干扰。

蝙蝠
蝙蝠总是倒挂在树上休息。它们中的大多数都具有回声定位系统，能够发出超声波信号，根据回声在黑暗中判别方向，为自己的飞行路线定位。

■ 为什么人类听不到超声波和次声波？
Weishenme

前文提到，科学家把物体发声时每秒钟振动的次数称为频率，单位是赫兹。人耳能听到的声波频率范围是20至20000赫兹。因此，当物体的振动超过一定的频率，即超过20000赫兹时，人类便听不出来了，这样的声波称为超声波。超声波的方向性好，几乎沿直线传播；穿透能力强，能穿透许多电磁波不能穿透的物质；在介质中传播时能产生巨大的作用力，可以用来为硬质材料做切割、凿孔等，也可以用来清洗和消毒。

频率小于20赫兹的声波叫次声波。虽然次声波看不见、听不见，可它却无处不在。地震、火山爆发、风暴、海浪冲击、枪炮发射、热核爆炸等都会产生次声波。某些频率的次声波由于和人体器官的振动频率相近，容易和器官产生共振，对人体有很大的危害性。

■ 太阳下的物体为什么会有影子？
Weishenme

每个人都有一个不说话的好伙伴，它和你一生都在一起，不会离开，那就是你的影子。物体为什么会有影子呢？这需要用光的知识来解释。

我们知道，光总是沿着直线传播的，当它照射到不透明的物体时，就会发生反射，从各种物体反射出来的光线进入我们的眼睛，我们就看到了五颜六色的世界。而我们能看到各种颜色，是因为各种物体反射出了不同颜色的光。同时，照射在物体上的光的亮度不同，也会让我们看到的物体的颜色不同。亮度最高的光为白色，亮度最低的光是黑色。

而所谓"影子"，就是物体挡住了能够照射到这个物体背后的所有光线，形成了一个亮度最低的黑色地带，也就是光线照射不到的地方。一般来说，物体是什么形状，影子也就是什么轮廓。不过，由于光照的角度和遮挡光线的物体的角度不同，同样一个东西的影子长短和形状也会有所不同。所以，每天中午，太阳就在我们头顶时，我们脚下的影子只有一小块；而下午时，在夕阳的余晖之下，每个人又都会拖出一条长长的影子。

影子
光线在同种均匀介质中沿直线传播，因不能穿过不透明物体而形成投影，就是我们常说的影子。影子的形成需要光和不透明物体两个必要条件。

生活之最 超声波在医学上最早的应用：1942年，奥地利医生杜西克首次用超声波技术扫描人体脑部结构。 33

▎主题索引
为什么我们的眼睛能看见物体？为什么伸入水中的吸管看起来是弯的？

▎科学关键词
视网膜 入射角 折射角 折射定律

■ 为什么我们的眼睛能看见物体？

Weishenme

如果没有眼睛，我们的生活将会黯淡无光。正是因为有了眼睛，我们才能看见大千世界和形态各异的物品。那么，为什么人的眼睛能看见物体呢？

在人的眼睛后面，有一层特殊的膜，科学家称之为视网膜。外来的光线先通过眼睛前部无色透明的表层的折射，然后在视网膜上形成图像。视网膜的细胞对光十分敏感，上亿个感光细胞感到了光的强弱和色彩，并立即把信息通过神经传给大脑。于是，我们便"看"到了那个物体。

实际上，眼睛只不过起着"摄像"和"传递"的作用，真正"看清"东西的是我们的大脑。当光通过眼睛的折射和视神经的传递到达大脑的视觉中枢时，我们才能产生视觉，才能看到世界上的一切。我们的视力也是在光的不断刺激下逐渐完善起来的。初生的婴儿只能看到物体模糊的影子，随着他们的眼睛不断被光刺激，他们的视力也就慢慢形成了。

照相机

照相机的工作原理和眼睛差不多，但远远不如眼睛看得快，也不如眼睛高级。眼睛才是世上最智能的"照相机"。

■ 为什么伸入水中的吸管看起来是弯的？

Weishenme

相信大家肯定看到过这样的景象：把吸管伸入水中后，从外面看起来，吸管好像变弯了，可是把它拿出来，又安然无恙。你知道这是为什么吗？

雨后彩虹

彩虹是气象中的一种光学现象。当阳光照射到半空中的雨点，光线被折射及反射时，天空就会出现拱形的七彩色谱。彩虹的七彩颜色，从外至内分别为：红、橙、黄、绿、青、蓝、紫。

光从一种介质斜射入另一种介质时，传播方向一般都会发生变化，这种现象叫做光的折射。由于光在水和空气这两种介质中的传播速度不同，所以当光从空气中进入水中时，传播速度便由每秒$3×10^8$米变成约$2.25×10^8$米，入射角和折射角也发生了变化，因此光就发生了偏折。而人的肉眼之所以能看见物体，是因为水中物体反射的光进入了眼睛。所以，当光发生了偏折的时候，我们就会发现吸管发生了"弯曲"，而实际上它没有任何变化。

我们在岸上看到水中的鱼，比它在水里的实际位置要高；看起来不过齐腰深的池水，实际深度却没过胸部；把一块厚玻璃放在钢笔的前面，笔杆看起来好像"错位"了……这些现象都是光的折射造成的。

•••【百科辞典】•••

折射定律：
在光的折射现象中，确定折射光线方向的定律。主要原理是：在平滑的界面上，部分光线由第一介质进入第二介质后即发生折射。光在两种介质间穿行的速度差越大，折射效应就越大。

海市蜃楼：
由于光线的折射，平静的海面、江面、湖面、雪原、沙漠或戈壁等地方，偶尔会在空中或"地下"出现高大的楼台、城郭、树木等幻景。

生活之最 人体最灵敏的神经反射：眼角膜反射，即角膜受到刺激，引起眨眼的一种反射。

主题索引
为什么汽车的后视镜是凸出来的？手电筒灯泡后为什么有块凹面镜？

科学关键词
凸面镜 球面镜 凹面镜

身边的科学

道路广角镜
凸面镜有使光发散的属性，可利用它扩大视野。生活中凸面镜应用比较多的是汽车后视镜及道路拐弯处的广角镜。

盘山公路的急转弯处和公路拐弯的地方，也常常设置着很大的凸面镜，同样是为了保障交通安全。欧洲现在生产的轿车，大都采用双曲率的后视镜，也就是在凸面镜的基础上再添加一块凸面镜，以进一步增大司机的观察范围、扩大视野。

■ 为什么汽车的后视镜是凸出来的？
Weishenme

汽车头的两边各有一块镜子，叫做后视镜，可以帮助驾驶员看清后方的车辆和行人，保证安全。这两块小镜子的镜面都是凸出来的，这是为什么呢？

镜面凸出来的后视镜实际上是一个凸面镜，是一种利用球面的外侧作为反射面的镜子。物体的影像经过凸面镜反射以后，会形成一个正立缩小的虚像。如果让一束平行光线照射到凸面镜上，它反射出来的光线就是发散的；根据光可逆原理，光线发散地照射到凸面镜上，还可以平行地反射回来。用凸面镜当汽车的后视镜，就相当于使旁边的景物在司机的眼里成像，与平面镜相比，它又可以扩大司机的观察范围，有助于防止交通事故的发生。所以，汽车的后视镜都采用凸面镜，这样可以反映出汽车后方、侧方和下方的情况，使驾驶员间接地看清楚这些位置。后视镜起到"第二只眼睛"的作用，扩大了驾驶员的视野。

凸面镜虽然会使物像变形，但这对安全观察并无妨碍。

■ 手电筒灯泡后为什么有块凹面镜？
Weishenme

仔细观察家里的手电筒，你会发现，手电筒灯泡后面有一块凹进去的镜子，它是干什么用的呢？原来，那是一块凹面镜。凹面镜也是球面镜的一种，它可以起到会聚光线的作用。

凹面镜有一个独特之处：根据成像原理，当一个点光源放在凹面镜的焦点位置时，光线经反射后就会以平行光的形式发出。所以，用手电筒照明时，手电筒前边中心部位的灯泡可以被看做是一个点光源，如果灯泡处在凹面镜的焦点位置上，后面的凹面镜就可以将灯泡发出的光线平行送出，并会聚成一条直线。这样，光能比较集中，进而也可以提高亮度，使手电筒照得很远。

利用这种特性，广场上的照明灯、探照灯以及各种机动车的车头灯里都装有凹面镜，可使灯光变得更加集中而且亮度更高。耳科医生在检查耳道时，也经常使用银色或白色的凹面镜来会聚光线，将光线射入病人的耳道内部，以便观察诊断。

••• 【百科辞典】•••

球面镜：
反射面为球面的镜子。

凹面镜：
用球面的内侧作反射面的球面镜。

焦点：
平行光线经反射（或折射）后，反射（或折射）光线相交会的点。

手电筒
手电筒的灯泡后面都有一块凹进去的镜子，这是凹面镜，它可以将灯泡发出的光线平行送出，使其会聚成一条明亮的直线。

生活之最 最小的手电：Luxeon Portable PWT是全球最小的LED手电，体积不到2.5立方毫米。35

主题索引　望远镜为什么能望远？为什么用光学显微镜看不到更小的东西？

科学关键词　物镜 目镜 衍射 波长

■ 望远镜为什么能望远？

望远镜

望远镜又称"千里镜"。它利用通过透镜的光线经折射或被凹镜反射，进入小孔能会聚成像的原理，最后经过一个放大目镜来观察远处的事物。

望远镜是一种用于观察远距离物体的光学仪器，它能把远处的物品在成像空间内按一定倍率放大，使本来无法用肉眼看清的物体变得清晰可见。

望远镜能望远，靠的是它前后两块玻璃镜片：前面一块接近景物的凸形透镜或凹形反射镜叫物镜，直径大，焦距长；后面靠近眼睛的那块叫目镜，直径小，焦距短。如果把远处景物的光源视作平行光，根据光学原理，平行光经过透镜或球面凹形反射镜便会聚焦在一点上，这就是焦点。焦点与物镜的距离就是焦距。

物镜把远处景物反射过来的光线会聚成倒立的、缩小的实像，就等于把远处景物一下子移到了成像的地方，而这个景物的倒像又恰好落在目镜的前焦点处，这样对着目镜看过去，就像拿放大镜看东西一样，可以看到一个放大了许多倍的虚像。这样，很远的景物，在望远镜里看来就仿佛近在眼前，看得特别清楚。

■ 为什么用光学显微镜看不到更小的东西？

显微镜是由一个透镜或几个透镜的组合构成的一种光学仪器，它可以把微小的物体放大成为人们的肉眼所能看到的影像。自17世纪显微镜发明以来，它就为生物学家和医学家发现细菌和微生物提供了有力的帮助。现在的光学显微镜最大可把物体放大1500倍，连非常微小的细胞、细菌、病毒等物体在显微镜下都能看得一清二楚。

但是，看似功能强大的光学显微镜也有自己的极限。因为微观世界是无限的，非常小的物质也有更小的组成部分，而光学显微镜只能看到大于0.2微米的东西。如果要观察更小的东西，它就无能为力了。这是为什么呢？

原来，光也是一种波，它的波长为0.4微米，在传播过程中如果遇见比它的半个波长还要小的东西，它就会直接绕过去。这种情况叫做光的衍射。在光学显微镜下，一旦发生光的衍射，光就会变成一些极为细小的小圈或圆弧，我们就只能看到几个模糊的斑点，而看不出物体的具体轮廓。正因为如此，自19世纪至今，光学显微镜基本上没有什么改进。因此，要想看到更小的东西，就得求助于电子显微镜了。

【百科辞典】

实像：
光线被凹面镜反射或透过凸透镜折射后汇合在一起所成的影像，由于它可以显现在屏幕上，所以叫实像。

虚像：
像点的集合叫做物体的像。如果光束是发散的，那么发散光束的反向延长线的交点就叫像点。

光的波长：
光子在一个周期的时间内，在空间运行的距离。

光学显微镜

光学显微镜是利用光学原理，把人眼所不能分辨的微小物体放大成像，以供人们提取微细结构信息的光学仪器。

生活之最　**最大的望远镜：**哈勃望远镜是有史以来最大、最精确的天文望远镜。它长13.3米，直径4.3米，重11.6吨，造价近30亿美元。

> 主题索引
> 电子显微镜为什么能把物体放大几十万倍？汽车雾灯为什么选用黄色光？

> 科学关键词
> 电子波 显微镜 雾灯

>>>>>>>>>>>>>
身边的科学

■电子显微镜为什么能把物体放大几十万倍？

Weishenme

前文提到，如果想观察极其微小的物体，光学显微镜无能为力，就需要电子显微镜的帮助了。电子显微镜是根据电子光学原理，用电子束和电子透镜代替光束和光学透镜制成的，可以将物体成像放大至数十万倍。它为什么会有如此奇妙的功能呢？

根据光的衍射原理，光会跨过小于它半个波长的物质，所以人们就不断地寻找一种波长非常短的光线，避免衍射情况的出现。经过长期的试验，人们最终发现了电子波。因为电子波是带有负电荷的，当它被高压正电吸引而产生运动时，就有了光波的波动性质。正电压越高，电子运动的速度越快，它的波长就越短。当正电压达到5万伏的时候，电子波的波长就只有可见光波长的十万到十八万分之一。所以，电子显微镜的分辨率特别高。

电子显微镜的本领虽然远胜于光学显微镜，但由于它只有在真空条件下才能工作，所以很难用它观察活的生物。

骨质疏松
这是在20倍电子显微镜放大下，一名89岁妇女疏松的骨骼形象。电子显微镜最大可将物体成像放大至数十万倍。

深夜的街道
黄色光有较强的穿透性，不仅被用在汽车雾灯上，而且城市的街灯也多放射出黄色光芒，这样可以使在深夜，特别是在雾中赶路的人看清路面，安全前行。

汽车雾灯照射出来的光是黄色光，它是经过科学家精心研究后作出的选择。因为不同颜色的光具有不同长度的波长。波长越短的光，向四面发散传播的距离越远。黄色灯光的波长，比起大灯发射的白光要短得多，照射的距离要远得多，穿透性要强得多。

在有雾的时候，汽车开启黄色的雾灯，迎面而来的驾驶员既能看清目标又不觉得刺眼。而且，黄色光颜色纯净，不会被雾中的水蒸气反射，所以人们用黄色雾灯代替大灯照明。

那么，绿色光、蓝色光和紫色光的散射作用不是更强吗？为什么不用它们呢？这是因为，绿色光早就被当做"安全"和"可以通过"的标志光了；而蓝色光和紫色光的光色较暗，在大雾中十分不明显，不易引起人的注意。

此外，黄色灯光也能作为醒目的警示标志。在一些十字路口，到了半夜，行人车辆稀少，交通灯上只有一盏黄灯一闪一闪地发出光芒，使驾驶员在很远的地方就能发现，以便及时降低车速，安全通过交叉路口。

■汽车雾灯为什么选用黄色光？

Weishenme

大雾天气是交通的一大障碍。遇到雾天时，司机常常会打开车头上的雾灯，让一束灿烂的黄色灯光开路。

你知道吗

■ 1931年，厄恩斯特·卢斯卡和马克斯·克诺尔研制出了第一台透视电子显微镜。卢斯卡后来于1986年获得诺贝尔物理学奖。

■ 车灯是运动着的，但人眼的视觉有暂留现象，这会使人看到的车灯横向变长，像拖着一条红色的尾巴。

生活之窗 **最先进的显微镜**：德国学者宾尼格和瑞士学者罗雷尔于1982年制造的"扫描隧道显微镜"，放大倍数可达3亿倍。

▶ 主题索引
富兰克林为什么在雷雨天放风筝？吸铁石为什么能吸铁？

▶ 科学关键词
莱顿瓶 磁性 磁畴

闪电
闪电的平均电流是3万安培，最大电流可达30万安培。

磁铁
最早发现及使用磁铁的是中国人。北宋时人们已经学会利用两种方法制造人工磁铁：一种是利用地球的磁场将铁针磁化；另一种是用磁石摩擦铁针制成磁铁。

■ 富兰克林为什么在雷雨天放风筝？

Weishenme

富兰克林是18世纪美国著名的科学家、社会活动家，他一生都在进行有关电的研究。1752年的一天，富兰克林在做实验时，不小心碰了一下莱顿瓶，结果顿时闪起一阵电光。他马上联想到了雷电，于是猜想天上的雷电可能和地上的电是一样的。为了证明自己的设想，他做了一个著名的风筝实验。

富兰克林和他的儿子拿一只丝绸制成的风筝，把一根长金属丝接在风筝的顶端，并且把一块丝绸系在风筝绳子的末端，又在丝绸和绳子的连接处挂上一把金属钥匙。最后，他还准备了一只莱顿瓶用来收集电。

在一个雷雨天，他们将风筝放起来，一个闪电打下来，风筝线上的绒毛头竖了起来。同时，钥匙和富兰克林的手指间闪出了一串电火花。就这样，他证明了天空中的闪电和莱顿瓶中的电是同一种东西。

■ 吸铁石为什么能吸铁？

Weishenme

吸铁石在古代称为"慈石"，因为它靠近铁时能把铁吸住，好像一个慈祥的母亲搂抱自己的孩子那样。后来，人们才改称它为"磁石"。那么，它为什么能吸引铁呢？这要从物质的基本粒子说起。

物质大多数是由分子组成的，分子是由原子组成的，原子又是由原子核和电子组成的。在原子内部，电子不停地自转，并绕原子核旋转。电子的这两种运动都会产生磁性。但是，在大多数物质中，电子运动的方向各不相同、杂乱无章。因此，磁性就相互抵消了。所以，大多数物质在正常情况下，并不呈现磁性。

铁、钴、镍或铁氧体等铁磁类物质有所不同，它内部的电子可以在小范围内自发地排列起来，形成一个自发磁化区，这种自发磁化区就叫磁畴。铁磁类物质磁化后，内部的磁畴整整齐齐、方向一致地排列起来，使磁性加强，这样就构成了磁铁。其实，磁铁的吸铁过程就是对铁块的磁化过程，磁化了的铁块和磁铁不同磁极间产生吸引力，铁块就牢牢地与磁铁"粘"在一起了。

•••【百科辞典】•••

莱顿瓶：
一个贴有锡箔的玻璃瓶，瓶里的锡箔通过金属链跟金属棒连接，棒的上端是一个金属球，它可以储存电。

磁性：
指物质放在不均匀的磁场中会受到磁力的作用。磁铁两端磁性强的区域称为磁极，一端为北极，一端为南极。同性磁极相互排斥，异性磁极相互吸引。

◆ 生活之最 **最重的磁铁：** 莫斯科附近的杜布那拥有世界上最重的磁铁，重达36280吨。

- 主题索引
  为什么磁铁烧红了会失去磁性？磁悬浮列车为什么能够悬空前进？
- 科学关键词
  居里温度 磁悬浮 电磁铁

身边的科学

■ 为什么磁铁烧红了会失去磁性？

Weishenme

我们已经知道了磁铁的吸铁原理。但是，你是否想过，将磁铁烧得通红后，它还能不能吸住铁，还有没有磁性呢？实验证明，磁铁烧红后，它就失去了磁性。这是为什么呢？

我们说过，磁铁具有磁性是因为磁铁内部整整齐齐排列着很多方向一致的磁畴。当铁钉靠近磁铁时，就会被磁场磁化，变成一块"小磁铁"，两者不同的磁极相互吸引，磁铁就把铁钉吸住了。但是，随着温度的升高，磁铁内部的分子热运动开始加剧。这时，磁畴的排列方向就不那么规则了，前后左右晃来晃去，一个个磁畴变得自由散漫起来，最后就会逐渐变成无序状态，导致磁性减弱。当磁铁烧得通红，温度升高到某个数值时，剧烈的分子热运动使磁畴全都回到了无序状态，这时，磁铁便彻底失去了磁性。材料学家把铁磁质完全消失磁性时的温度称为"居里温度"。钢铁的居里温度是769摄氏度。

其实，除了高温可以破坏铁磁质的磁性以外，剧烈振动和高频磁场也会使磁铁的磁性减退或消失。

铁水四溅
当磁铁被烧得通红，甚至成为液体，温度升高到某个数值时，剧烈的分子热运动使磁畴全都回到无序状态，磁铁便彻底失去了磁性。

■ 磁悬浮列车为什么能够悬空前进？

Weishenme

磁悬浮列车由于铁轨与车辆不接触，不但运行速度快，而且运行平稳、舒适、无噪声，有利于环境保护。它的基本原理并不复杂，就是利用磁铁"同性相斥、异性相吸"的性质，使磁铁具有抗拒地心引力的能力，即"磁性悬浮"。科学家将"磁性悬浮"这种原理运用在铁路运输系统上，使列车完全脱离轨道而悬浮行驶，成为"无轮"列车，时速可达几百千米以上。这就是所谓"磁悬浮列车"，亦称为"磁垫车"。

磁悬浮列车有两种方式。一种是运用磁铁同极相斥的原理，设计出电磁运行系统。它利用车上超导电磁铁形成的磁场与轨道上线圈形成的磁场两者之间所产生的相斥力，使车体悬浮运行。

另一种则是利用磁铁异性相吸原理，设计出了电动力运行系统。它在车体底部及两侧倒转向上的顶部安装上磁铁，在"工"形导轨的上方和伸臂部下方分别设置反作用板和感应钢板。然后通过控制电磁铁的电流，使电磁铁和导轨间保持10至15毫米的间隙。当导轨钢板的吸引力与车辆的重力平衡时，车体就能悬浮于车道的导轨面上快速运行了。

磁悬浮列车
磁悬浮列车上装有电磁体，铁路底部则安装着线圈。通电后，地面线圈和列车上的电磁体极性保持相同，两者"同性相斥"，使列车悬浮运行。

生活之最 最早的磁悬浮列车：1978年，利用常导磁体，日本生产出第一辆磁悬浮列车，时速达到307.8千米。

主题索引
为什么打火机按一下就能打出火苗？照相机为什么能把风景照下来？

科学关键词
快门 曝光

■ 为什么打火机按一下就能打出火苗？

Weishenme

你肯定在生活中或电影里见过人们使用打火机。小小的打火机，为什么按一下就能打出火苗呢？

打火机有好几种。第一种，也就是最老式的那种，是以打火石为基础的。它顶部有一个滑轮，用手扳动滑轮可以使打火石打火，点燃储气槽里的可燃气体，打出火苗。第二种是用电的，里面有一个纽扣电池，扳动按钮使其放电，产生电火花点燃储存的可燃气体。

此外，还有一种最常见的打火机。这类打火机内含一块压电陶瓷，按下打火装置时，就会把压力施加在压电陶瓷上，使它产生很高的电压，进而将电能引向燃气的出口放电，这样，燃气就被电火花点燃了。压电陶瓷的这种功能叫做压电效应。压电陶瓷点火装置就是利用了某些材料的压电效应（某种材料在经受压力的时候会在材料本身产生电压差）来工作的。

■ 照相机为什么能把风景照下来？

Weishenme

人们在外出旅游时，常常要带上照相机，把自己的风采和山水风光都留在照片上。那么，照相机为什么能把风景照下来呢？

早期的照相机结构十分简单，仅包括暗箱、镜头和感光材料。现代照相机比较复杂，具有镜头、光圈、快门、测距、取景、测光、输片、计数、自拍等系统，是一种结合光学、精密机械、电子和化学等技术的复杂产品。

照相时，镜头把被摄的风景成像在胶片上，通过控制快门的开闭，胶片即被曝光而形成潜影，从而完成一次拍照动作。然后换装胶片或推进胶片，就可以进行二次拍照。最后，将已曝光的胶片进行冲洗，便可显现出被摄风景的影像。因此可以说，照相机的工作过程，是光通过照相机，使胶片经过光学、化学作用，把风景影像记录下来的过程。风景成像靠镜头，经过镜头把景物影像聚焦在胶片上；曝光靠快门和光圈，胶片上的感光剂随快门和光圈控制收集的光而发生变化；记录影像靠胶片，胶片受光后，变化了的感光剂再经特殊药水显影和定影，就形成了和景物相反或色彩互补的影像。

照相机从诞生到现在已经有一个多世纪了，在这100多年里，虽然它本身发生了很大的变化，但使用的胶卷却依然如故。

柯达相机
1883年，美国人乔治·伊士曼发明了胶卷，摄影行业发生了革命性的变化。1888年，伊士曼又推出柯达照相机，奠定了摄影大众化的基础。

相机镜头
相机镜头是照相机上由透镜组成的光学装置。根据镜头的性能及外形区分，目前有P型、E型、L型和自动变焦镜头等类型。

•••【百科辞典】•••

曝光：
光线通过镜头形成结像光，然后进入暗箱到达感光片上，使胶片感光乳剂在光化作用中产生潜影。有时候因感光胶片不恰当地暴露于光线当中而失效也叫做曝光。

快门：
是照相机镜头前阻挡光线进来的装置，它与光圈合成确定曝光时间。

生活之最　最快的照相机快门：目前，全世界最快的照相机快门的反应速度为0.001秒。

主题索引　数码相机为什么不用装胶卷？为什么照相机要使用三脚架？

科学关键词　数码相机　数字化　三脚架

身边的科学

■ 数码相机为什么不用装胶卷？

Weishenme

CCD
英文名是Charge Coupled Device，即电荷耦合器件。CCD是一种半导体装置，它的作用和胶片一样。

数码相机，是指能够通过内部数码处理，把拍摄到的景物转换成以数字格式存放的图像的照相机。与普通相机不同，数码相机并不使用胶片，而是用半导体存储器来保存获取的图像。

数码相机的"胶卷"就是其成像器件，而且它与相机一体，是数码相机的心脏。数码相机虽然也靠镜头和快门摄取景物，但感光的媒介不是涂满感光剂的胶片，而是电子式的影像感测器。这个感测器直接把景物反射光线转化为数码信号，再进行处理和存储。所以，数码相机不用胶卷，它使用储存卡保留照片。

由于景物影像已变成数字化信息，因此，数码相机能够与个人电脑联通，配合使用。数码相机成像也不再受到胶卷的限制，人们可以对数码相机拍摄下来的影像进行色彩、光度、轮廓的修补，甚至可以在原始图像的基础上制作出完全不同的效果。这是数码相机最独特的优势。

三脚架的主要作用就是支撑和稳定照相机、摄像机等设备，以达到某些摄影效果。

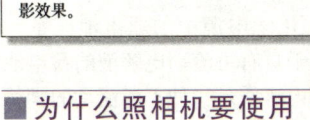

■ 为什么照相机要使用三脚架？

Weishenme

我们经常会在外出游玩时带上照相机，把美丽的景色保留下来。有时候明明取景很好，但拍出的照片却是模糊的。这大都是因为在拍照过程中，拿相机的手发生了抖动。要解决这个问题，唯一可靠的办法，就是在摄影时使用三脚架。三脚架是照相机的一种辅助设备，由三根支架组成，三脚架每个脚节都可以分别升降，根据地势调整高度，三点支撑一个平面，就可以将照相机稳稳地支在上面。无论对于业余爱好者还是专业摄影师，三脚架都不可或缺。它的主要作用就是稳定照相机，以达到某些摄影效果。比如在微距拍摄物体的细部，或者拍摄夜景时，需要较长的曝光时间，哪怕轻微的抖动都会造成画面模糊，而人手很难达到如此高的稳定性，这就需要三脚架的帮助。此外，如果单独一个人外出的时候想要为自己留影，也需要将相机固定在三脚架上。而且，在低角度或向上仰拍这两种情况下，由于摄影者不能长时间保持固定的动作，所以最好也是把照相机支在三脚架上，再进行拍摄。

你知道吗

■ 数码相机的简称是"DC"。决定数码相机性能的因素有CCD影像感测器的像素、镜头和存储卡等。

■ 随着科技的进步，数码摄像机也逐渐进入了普通家庭，它的简称是"DV"，主要用于拍摄动态图像。

■ 著名的相机三脚架品牌有：法国的捷信、意大利的曼附图、日本的金钟。

生活之最　**最强大的数码相机：** 美国宇航局有世界上最强大的数码相机，它的像素高达40亿，它所拍摄的照片最小也有5G的容量。41

主题索引　　　　　　　　　　　　科学关键词
为什么干电池不宜连续使用？　为什么铅蓄电池可以储存电能？　　电解液　蓄电池

■ 为什么干电池不宜连续使用？

Weishenme

干电池属于化学电源中的原电池，是一次性电池。相对于具有可流动电解液的蓄电池来说，干电池的电解质是一种不能流动的糊状物，所以被称为干电池。干电池不仅适用于手电筒、半导体收音机、收录机、照相机、电子钟、玩具等各种小型电器，而且也广泛运用于国防、科研、电信、航海、航空、医学等多个重要领域。

但是，干电池只宜间断性地使用，如果连续使用时间过长，电流就会越来越弱。例如，我们把手电筒开关打开，大约两分钟后，它的亮度就会逐渐变小。这是什么原因呢？这是因为，在干电池内部的化学反应过程中有氢气产生，形成了许多小气泡。它们阻碍了电池中的化学反应，使得电池反应速度变慢，电流变小。如果关掉开关停半分钟再使用，氢气就会被氧化成水，化学反应又继续进行，电流就会变大，亮度也会随之增强。因此，只有间断性地使用，才能保证干电池的寿命较长。比如一节一号的干电池，当向5欧姆负载电器间歇供电时，可以使用1108分钟；若持续供电，则只能使用483分钟。

干电池
相对于具有可流动电解液的蓄电池来说，干电池的电解质是一种不能流动的糊状物，所以它也因此被称为"干电池"。

■ 为什么铅蓄电池可以储存电能？

Weishenme

当人们有余钱的时候，就会想到存入银行，其实，电能也可以这样。蓄电池能把暂不用的电能先储存起来，等到人们需要时再放出来。它的原理就是先将电能转换为其他形式的能量，使用时再将其还原为电能。

在一定条件下，电能和化学能可以互相转化。铅蓄电池就是一种可以进行能量转换的电池，它主要由极板、隔板、电解液和外壳组成。铅蓄电池储存电能的过程叫"充电"。电池开始充电时，直流电源所接的两块极板均为硫酸铅状，当电流通过时，电池内会发生化学反应。充足电后，与电源负极相接的极板变成了纯铅，而与正极相接的极板则变成了二氧化铅。这时，电解液中水分减少，硫酸增多，两极板间就形成了一定的电压。

若将充足电的铅蓄电池接上用电器，便有电流输出，这个过程叫做"放电"。放电结束后，电压降低，电解液比重减小，两极板又会转化为硫酸铅状。可见，蓄电池充电和放电的过程是可逆的。

蓄电池的应用十分广泛，可用于UPS（不间断电源）、电动车、滑板车、风能太阳能系统、安全报警等许多方面，给人们的生活带来多种方便。

蓄电池
蓄电池是电池的一种，它的作用是把有限的电能储存起来，在需要的时候使用。它的工作原理就是把化学能转化为电能。

●●●【百科辞典】●●●

蓄电池：
一种可以多次放电和充电的电池。常见的有铅蓄电池、镍铁蓄电池和镍镉蓄电池等。

欧姆：
电阻单位，符号Ω。电路中的两点间通过单位电流时，如果这两点间的电压为1伏特，那么，这两点间导体的电阻便为1欧姆。

通信是人与人之间通过某种媒体进行的信息交流与传递活动。古代的烽火台、驿马、信鸽，现代的电报、电话、短信等，都是为通信服务的。而计算机与网络的出现，更把人类的通信能力推到了一个无与伦比的高度。

Part 2
通信与计算机

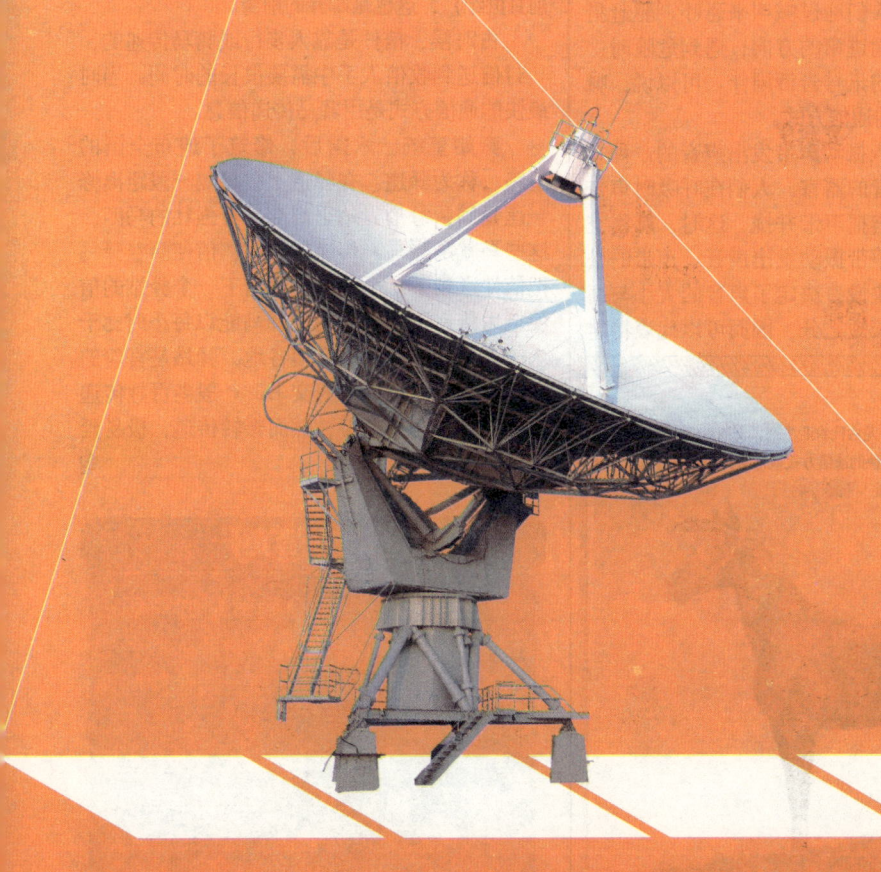

2

> 主题索引
> 人类最原始的通信方式是什么？古代信件怎样传递？

> 科学关键词
> 声带 驿马 驿站

信鸽
鸽子是古代出色的"信使"。公元前3000年左右，埃及人就已开始用鸽子传递书信了。我国也是养鸽古国，隋唐时期，我国广州等地就开始了"飞鸽传书"。

■ 人类最原始的通信方式是什么？

Weishenme

现代社会有许许多多先进的通信工具，例如网络、手机、邮件等。但是，你可曾想过，在几千年前，那时的人们是用什么方式来交流信息的呢？

在远古时代，人类的力量很弱小。为了生存，他们总是一群一群地聚在一起，靠狩猎为生。在狩猎时，人们通过喊叫来恐吓、驱赶猎物，告诉同伴猎物逃窜的方向；遇到危险时，通过喊叫把危险的讯号告诉同伴。可以说，喊叫是人类最原始的通信方式。

喊叫其实是人振动声带发出声音的一种本能。声带是人发音的器官。人们在呼吸时声带打开，说话时肌肉把声带并拢，这时，肺将空气压出，就会使声带振动发出声音。声带的松紧和压出空气的快慢，决定了声音的大小与高低。声音有高低长短之分，因而可以代表特定的意思。这和我们平时说话是一样的道理。也就是说，我们今天复杂的语言是从原始社会的喊叫逐步发展而成的。

■ 古代信件怎样传递？

Weishenme

我国关于通信的最早记载，来自殷墟出土的甲骨文。殷朝就是商代，也称殷商。甲骨文中记载有"来鼓"二字，经考证，"来鼓"类似于今天的侦察通信兵。在古书中，还有关于"简书"的记载，"简书"就是在兽骨上刻写文字，再由通信兵传递的官府紧急文书。"简书"出现于殷末周初（公元前12至前11世纪），这也是邮驿的前身。

古时候，信件是靠人步行或骑马传递的，一封信送到收信人手中需要很长的时间。当时最快的通信方式是用驿马传递信息。

秦始皇统一六国后，修筑了遍布全国的道路，称为驿道。在驿道上，每隔一段距离修一座驿站，每个驿站里都准备着强壮的马匹，这些马就是驿马。传递信息时，信使骑着驿马把信件送到下一个驿站，再由下一个驿站的信使接力传递下去。当时的驿马能以每小时15千米的速度把信件送到全国各地。驿站是官府的通信组织，只传递官府文书。一般老百姓传递信息，只有托人捎带，然而辗转传递，极易延误、遗失。

马
马奔跑速度很快，是古代农业生产、交通运输和军事等活动的主要动力。当时最快的通信方式就是用驿马传递信息。

你知道吗

▪ 唐代时，由于经商贸易的需要，在长安与洛阳之间出现了为商人服务的"驿驴"，也就是用驴来传递信件的通信服务。

▪ 1840年5月6日，英国发行了世界上第一枚邮票"黑便士"，黑色的票面上印有维多利亚女王的浮雕像。

44 科技之最 **传递速度最快的信件：**通过网络，电子邮件几秒钟之内就可以被发送到世界上任何一个指定的电子信箱。

主题索引：谁发明了电话？什么是程控电话？

科学关键词：电话 程控电话 电话交换机

通信与计算机

■ 谁发明了电话？

Weishenme

贝尔试验第一部电话

贝尔发明了世界上第一部可用的电话机，创建了贝尔电话公司，被誉为"电话之父"。

在19世纪的欧洲，有很多人一直都在进行有关电话的研究。早在1854年，电话的原理就被法国人鲍萨尔提出，6年之后，德国人赖伊斯又完善了这个设想。他们的想法是：将两块薄金属片用电线相连，一方发出声音时，金属片振动，变成电，然后传给对方，再转化成可接收的信号。但这仅仅是一种设想，关键问题在于送器和受话器怎样才能把声音的机械能转换成电能，并进行传送。

1875年6月2日，科学家贝尔在一次试验中，把金属片连接在电磁开关上，没想到，在这种状态下，声音竟然奇妙地变成了电流。原来，这是由于金属片因声音而振动，并在与其相连的电磁开关线圈中感生了电流。这样就解决了电话发明的最大难题。于是在1876年2月14日，他向美国专利局申请了电话专利权。就在贝尔提出申请电话专利权的两小时之后，一个名叫E·格雷的人也申请了电话专利权，只是后者很可惜地失去了留名历史的机会。目前，世界公认的电话发明人就是亚历山大·贝尔。

■ 什么是程控电话？

Weishenme

老式电话

历史上和电话有关的发明有：碳粉话筒、人工交换板、拨号盘、自动电话交换机、程控电话交换机、双音多频拨号、语音数字采样等。

所谓程控电话是相对于以前的机电式人工交换电话而言的。以前，如果你想给他人打电话，就要先和电话交换机那边的接线员讲话，他会把你的电话和你想要的那个单位的电话接通，那样你才能和对方讲话。后来出现了自动"接线机"，也就是现在的"程控交换机"，这才使我们打电话方便了许多。

程控电话是指接入程控电话交换机的电话。程控电话交换机是利用电子计算机程序来控制运行的一种自动交换机，它以预先编好的程序来控制交换机的接续动作。这种控制方式叫做"存储程序控制"，简称"程控"。用户所安装的使用了程控程序的电话，就叫做"程控电话"。它与一般机电式交换机电话相比，具有接续速度快、业务功能多、交换效率高、声音清晰、质量可靠等优点。

你知道吗

- 国际电信联盟出版的《电话一百年》一书提到，968年，中国人发明了一种叫"竹信"的东西，它被认为是今天电话的雏形。
- 1900年，我国第一部市内电话在南京问世。
- 使用程控电话必须在规定时限内拨出对方电话号码的第一位数，这个时限为20秒，如果超时将出现忙音。

科技之最　最早的程控电话：1960年，美国贝尔公司试用程控交换机成功，1965年5月，世界上第一部程控电话交换机开通。

主题索引	科学关键词
为什么手机在哪里都能接通？飞机上为什么禁用手机？	无线电波 导航设备 自动操纵设备

■ 为什么手机在哪里都能接通？

Weishenme

手机精致漂亮，外形小巧，只有手掌大小，便于随身携带。它不用电话线也能拨打，用起来非常方便。可是，大家想过没有，为什么手机在哪里都能接通呢？

手机的使用与一个极其庞大而严密的通讯网是分不开的。普通电话是先把声音变成电流信号，然后沿着四通八达的电话线，才能把声音传到遥远的地方。而手机却不同，它使声音经过一定的转换，变成具有统一格式的信号，再以无线电波的方式传送出去。无线电波不需要电话线，直接就能在空气中传播。附近的通讯网基站接到信号后，经过特定处理，再将信号还原，然后通过别的设备，最终连接上用户的电话。

每一个通讯网基站都使用全方位天线，服务半径约为10千米。只要基站合理分布，就可以避免盲区。基站的服务网络系统是一个正六边形小区，形如蜂窝。人们常说的蜂窝式移动电话，指的就是这种服务网络。现在，通过卫星传送，手机也能把电话信号传送到很远的地方。就这样，手机实现了"全球通"。

■ 飞机上为什么禁用手机？

Weishenme

众所周知，飞机上严禁使用手机。或许有人会说这是"小题大做"。怎么连使用手机的"自由"都没有了呢？殊不知，乘客在飞机上使用手机、笔记本电脑等电子设备，已经造成了多起航空事故。

那么，为什么在飞机上打移动电话很危险呢？原来，飞机在高空中是沿着规定的航向飞行的，整个飞行过程都要受到地面航空管理人员的指挥。在高空中，飞行员一边驾驶飞机，一边用飞机上的通信导航设备与地面导航站进行联络。飞机上的导航设备是利用无线电波来测向导航的，它接收到地面导航站不断发射出的电磁波后，能测出飞机的准确位置。如果发现飞机偏离了航向，飞机的自动驾驶仪就会立即纠正错误，使飞机正常飞行。而手机工作时，会有一定频率的无线电信号发送出去，这会干扰飞机上的导航设备和操纵系统，使飞机自动操纵设备接收到错误的信息，进行错误的操作，从而引发险情，甚至致使飞机坠毁。

A380空客
空中客车A380是全世界载客量最大的民用飞机，可载555人，持续飞行14800千米。

打电话
电话是现代社会不可或缺的通信工具。特别是有了移动电话之后，我们便可以随时随地和亲朋好友交流了。

46 科技之最 最贵的手机号：2006年在卡塔尔首都多哈，一名投标者在一场慈善活动中用275万美元购买了一个手机号码：6666666。

主题索引：什么是"蓝牙"技术？微波是怎样实现全球通信的？

科学关键词：蓝牙 字节 无线通信 长波

通信与计算机

■ 什么是"蓝牙"技术？

Weishenme

"蓝牙（Bluetooth）"原意指一位在10世纪时统一丹麦的国王，他将当时的瑞典、芬兰与丹麦联合为一个国家。用他的名字来命名这种新的技术标准，含有将四分五裂的局面统一起来的意思。

蓝牙实际上是一种短距离的无线通信技术，各种电子装置之间可以通过蓝牙连接起来，而不用传统的电线。透过芯片上的无线接收器，配有蓝牙技术的电子产品能够在10米内彼此相通，传输速度可以达到每秒钟1兆字节。

蓝牙技术的设计初衷就是让智能移动电话与笔记本电脑、掌上电脑以及各种数字化的信息设备之间都不再用电缆，而只用一种小型的、低成本的无线通信技术连接起来，进而形成一种身边网络，使一定范围之内各种信息化的移动便携设备都能实现资源共享。

蓝牙耳机
蓝牙耳机将蓝牙技术应用在免提耳机上，让使用者可以免除恼人电线的牵绊，自由自在地通话。

【百科辞典】

字节：
指计算机信息技术用于计量存储容量和传输容量的一种计量单位，1个字节等于8位二进制。

长波：
指波长在1000至2000米之间的无线电波。其运动方式主要是绕地球表面以电离层波的形式传播，作用距离可达几千至上万千米。

手机如果具备了蓝牙功能，不仅可以直接与计算机相互上传或下载图片、铃声，还可以与笔记本电脑一起实现无线移动上网。而且两部蓝牙手机之间也可以传递图片、铃声，甚至打游戏。

■ 微波是怎样实现全球通信的？

Weishenme

我们周围的空间充满了各种频率的无线电波，它们被广泛地应用于电报、电话、广播、通信、电脑、电视等领域。微波是无线电波中频率最高的电磁波（300兆赫至300吉赫），又叫"超高频无线电波"。微波通信的频带宽、容量大，可以用于各种电信业务传送，电话、电报、数据、传真以及彩色电视等均可通过微波电路传输。它的最大优点是具有良好的抗灾性能，水灾、风灾以及地震等自然灾害，一般都不会对它产生影响。

微波的波长很短，它不像长波那样可以翻山越岭，而是像光波那样径直向前，遇到障碍物就会反射回来。那么，它是怎么进行远距离通信，乃至全球通信的呢？

由于地球表面是一个弯曲的球面，要使微波沿着地球表面传向远处，就必须采取接力的方法，即在沿线每隔50千米左右的地方建立一个微波中继站。每个中继站都有高耸的天线，它能够把上一个中继站的信号接收下来，加以放大，再传送给下一个中继站，这样一站接一站地传送下去，就实现了远距离的全球通信。

微波中继站
为了更好地接收和传输微波信号，微波中继站一般都建在山顶或地势较高的地方。

科技之最 最怕微波的部位： 眼睛的晶状体最易受到微波伤害，长时间受到过量微波辐射会导致视力下降，甚至引发白内障。 47

2.

▶ 主题索引
什么是卫星通信？什么是地面卫星接收站？

▶ 科学关键词
卫星通信系统 通信卫星 地面接收站

通信卫星
通信卫星是各类卫星通信系统或卫星广播系统的空间部分。它可以反射或转发无线电信号，实现卫星通信地球站之间或地球站与航天器之间的通信。

■ 什么是卫星通信？
Weishenme

卫星通信与微波通信都是利用微波信号经过空中传播，把信息送往目的地的。所以，在本质上两者都是中继通信。

卫星通信系统由空间部分（通信卫星）和地面部分（地面通信站）构成。在这一系统中，通信卫星实际上就是一个悬挂在空中的通信中继站。它居高临下，视野开阔，只要在它的覆盖照射区以内，不论距离远近都可以通信。例如，通过它可以转发和发射电报、电视、广播和其他数据等无线电信号。

通信卫星的工作原理简单来说，主要有三个步骤。首先由地面通信站a发出无线电信号，然后这个微弱的信号被卫星通信天线接收后，就会在通信转发器中进行变频和功率放大。最后再由卫星的通信天线把放大后的无线电波重新发向地面站b或地面站c，从而实现两个地面站或多个地面站的远距离通信。

随着航天技术日新月异的发展，通信卫星的种类也越来越多，但主要有以下几种：一般通信卫星、广播卫星、海事卫星、跟踪和数据中继卫星以及各种军用卫星。

■ 什么是地面卫星接收站？
Weishenme

地面卫星接收站就是专门向卫星发射信号，并接收卫星信号的设备。它有一个巨大的碗状收发天线，无线电信号在天线的焦点处被发射和接收时，信号最集中。因此，地面卫星接收站的发射器和接收器也就被装在了天线的焦点上。接收站可大可小，有的可以装在汽车上，随汽车移动；有的可以安放在家庭的阳台上；有的甚至只有手表那么大，可以戴在手腕上。

严格来说，只有集合抛物面天线、馈源、高频头、卫星接收卡，才能组成一套完整的地面卫星接收站。其中，抛物面天线可以把来自空中的卫星信号能量反射汇聚成一点，再由馈源将汇聚到焦点的能量全部收集起来。馈源是在抛物面天线的焦点处设置的一个收集卫星信号的喇叭，它是馈送能量的来源。接着，高频头将馈源送来的卫星信号进行降频和信号放大，然后传送至卫星接收机。最后由卫星接收卡将卫星信号进行解调，解调出数据信号。

卫星接收器
卫星接收器可以接收来自通信卫星的信号，然后再将信号传送给用户，这样我们就能接听越洋电话，并看到大洋彼岸精彩的体育赛事了。

48 科技之最 **最早的通信卫星**：1965年4月6日，美国成功发射了世界上第一颗实用静止轨道通信卫星：国际通信卫星1号。

主题索引　电子计算机是谁发明的？为什么电子计算机又称"电脑"？
科学关键词　电子计算机 电子管 CPU PC

通信与计算机

ENIAC
世界第一台电子计算机，全称"电子数字积分计算机"。这台神奇的电子计算机是一个装有17468个电子管、占地170平方米的庞然大物。

■ 电子计算机是谁发明的？

Weishenme

在第二次世界大战中，美国陆军要求宾夕法尼亚大学和阿伯丁弹道研究实验室，每天共同提供六张火力表，每张表都要计算出几百条弹道。这项工作既繁重又紧迫，用原始计算器计算一条飞行时间为60秒的弹道，最快也得20个小时。阿伯丁实验室当时聘用了200多名计算能手，即使这样，一张火力表也往往要算两三个月，而这根本无法满足作战要求。

为了摆脱这种局面，迅速研究出一种能提高计算能力和速度的工具成了当务之急。当时领导这项研制工作的总工程师是年仅23岁的埃克特，他与多位科学家合作，经过两年多的努力，终于在1945年底，成功制造出世界上第一台电子计算机，并将其命名为"电子数字积分计算机"，简称"ENIAC"。

这台神奇的电子计算机犹如一个庞然大物，里面装有17468个电子管，占地面积170平方米。它每秒钟可做5000次加法或400次乘法运算，这比过去用台式计算器来计算弹道要快2000多倍。从此，人类在计算领域进入了一个崭新的时代。

■ 为什么电子计算机又称"电脑"？

Weishenme

电脑就是电子计算机，英文写为"computer"，是"计算者"之意。日文则称为"人工头脑"或"人工智脑"等。除此之外，电子计算机还有"电子信息处理网"或"电子式数据处理系统"（Electronic Data Processing System，简称EDPS）等叫法。

电子计算机的组成结构和工作过程与人脑有着许多相似之处，例如，电子计算机中用于处理和分析问题的核心部件CPU，具有如同人脑处理分析问题的功能，因此"电脑"一词被普遍接受。

计算机有很多种，包括大型计算机、分布式计算机、服务器、嵌入式计算机等。此外，按不同的标准计算机还有不同的分类。而电脑则通常指的是个人计算机（PC），像常用的台式机、笔记本等。从第一台计算机诞生至今的60多年中，计算机以惊人的速度发展着，体积越来越小，功能越来越强，越来越像"用电的大脑"了。

286电脑
1982年2月，英特尔公司的86系列CPU，名为"80286"，被广泛应用在20世纪80年代中期到90年代早期的IBM PC兼容机中。

···【百科辞典】···

电子计算机：
用电子管、晶体管或集成电路等构成的复杂机器，能对输入的数据或信息进行非常迅速、准确地运算和处理。

PC：
即Personal Computer，指能独立运行、完成特定功能的个人计算机。它与超级计算机、大型计算机（巨型机）、中型计算机、小型计算机不同。

科技之最　最早的电脑：第一台电子计算机（ENIAC），诞生于1945年，重达30吨。　49

主题索引
什么是计算机硬件？盲人怎样使用电脑？

科学关键词
硬件 屏幕阅读器

机箱
电脑机箱的主要作用是放置和固定各电脑配件，起到一个承托和保护的作用。此外，它还具有屏蔽电磁辐射的重要作用。

■ 什么是计算机硬件？
Weishenme

计算机硬件是指由电子器件和机械部件组成的计算机实体，也就是所有的电脑零件。

从逻辑功能上看，计算机硬件一般分为五大功能部件：运算器、存储器、控制器、输入设备和输出设备。运算器是计算机进行算术运算和逻辑运算的主要部件，它相当于手工计算过程中的算盘。存储器是用来存储数据和指令的主要部件，它就像手工计算时的纸和笔。控制器是计算机自动工作的指挥和控制中心，是信息和各种指令的处理总部，相当于人的大脑。输入设备和输出设备是计算机与用户相互联系的部件，向计算机输入信息或从计算机中获得信息，可以把它看作人的双手。

从物理构成上看，计算机是由各种电脑插件、机架、底板线、电源、散热系统、控制台以及具有各种功能的外部设备组成的复杂系统。计算机的主要部件有：CPU、主板、显卡、内存、硬盘、光驱、机箱、网卡、声卡、显示器、音箱、键盘、鼠标等。

■ 盲人怎样使用电脑？
Weishenme

随着文字—语音扫描器、盲文打印机的问世以及阅读图像的特殊软件技术的突破，一向被禁锢在盲文书籍里的盲人，现在也能够使用电脑了。

为了让电脑也能为盲人所用，设计人员特意对电脑进行了改造：去掉鼠标，利用键盘代替鼠标的所有功能。盲人利用方向键、回车键等按键就可以操纵电脑屏幕上的光标，随意地将光标上下左右移动。当光标移动时，电子装置"屏幕阅读器"就对它所遇到的文字进行扫描，然后把信号传输到语音合成器，再由它把书面文字转变成语音"读"出来。此外，设计人员还为盲人设置了一个"只读文字键"。使用这个键的时候，它就会指示阅读器略过图表，只把文字信号传输给语音合成器。

另外，这种电脑还能使盲人"看到物体"，它在一副与电脑相连的墨镜上，安装了一个特制的微型摄像机。当盲人戴上它后，把"目光"集中于某一物体时，微型摄像机就把这个物像摄下来。电脑会将这个物像的边缘部分放大，让它转化为一幅轮廓图，随后再把物体位置的信息通过电极传递到盲人的大脑里，盲人就可以"看"到物体了。

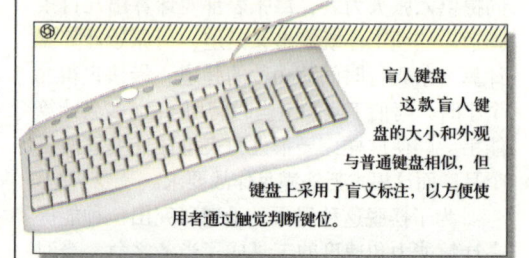

盲人键盘
这款盲人键盘的大小和外观与普通键盘相似，但键盘上采用了盲文标注，以方便使用者通过触觉判断键位。

你知道吗

■ 计算机硬件摩尔定律：由于科技飞速发展，每隔18个月，硬件性能差不多会提高一倍。

■ 目前，计算机已经经历了四个发展阶段：第一代电子管计算机（1945至1956年）；第二代晶体管计算机（1956至1963年）；第三代集成电路计算机（1964至1971年）；第四代大规模集成电路计算机（1971年之后）。

◆ 科技之最 **防辐射最佳植物**：仙人掌类的植物，肉质厚，含水分多，易于吸收和化解周围环境中的电磁场辐射毒素。

主题索引
电脑能代替人脑吗？什么是电脑的CPU？

科学关键词
程序 中央处理器 主频

通信与计算机

■ 电脑能代替人脑吗？

可以这么说，电脑的出现不仅改变了整个世界的面貌，同时也改变了整个人类文明的进程。然而，虽然电脑具有人类无法匹敌的计算能力，但它却始终没有真正的"创造力"和"联想力"，这使得电脑还不能完全代替人脑。

计算机的内部构造及其工作原理决定了它只会"照章办事"：人把某些解决问题的知识、方法、经验用特定的电脑语言表达出来，写入计算机程序，计算机不过是执行这些程序而已。因此，只有那些能用语言明确描述的问题，计算机才有可能解决；不能用语言表达的问题，计算机无法"听懂"，自然也就无能为力了。

人脑的生理结构和工作方式与电脑完全不同，人类的智慧包含了许多语言所不能表达的成分。一些人类可以"一目了然"的事物，即使最先进的电脑，经过千万次乃至上亿次运算，也还是认识不了。尤其那些无法用语言描述的问题，根本不存在算法，不能被编写为程序，计算机也就无法解决了。因此，计算机再先进也不能代替人脑。

机器人
机器人是高级整合控制论、机械电子、计算机、材料和仿生学等学科不断发展的产物。但是，机器人技术发展再快，机器人也要受人的控制，而不可能反过来控制人。

你知道吗

■ CPU按照其处理信息的字长可以分为：8位微处理器、16位微处理器、32位微处理器以及64位微处理器等。

■ 大脑的潜能几乎接近于无限。但是，到目前为止，人类普遍只开发了大脑潜能的5%，仍有巨大的潜能尚未得到合理开发。

■ 什么是电脑的CPU？

CPU是决定电脑性能的核心部件。CPU即中央处理单元，是英文"Central Processing Unit"的缩写，指具有运算器和控制器功能的大规模集成电路。它一般由逻辑运算单元、控制单元和存储单元组成，是整个系统的核心，也是整个系统最高的执行单位。它负责整个系统指令的执行、数学与逻辑的运算、数据的存储与传送以及对内对外输入与输出的控制。所以，电脑中所有操作都由CPU负责读取指令，并对指令进行译码，同时也执行指令，它是系统的控制中心，对各部件进行统一协调和控制。

电脑，特别是微型电脑的快速发展过程，实质上就是CPU从低级向高级、从简单向复杂发展的过程。

CPU的时钟频率（即主频）是衡量CPU性能的主要指标，一般说来，主频越高，CPU的速度就越快，整机的性能也就越高。

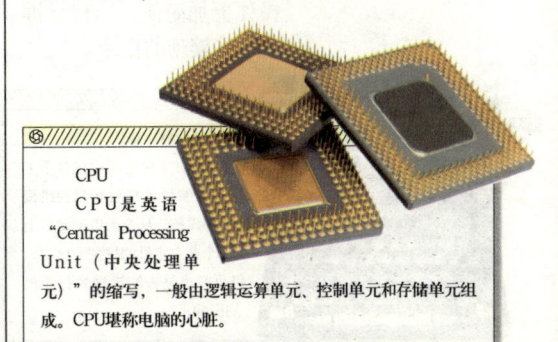

CPU
CPU是英语"Central Processing Unit（中央处理单元）"的缩写，一般由逻辑运算单元、控制单元和存储单元组成。CPU堪称电脑的心脏。

科技之最 运算速度最快的电脑：IBM公司的"蓝色基因"超级计算机，曾创造了每秒280.6万亿次运算的性能纪录。

主题索引
键盘是做什么用的？电脑为什么要配鼠标？

科学关键词
键盘 人体工程学 鼠标

■ 键盘是做什么用的？
Weishenme

键盘是电脑最常用，也是最主要的输入设备。通过键盘，我们可以将英文字母、数字、标点符号等输入计算机，从而向计算机发出命令。

常规的键盘有机械式按键和电容式按键两种。机械式键盘是最早被采用的结构，现在已基本被淘汰，取而代之的是电容式键盘。电容式键盘是一种基于电容式开关的键盘，噪声小，容易控制手感，虽然制造工艺比较复杂，但质量较高。

键盘是最常用的电脑硬件，所以最好使用质量良好的人体工程学键盘，以更好地保证身体的健康。人体工程学键盘是将指法规定的左手键区和右手键区两大板块相互分开，并形成一定角度，使操作者不必有意识地夹紧双臂，从而保持一种比较自然的姿态。有的人体工程学键盘还有意加大常用键的面积，并在键盘的下部增加护手托板，给一直悬空的手腕以支撑点，这样可以减轻由于手腕长期悬空而导致的疲劳感。

■ 电脑为什么要配鼠标？
Weishenme

"鼠标"的标准称呼应该是"鼠标器"，英文名是"Mouse"，它从出现到现在已经有40年的历史了。鼠标的使用是为了让计算机的操作更加简便，以代替键盘那些繁琐的指令。

打字机
打字机是用以代替手工书写、誊抄、复写和刻制蜡板的一种设备。从今天电脑键盘上的26个英文字母的排列顺序中，仍可看出过去的机械式打字机的影响。

•••【百科辞典】•••

人体工程学：
这是第二次世界大战后发展起来的一门新学科，又被称为工效学、人类工程学、人机工程学、人体工学等。它以人和计算机的关系为研究对象，以实测、统计、分析作为学科基本的研究方法。

脉冲信号：
指电脑里用到的数字电路的信号，由二进制的"0"和"1"组成。如果表现在平面坐标上，它就是一条有无数断点的曲线。

自从有了计算机，键盘就一直陪伴着它，也一直是最主要的输入设备。用键盘打字确实不错，但用来移动光标，就显示出其局限性了。1968年12月9日，全世界第一个鼠标诞生于美国加利福尼亚州的斯坦福大学，它的发明者是道格拉斯·恩格尔巴特博士。他制作的鼠标形似一只小木头盒子，工作原理是由它底部的小球带动枢轴转动，并带动变阻器改变阻值来产生位移信号，信号经计算机处理后，屏幕上的光标就可以移动了。自此，鼠标和电脑就结下了不解之缘。

我们现在使用的鼠标主要是光电鼠标器，它能够通过检测鼠标器的位移，将位移信号转换为电脉冲信号，然后再通过程序的处理和转换来控制屏幕上光标箭头的移动。

人体工程学键盘
这种键盘将指法规定的左手键区和右手键区两大板块相互分开，并形成一定的角度，可以使操作者保持一种比较自然的姿态。

◆ 52 科技之最 **对人体辐射危害最大的硬件**：在电脑的各种硬件中，键盘离人体最近，辐射仅次于显示器，所以对人体的危害性最大。

主题索引
电脑的主板是什么？计算机为什么需要软件？

科学关键词
电脑主板 系统软件 应用软件

通信与计算机

计算机主板
如果说CPU是电脑的心脏，那么主板就是电脑的血管和神经，有了主板，CPU才能控制硬盘、内存、显卡、光驱等周边设备。

■ 电脑的主板是什么？

Weishenme

主板，又叫主机板（main board）、系统板（system board）或者母板（mother board）。它安装在机箱内，是电脑最基本的，也是最重要的部件之一。

当我们打开机箱后，首先看到的是一块比A4纸稍大的电路板，那就是主板。它身上最显眼的部分，是一排排颜色各异、长短不一的插槽，CPU、显卡和内存条等设备就是插在这些插槽里的。除此之外，主板上还有各种元器件和接口，它们的作用是将机箱内的所有设备连接起来。如果说CPU是电脑的心脏，那么主板就是电脑的血管和神经，有了主板，CPU才能控制硬盘、内存、显卡、光驱等周边设备。

主板的另一个特点是采用了开放式结构：在主板上有多个扩展插槽，可以随时更换、添加新部件，给电脑升级。这使得厂家和用户在配置机型时拥有更大的灵活性。大体上说，主板最主要的两个作用就是连接设备和备用升级。主板的类型和档次决定了整个计算机系统的类型和档次，它扮演着不可替代的重要角色。

■ 计算机为什么需要软件？

Weishenme

计算机的软件是计算机系统中的程序和有关的文件。程序是对计算任务的处理对象和处理规则的描述；文件是为了便于了解程序所需的说明资料。软件对于计算机系统非常重要，一台没有软件的计算机，就好像一个四肢健全却大脑一片空白的人，不会听、不会说，更不会去思考和解决问题。如果没有软件，计算机就无法指挥、协调各个组成部分进行工作，甚至连开机、关机这样最基本的操作都不能完成，当然就更不可能完成传递数据、信息，进行运算、分析等高级工作了。

软件是用户与硬件之间的接口界面。用户主要是通过软件与计算机进行交流的。软件又是计算机系统中的指挥者，它规定了各项计算任务内部的工作内容和工作流程以及各项任务之间的调度和协调。

软件被划分为系统软件、应用软件等类别。其中，系统软件居于系统中最靠近硬件的一层，其他软件一般都要通过系统软件发挥作用。而应用软件是特定应用领域专用的软件，不同的应用软件根据不同的用户和所服务的领域提供相应的功能。

光盘
光盘存储量大，而且存储的信息不能被轻易改变，所以大部分软件都以光盘作为载体。使用时，只需把光盘插入电脑光驱后进行安装，就可以获得其中的程序了。

你知道吗

☐ 著名的主板品牌有：华硕、微星、技嘉、磐正、升技、精英、英特尔等。

☐ 系统软件负责管理计算机系统中各种独立的硬件，使它们协调工作。最有名的系统软件就是大名鼎鼎的"Windows"操作系统和"Vista"操作系统。

科技之最　最原始的计算机：公元前5世纪，中国人发明了算盘，此后算盘被广泛应用于商业贸易中，它可以被看作最原始的计算机。

主题索引
什么是电脑操作系统？CPU上为什么装有风扇

科学关键词
裸机 操作系统 电子迁移

■ 什么是电脑操作系统？

Weishenme

我们已经知道，电脑系统是由硬件和软件两大部分组成的。如果一台电脑没有软件的支持和管理，它的硬件就无法发挥任何作用，这就是所谓的"裸机"。而电脑操作系统扮演的正是一个"管家"的角色，人们在控制电脑运作的时候，所有的指令都是通过操作系统来处理完成的。它犹如一个乐队的指挥，能把机器里的所有资源协调一致，使其发挥出各自的功能。

操作系统（Operating System，简称OS）是最基础的系统软件，它负责管理计算机系统的全部硬件资源、软件资源及数据资源，控制程序运行，为用户提供方便有效的服务界面，为其他应用软件提供支持，从而使计算机系统最大限度地发挥所有的本领。它的管理功能大致包括进程与处理机管理、作业管理、存储管理、设备管理、文件管理等五大方面。目前，最常见的计算机操作系统有Unix、Linux、Windows等。

操作系统
操作系统是最基础的系统软件，直接控制及管理计算机硬件。目前最常见的操作系统有Unix、Linux、Windows等。

CPU风扇
CPU风扇是为电脑灵魂——CPU特别准备的。这个小风扇可以降低CPU工作时产生的高温，保护电脑正常运行。

■ CPU上为什么装有风扇？

Weishenme

作为整个电脑的灵魂，CPU（中央处理单元）的正常运行至关重要。如果看过电脑主机的内部，你就会发现，CPU旁边安装着一个风扇。这是为什么呢？

原来，风扇的作用是给CPU降温，以防高温导致"电子迁移"。"电子迁移"是指因电子的流动而导致金属原子移动的现象。因为此时流动的"物体"已经包括了金属原子，所以也有人称之为"金属迁移"。在电流密度很高的导体上，电子的流动会产生不小的动量，这种动量作用在金属原子上时，就可能使一些金属原子脱离金属表面到处流窜，结果导致原本光滑的金属导线表面变得凹凸不平，造成永久性损害。这种损害是一个逐渐累积的过程，当这种"凹凸不平"多到一定程度时，就会造成CPU内部导线的断路或短路，最终使CPU报废。

温度越高，电子流动所产生的作用力就越大，那么，其彻底破坏CPU内一条通路的时间就越短，即CPU的寿命也就越短。这也是高温会缩短CPU寿命的根本原因，也是电脑必须安装风扇的原因。

◆ 科技之最 CPU最适宜的温度：在室温正常的基础上，CPU的温度应低于30摄氏度，这样它才能正常运转。

主题索引
计算机机房为什么要求清洁无尘？电脑为什么能执行人的指令？

科学关键词
磁盘 程序 机器语言

通信与计算机

微型计算机，即我们常见的家用或商用电脑，它们的体积较小、配置较低，对环境的要求也不高，只要保持基本干净就可以了。

■ 电脑为什么能执行人的指令？
Weishenme

电脑具备了各种硬件，就可以帮助人们计算数据和处理信息了。不过我们要想使电脑有条不紊地工作，就需要对电脑发出指令，指示它的每一步动作，并且安排出合理的工作顺序。这样一组安排好的指令，就叫做程序。

如果人们用日常使用的语言给计算机发指令，计算机是"听"不懂的，所以编写程序时必须使用一种人和机器都能接受的语言，也就是程序设计语言。

在计算机发明的早期，编制程序使用的是以机器基本指令集为主的机器语言以及在机器语言基础上稍加符号化的汇编语言。用这种语言编程非常复杂、烦琐。于是，人们又创造出了更加易学易懂的高级语言。高级语言接近人类的语法规则，较为易学易用。这样一来，程序设计员只要对等待解决的问题进行分析，设计出数据和加工过程，再把这种过程细化，转换成编程语言编写出来，一套程序就设计好了。

计算机二进制
二进制是计算技术中被广泛采用的一种数制。二进制运算法则简单，能使电子元件工作在两种状态时具有很好的稳定性。

■ 计算机机房为什么要求清洁无尘？
Weishenme

我们可能看到过这种情况：在一些正规的计算机机房里，房间没有窗户，处于密闭状态；地板、墙壁和天花板都经过特殊处理，铺着防静电的地板，贴着壁纸；工作人员都穿着白大褂、戴着白帽子，脚上穿着只能在机房里穿的拖鞋。这一切都是为了保证机房清洁无尘。

为什么呢？因为有些高级计算机对环境的要求极为苛刻，尤其是作为外存设备的磁盘机。磁盘机内的磁盘组装有多个磁头，在进行读写操作时，磁头距磁盘盘面的距离只有几微米。这要求盘面与磁头的相对位置绝对准确，不能有丝毫偏差，盘面要绝对光洁。即使有几微米的灰尘掉在盘面上，都有可能损坏磁头、划伤磁盘，造成重大的损失。因此，为了防止这种情况的发生，必须采取一系列防尘措施。

CPU内核
这颗由单晶硅做成的芯片可以说是电脑的大脑，所有的任务都是在这块指甲盖大小的地方进行的。

•••【百科辞典】•••

汇编语言：
是面向程序设计的语言，也是利用计算机所有硬件特性并能直接控制硬件的语言。虽然汇编语言只起着基础性的作用，但它功能强大。

高级语言：
由于汇编语言依赖于硬件体系，于是，人们发明了更加易用的高级语言，其语法和结构类似英文，且远离对硬件的直接操作，这使得一般人经过学习都可以编程。

科技之最　最聪明的聊天机器人：英国机器人"乔治"精通40种语言，网聊的经验有10年多，曾和全球200多万人聊过天。

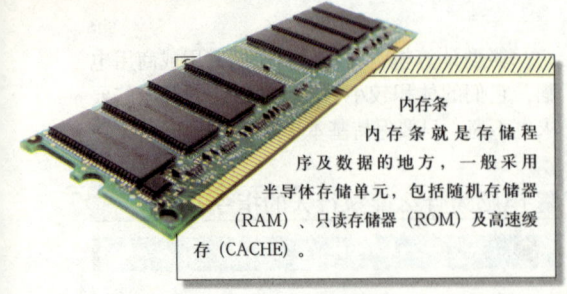

2.

◀ 主题索引
什么是内存？什么是笔记本电脑？什么是巨型计算机？

◀ 科学关键词
笔记本电脑 巨型计算机

内存条
内存条就是存储程序及数据的地方，一般采用半导体存储单元，包括随机存储器（RAM）、只读存储器（ROM）及高速缓存（CACHE）。

笔记本电脑通常拥有液晶显示器（LCD）。除了键盘和鼠标以外，有些笔记本电脑还装有触控板或触控点作为定位设备。笔记本电脑以其携带方便、外观时尚、功能完善等特点，越来越受到广大电脑用户的青睐。

■ 什么是内存？

Weishenme

内存是电脑的主要部件之一，它是相对于外存而言的。我们平常使用的电脑程序，如操作系统、打字软件、游戏软件等，一般都是安装在硬盘等外存上的，但仅仅这样还不能使其发挥功用，必须把它们调入内存中运行，才能真正发挥作用。

我们平时输入一段文字，或玩一个游戏，其实都是在内存中进行的。通常我们把要永久保存的、大量的数据存储在外存上，而把一些临时的或少量的数据和程序放在内存上。所以说，内存是计算机必不可少的部件。

■ 什么是笔记本电脑？

Weishenme

顾名思义，笔记本电脑就是外观像笔记本的电脑，又称手提电脑或膝上型电脑，是一种小型、可携带的个人电脑，通常重1至3千克。但是，"麻雀虽小，五脏俱全"，笔记本电脑的功能并不弱于一般的台式电脑。当前笔记本电脑的发展趋势是体积越来越小，重量越来越轻，而功能却越来越强大。

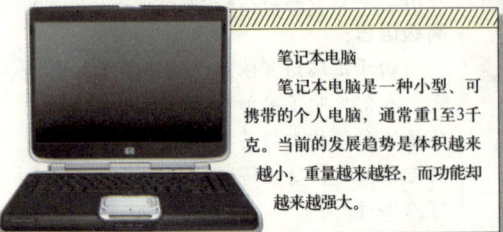

笔记本电脑
笔记本电脑是一种小型、可携带的个人电脑，通常重1至3千克。当前的发展趋势是体积越来越小，重量越来越轻，而功能却越来越强大。

■ 什么是巨型计算机？

Weishenme

巨型计算机是一种超大型电子计算机，它具有很强的计算和处理数据的能力，主要特点是高速度和大容量，配有多种外部和外围设备及丰富的、高功能的软件系统。有的国家规定：运算速度达到平均每秒1000万次以上的计算机，存储容量在1000万位以上的计算机，才能称为巨型计算机。巨型计算机主要用来承担重大的科学研究、国防尖端技术和国民经济领域的大型计算课题及数据处理任务。巨型计算机的发展是电子计算机的一个重要发展方向，它的研制水平标志着一个国家的科学技术水平和工业发展程度，体现着一个国家的经济实力。

超级计算机
如果把普通计算机的运算速度比作成人的走路速度，那么超级计算机的速度就达到了火箭的速度。人们可以通过它的计算来预测和解释以前无法预测和解释的自然现象。

•••【百科辞典】•••

液晶显示器：
以电流刺激液晶分子产生点、线、面，并配合背部灯管构成画面的显示器。

触控板：
一种对触摸敏感的指示设备，它可以实现一般鼠标的所有功能。通过手指在触控板上的移动，能够很容易地完成相当于鼠标移动的操作。

◆ 56 科技之最 **全球最薄的笔记本电脑：**英特尔集团研发的Metro电脑，凝聚了最高端的集成化技术，厚度仅为1.778厘米。

■ 为什么将电脑列为"美容杀手"?

如今,电脑已成为现代人不可缺少的工具,除了学习、工作使用电脑外,休闲也离不开电脑。然而你知道吗,电脑在给人们带来愉悦和方便的同时,也在悄悄地伤害着使用者的皮肤。不知不觉间,原本白皙的皮肤变得晦暗干燥,甚至还有黑斑出现,而这一切的罪魁祸首,正是电脑辐射。

电脑辐射主要指电脑在工作时产生和发出的电磁辐射(各种电磁射线和电磁波等)、声(噪声)、光(紫外线、红外线辐射)等多种辐射"污染",其中电磁辐射的危害最大。医学研究表明,长期、过量的电磁辐射不仅会伤害人们的皮肤,引发暗沉和色斑,还会对人体的生殖、神经和免疫系统造成直接伤害。

要降低电脑的伤害,可以在电脑屏幕前安置防护屏,平时注意补充水分和维生素,睡前彻底清洁皮肤。

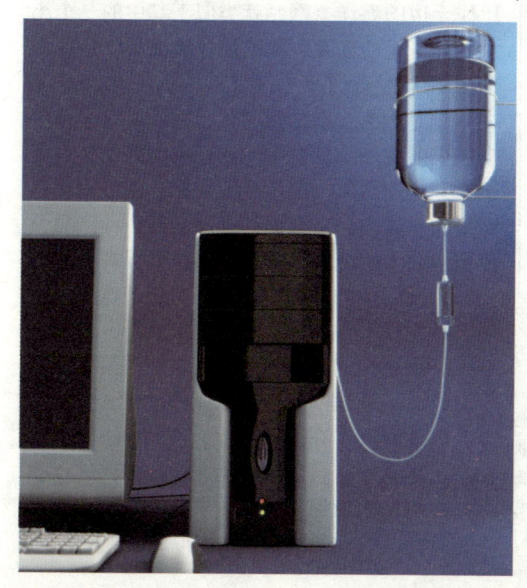

你知道吗

- 长期使用电脑的人,平时应多吃胡萝卜、白菜、豆芽、豆腐、红枣、橘子以及牛奶、鸡蛋、动物肝脏、瘦肉等食物,以补充维生素A和蛋白质。
- 美国国家电脑安全中心为电脑病毒下的定义是:"一种能自我繁殖的特洛伊木马,由三条腿支撑:任务部分(干坏事的主要部分)、激活部分和自我繁殖部分。"

■ 电脑为什么会感染病毒?

1977年,美国一本科幻小说描写了一种可以在电脑间互相传染的病毒,共有7000台计算机被其控制,造成了一场灾难。几年后,这个幻想就变成了现实。1983年,科学家们在实验室里验证了计算机病毒的存在。1986年,"巴基斯坦"病毒流传开来,给人们造成了重大的损失。此后,新的病毒层出不穷。那么,为什么电脑这种没有生命的机器也能感染病毒呢?

随着时代的发展和联络的需要,人们把独立的多台电脑互相联结起来,从而构成了电脑网络。可是,这种网络有利也有弊,一旦它的局部出了故障,就会造成很大的麻烦。比如说,通过网络,病毒可以不断扩散,使个人电脑"中毒"。

电脑病毒是指有人蓄意设计和编制的破坏性程序,它们能在电脑内自动复制、自我繁殖和扩散,危及整个电脑系统。这些破坏性程序可以像病毒在生物体内繁殖,最终导致生物患病、死亡一样使电脑受到损坏。电脑受到它们的侵害,轻则经常出错,不能正常工作;重则完全瘫痪,乃至损伤硬件。所以,现在大多数国家的法律都明文规定:凡是故意制造病毒并已经对他人电脑造成损害的行为,都属于犯罪行为。

电脑"中毒"了

一不小心,你的电脑"中毒"了。这时候,就需要请高明的电脑"医生"——反病毒软件来给你的电脑把把脉,用点"苦口良药"啦。

科技之最 最具杀伤力的病毒:CIH病毒,一种能够破坏计算机系统硬件的恶性病毒,产自中国台湾,曾在全球范围内造成巨大损失。

主题索引
什么是计算机网络？企业为什么要建立网站？

科学关键词
局域网 因特网 网站

■ 什么是计算机网络？

Weishenme

计算机网络是人类数千年来最伟大的发明之一，它让人们能够在某种程度上自由地交换思想，共享信息。今天，我们已经不能想象没有网络技术我们的生活会变成什么样子。网络对世界的改变才刚刚开始。然而，计算机网络是如何建立的呢？

按照最基本的覆盖范围，网络可以分为局域网、城域网和广域网。事实上，电脑网络最先是被用于军事的。20世纪60年代，美国国防部决定开发一个能够让电脑之间进行通信的手段，以保证军中信息的顺利交流。这个计划的名称叫"ARPAnet"，它就是计算机网络的前身。

进入20世纪80年代后，许多大学为了共享数据和研究信息，联入了美国国家科学基金网"NSFnet"，使网络得到了进一步发展。1990年后，"NSFnet"以惊人的速度扩张，正式转变为国际计算机互联网，即"Internet"，也称为因特网。因特网目前已经联系了超过160个国家和地区、4万多个子网、500多万台电脑主机，直接用户超过4000万，是世界上信息资源最丰富的电脑公共网络。它被认为是未来全球信息高速公路的雏形。

网上购物
在因特网上，网站24小时都在运营中，顾客在任何时候、任何地点都可与企业保持密切的联系，并可随时随地与企业达成交易，这些都是传统业务联系无法比拟的。

■ 企业为什么要建立网站？

Weishenme

网站（Website）是指在因特网上，根据一定的规则，制作出用于展示特定内容的网页的集合。网站就像布告栏一样，人们可以通过它来发布自己想要公开的资讯。它由网站地址（又叫域名）和网站空间构成。如果把互联网比作无边的海洋，网站就类似于其中的一个小水滴。可是，在互联网的汪洋大海中，企业为什么要建立自己的网站呢？

这是因为，在信息时代，网站可以给企业提供很多在传统社会中无法想象的好处：有利于提升企业形象，展示企业文化；使公司具有网络沟通能力；全面而详细地介绍企业产品，使更多的人快捷地了解它们，从而提高企业在同行业的知名度，增强企业的竞争力；发掘潜在客户，降低通信费用；及时得到客户的反馈信息，为企业决策提供参考；通过网站还可以无形地延长企业营业时间，在因特网上，网站24小时都在运营中，顾客在任何时候、任何地点都可与企业保持密切的联系。以上这些都是传统业务联系无法比拟的。

服务器
从广义上讲，服务器是指网络中能为其他机器提供某些服务的计算机系统。从狭义上讲，服务器专指某些高性能计算机，它能通过网络对外提供服务。

◆ 58 科技之最 最大的节约功能："联邦快递"邮递公司（UPS）曾宣布，公司每年由于电子邮件而节约的纸张高达20亿张。

万维网

WWW是World Wide Web的缩写，中文译名为万维网。网络迅速普及后，万维网吸引了无数的网站加入，所以网站域名大都以WWW开头。

■ 为什么网站域名大都以WWW开头？

Weishenme

经常上网的人都知道，大多数网站的域名都是以"WWW"开头的，这是为什么呢？

"WWW"是World Wide Web的缩写，简称Web，中文译为万维网。1990年，英国科学家伯纳斯·李发明了万维网，并开发出了最早的浏览器，1991年开始在内部发行，这就是万维网的雏形。发展到现在，万维网引入了直观的图形界面，取代了抽象难懂的命令格式，使上网不再只是专业人员的特权。网络因此得以迅速普及，数以亿计的人能够方便地使用浩瀚的网络资源，万维网更是吸引了无数的网站加入其中，所以网站域名大都由WWW开头。

伯纳斯·李在1990年开发出最早的浏览器时，万维网的应用似乎只有浏览器一个工具。而现在，各种网络工具早已蓬勃兴起，万维网已经从最初"连接世界的电子百科全书"的理念，向以音乐、视频及亲朋好友之间的轻松交流为主的全新娱乐交流工具转变。与此同时，使用浏览器以外的工具访问互联网的人也正在逐渐增多。

■ 电子邮件为什么便宜又快捷？

Weishenme

电子邮件，简称电邮，翻译自英文的"E-mail"，是指通过电子通信系统进行书写、发送和接收的信件。现在，电子邮件以其快捷、低价的特点，成了因特网最常用的功能之一。

如果要在因特网上发送电子邮件，你首先就要拥有一个电子邮件地址和一个密码。电子邮件地址供接收电子邮件用，而密码供用户所联的主机核对账号。互联网24小时通邮，而电子邮件传送的快慢和距离的远近几乎没有任何关系。电子邮件发送后，只需几秒钟就可以传送到邮件接收人的电子邮箱中。电子邮件除了传送文字之外，还可以传送照片、语音等其他形式的信息。

电子邮件

E-mail是Internet应用最广的服务；通过网络的电子邮件系统，用户可以用非常低廉的价格，以非常快速的方式，与世界上任何一个角落的网络用户联系。

你知道吗

■ 英国科学家伯纳斯·李发明了万维网后，无偿地公开了他的发明成果，从而使网络以前所未有的速度发展。

■ 2000年年底，美国"通信在线"电子通信研究公司调查表明，当时全世界电子邮件信箱就已有8.91亿个。

最早的电子邮件：1969年美国的克兰罗克教授从电脑上发出了只有"LO"两个字母的简短消息，它是最早的电子邮件。

主题索引
为什么电子邮件地址中都有个@？什么叫网络带宽？

科学关键词
电子邮箱地址 带宽 ISP

■ 为什么电子邮件地址中都有个@？

Weishenme

"@"就是英文单词"at"的缩写，它有两种意思，即"在"或"单价"，起源于中世纪。那时印刷机尚未发明，如果要出版一本书，每一个单词的每一个字母都得手工刻出来。虽然"at"一词很短，但它在文本中和文件中频繁出现，如果能进一步简化它，就可以写起来更快更容易。

电子邮件的@符号
"@"在电子信箱地址中的出现，使得电子邮件得以通过网络准确无误地传送。可以说，电子邮件是现代人沟通的"密钥"和快速通道，它把世界更紧密地联结了起来。

于是有人就在"a"的四周画了一个圈，从而省去了字母"t"的两个笔画。可是，为什么后来的电子邮件地址中会有个@呢？

1971年，阿帕网BBN电脑公司的电脑工程师雷·汤姆林森奉命寻找一种电子邮箱地址的表达格式，需要一个标识，以便把个人的名字同他所用的主机分开。结果，他一眼就选中了这个特殊的字符，并将它用在了电子邮箱的地址中。这样，就有了人们现在使用的电子信箱地址的表示形式：人名或代码＋@＋电脑主机或公司代码＋电脑主机所属机构的性质代码＋两个字母表示的国家代码。这使得电子邮件得以通过网络准确无误地传送，而且赋予了符号"@"一个全新的现代含义。

■ 什么叫网络带宽？

Weishenme

在20世纪90年代，拨号上网时常会奇慢无比，问及原因，总被告知"带宽太小"。那带宽到底是什么？为什么它可以限制上网速度呢？

调制解调器
调制解调器的英文名是modem，俗称"猫"。调制解调器的性能及速率直接关系到联网以后传输信息的速度。

带宽又叫频宽，是指固定时间内在线路上可以传输的最大资料数量或传递数据的能力。在数字设备中，带宽通常以"bps（bit per second——字节每秒）"表示，即每秒可以传输的字节数。在模拟设备中，带宽通常用赫兹（Hz）来表示。

那么，网络带宽的意义又是什么呢？简单地说，网络带宽就是网络的传输速率。它是指在网络上每秒钟能传输的最大字节数（Mb/s），即每秒钟能处理多少兆字节。带宽高则意味着很高的传输能力；带宽小就自然使上网的速度受到限制。而影响带宽的因素则主要是传输的介质：任何一种介质都只能传输低于某个频率的信号，当信号的频率过高时，此介质就失效了。所以，任何一种介质都有一个最大的数据传输频率，也就是带宽。比如，电话线的带宽很低，所以拨号上网会很慢；而使用光纤上网，传输速率则可以达到数百兆字节，也就意味着上网的速度比较快。

你知道吗

☑ 在中世纪的意大利，葡萄酒是按罐出售的，在当时，"@"是葡萄酒容积的单位，1@大约相当于114加仑。

☑ 网速的快慢也不一定全是因带宽小造成的，它还与ISP（网络服务运营商）的承受能力、所访问网站的人数等因素有很大的关系。

◆ 60 科技之最　**最准确的地址**：每个电子邮箱的地址都是全球唯一的，邮件能按发件人输入的地址，被准确地发送到收件人邮箱中。

主题索引
光纤电缆是怎样传输数据的？网络黑客是些什么人？

科学关键词
光纤电缆 黑客

通信与计算机

■ 光纤电缆是怎样传输数据的？

光纤电缆就是现在常用的通信电缆，其内部光纤在进行信号传输时，一般使用红外线。实际应用中的光缆由下面几个部分组成：表皮，它处于光缆的最外面，将一捆光纤包容在一块，可以起到较好的保护作用；线芯，每条光纤都是由一条极细的玻璃丝构成的，它是实际传输数据的媒体；包覆，在每条光纤的线芯——细玻璃外层环绕有一层包覆玻璃，这层包覆玻璃的密度与线芯的密度不同，可造成光的全反射。

光纤电缆不是用电子信号来传输数据，而是用光束来传输数据的。正是这种特殊的材质，使它拥有无法比拟的优点：拥有极宽的频带范围，以GB（千兆）位作为度量；抗干扰性强，由于光纤中传输的是光束，而光束不会受到外界电磁的干扰；保密性强，光束本身不会向外辐射信号，这就有效地防止了窃听；传输速度快，光纤是至今为止传输速度最快的传输介质，能轻松达到1000Mbps；传输距离长。

光导纤维
光纤电缆不用电子信号来传输数据，而是用光束传输数据。光纤是至今为止传输速度最快的传输介质，能轻松达到1000Mbps。

"黑客之手"
黑客一词最早源自英文hacker，原指热心于计算机技术、水平高超的电脑专家。但到了今天，黑客一词已被用于泛指那些专门利用电脑搞破坏或恶作剧的家伙。

■ 网络黑客是些什么人？

提起黑客，总是让人感到那么神秘莫测。在一些人的眼中，黑客是一群聪明绝顶、精力旺盛的年轻人，他们一门心思地破译各种密码，以便偷偷地、未经允许地进入政府、企业或他人的计算机系统，窥视他人的隐私。那么，具体来说，什么才是真正的"黑客"呢？

黑客，是英文hacker一词的音译，源于动词hack，意为"劈、砍"，后来引申为"干了一件非常漂亮的工作"。在早期麻省理工学院的校园俚语中，"黑客"则有"恶作剧"之意。到了今天，黑客一词已被用来泛指那些专门利用电脑搞破坏或恶作剧的家伙。他们通常具有计算机硬件和软件的高级知识，善于利用网络漏洞，破解密码和非法入侵他人电脑或网站。

许多黑客破解系统或网络只是出于兴趣，吸引他们的只是成功解密的成就感。但也有一些人以窃取机密、破坏系统、获得不法利益为目的，他们大肆破坏网络安全，传播病毒，成了网络上的小偷和强盗，也成为各国政府和警方打击的对象。

你知道吗

■ 光纤和常见的网线都是网络通信线，两者的区别在于光纤成本高，速度快，主要用于远程高速连接；而网线一般用在短程的局域网内，常见的有细同轴线缆、粗同轴线缆、双绞线。

■ 据介绍，黑客到了30岁以后普遍会转向"正道"，从事网络安全工作，这是国内外通行的规律，美国排名前三位的网络安全公司创始人原来都是有名的黑客。

科技之最 **最早的光缆：** 1976年，美国贝尔研究所在亚特兰大建成了第一条实用化光纤通信线路，采用了含有144根光纤的光缆。 **61**

2.

- 主题索引　"博客"是什么？"播客"又是什么？什么是人工智能？
- 科学关键词　博客　播客　人工智能　计算机科学

博客

所谓博客（blog），也就是网络日志。传统的日记都是用笔写在笔记本上的，而博客正是用电脑按键写在网页上的日记。

播客

播客是博客的升级版，它由传播文字上升到了传播声音和视频，是有声有色的博客。只要把声音和影像资料放到播客上，就可以让全世界的网民收看和收听。

■ "博客"是什么？

Weishenme

博客一词源于英文单词Blog或Blogger，是Weblog的简称。实际上，博客就是一个网页，是一种简易的个人信息发布方式。它通常由简短且经常更新的帖子组成，任何人都可以注册，完成个人网页的创建、发布和更新。博客充分利用网络互动、更新即时的特点，给人以发挥想象、记录和展示个人生活、展现灵感的平台，因而受到了网民的广泛欢迎，并由此形成了一种新的网络虚拟社群和人际交往方式。

■ "播客"又是什么？

Weishenme

播客是在博客的基础上发展起来的，是博客的升级，是由单纯传播文字上升到了可传播声音和视频的个人网页。可以说，播客是有声有色的博客。

播客的英文名称为Podcast，一般情况下，我们在论坛或者博客上可以随意发表自己的言论，但只能用文字来说话，而播客网站则为人们提供了上传音频或视频文件的条件。只要您上传了完整的音频、视频作品，就会配有自动显示的播放器。当别人访问你的网页时，就可以直接听到声音、看到影像，相当于你拥有了一个私人的电台或电视台。

■ 什么是人工智能？

Weishenme

人工智能（Artificial Intelligence，缩写为AI），是计算机科学的一个分支，它企图了解智能的实质，并生产出一种能够以与人类智能相似的方式作出反应的智能机器。该领域的研究对象包括机器人、语言识别、图像识别、自然语言处理和专家系统等。

人工智能的本质是对人的思维信息过程的模拟，这个模拟可以从两方面进行，一是结构模拟。就是仿照人脑的结构机制，制造出"类人脑"的机器；二是功能模拟，就是撇开人脑结构，而从功能过程进行模拟。现代电子计算机的产生便是对人脑思维功能和思维信息过程的模拟。

•••【百科辞典】•••

Weblog：
　　Web 和Log的组合词。Log原意是航海日志，Weblog则可简称为网络日志。

计算机科学：
　　一门包含各种各样与计算和信息处理等主题相关的泛系统学科。

◆ 62　科技之最　计算机领域的最高奖：国际计算机协会（ACM）于1966年设立的"图灵奖"，被誉为"计算机科学的诺贝尔奖"。

材料是人类用于制造物品、机器或其他产品的那些物质，但不是所有物质都可以称为材料。材料是人类赖以生存和发展的物质基础，和信息、能源一起被誉为当代文明的三大支柱。

Part 3
物质与材料

3

> 主题索引
> 铁矿石是如何炼成钢的？为什么黄金的延展性非常强？
>
> 科学关键词
> 铁矿石 高炉 黄金

■ 铁矿石是如何炼成钢的？

Weishenme

铁矿石是大自然赐予人类的礼物。将开采出的铁矿石放入高炉冶炼后，就可得到生铁。生铁实际上是含碳量大于2%的铁碳合金，同时也含有一定量的硅、锰、硫、磷等元素。而炼钢的过程，就是脱去生铁中的碳、硫、磷等元素，使其变得更加坚韧的过程。

把生铁放入炼钢炉中，在高温下按一定工艺熔炼，然后把得到的熔化钢液浇铸成型，冷却后即得到钢锭或铸胚，再行轧制就能制成不同的材质或钢型。钢材的含碳量小于2%。

为了获得各种性能的钢材，人们还会在冶炼过程中加入微量的铬、镍、钼、钨、钒等元素，而这些元素的化学成分将决定钢材的不同特性。其中，铬可增加钢材的耐腐蚀性，通常把含铬量大于13%的钢材称为不锈钢；镍可增加钢材的强度和韧性；钼可防止钢材变脆；钨可增加钢材的耐磨损性；钒可增加钢材的抗磨损性和延展性。

铁矿开采
铁的发现和大规模使用，把人类从石器时代、铜器时代带到了铁器时代，推动了人类文明的发展。至今铁仍是现代工业的基础，是人类进步所必不可少的金属材料。

■ 为什么黄金的延展性非常强？

Weishenme

金的化学元素符号是Au，它来自拉丁文AURNM，原意为曙光，因其呈现黄色，故被称为黄金。

在人类已发现的所有金属中，黄金的韧性和延展性是最好的，其延伸率可达到40%至50%。在现代科学技术条件下，1克黄金可以被拉成420米以上的金丝。50克纯金能锤成万分之一毫米薄的金叶，面积可达9平方米。黄金的密度会随着温度的变化而略有变化。在常温下，金的密度为每立方厘米19.29至19.37克，这是因为金锭中含有一定量的气体，导致其密度略有降低，但经轧延后密度就会有所增大。

金有很好的韧性和延展性，可制成极细的金丝。在古代，人们用金丝和丝线织成的各种图案，就是所谓的"织金"和"绣金"，专门作为古代帝王将相和贵族朝服的装饰。此外，金还有良好的工艺性，极易加工成超薄金箔、微米金丝和金粉。加工以后，金很容易就能镀在其他金属和陶器及玻璃的表面上，它的应用范围很广泛。

金牌
金是一种价值很高的贵金属，加之其加工简便，因此常被镀于奖牌、奖章或纪念章表面，用以表示一种崇高的嘉奖和荣誉。

【百科辞典】

铁矿石：
从理论上说，凡是含有铁元素或铁化合物的矿石都可以叫做铁矿石。

高炉：
横断面为圆形的炼铁竖炉。高炉冶炼的主要产品是生铁，这样生产的铁占世界铁总产量的绝大部分。

◆ 64 材料之最 黄金产量最多的国家：南非黄金储量、产量均居世界之首，被称为"黄金之国"。

■ 记忆合金为什么"记忆力"超群？

Weishenme

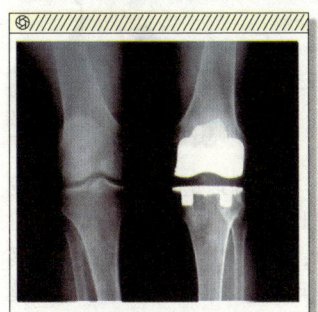

钛合金膝关节
钛具有"亲生物"性，被广泛用于制作人造膝关节、肩关节等。

20世纪70年代，世界材料科学中出现了一种可以记忆形状的奇妙合金，即记忆合金。记忆合金是一种颇为特别的金属，在高温下，这种合金可以被变成任何你想要的形状，在较低的温度下，合金可以被拉伸，但若对它重新加热，它就会记起原来的形状并自动变回去。这是怎么回事呢？难道合金也具有人类那样的记忆力吗？

原来，这是由于某些合金在固态时，其晶体结构会随着温度的变化而发生形变。例如，镍钛合金在40摄氏度以上和40摄氏度以下的晶体结构是不同的，当温度在40摄氏度上下变化时，合金就会收缩或膨胀，形态发生变化。这说明，40摄氏度就是镍钛记忆合金的"变态温度"。

各种合金都有自己的变态温度。如果一种高温合金的变态温度很高，在高温时被做成螺旋状并能处于稳定状态，但若在室温下强行把它拉直，它则会很不稳定。也就是说，只要把它加热到变态温度，它就会立即恢复原来的螺旋形状。

■ 为什么要用钛合金制造宇宙飞船？

Weishenme

钛是一种极为罕见的金属，1791年被英国牧师格雷戈尔（Gregor）发现。1795年，德国化学家克拉普鲁斯在研究金红石时也发现了该元素，并将这种金属命名为钛。以钛为基础元素，再加入其他金属元素就组成了钛合金。钛合金是一种新型结构材料，它具有优异的综合性能，例如密度小，比强度和比断裂韧性高，疲劳强度和抗裂纹扩展能力好，低温韧性良好，抗蚀性能出色等。某些钛合金的最高工作温度为550摄氏度，经过深加工，可达到700摄氏度。因此，它在航空、航天、化工、造船等工业部门都得到了日益广泛的应用。

钛及钛合金主要用来制造火箭、导弹发动机的外壳，燃料和氧化剂的储箱及宇宙飞船的船舱骨架等。用钛合金制造宇宙飞船可使其体重减轻数百千克，这样不但能改善宇宙飞船的飞行性能，还可以节省大量昂贵的高级燃料。

火箭
钛有"太空金属"之称，钛合金是制作火箭发动机壳体的绝佳材料。

你知道吗

- 记忆合金可用来制造自动温控开关，这样的装置能在阳光照耀的白天自动打开通风窗，晚间气温下降时又自动关闭通风窗。
- 人工心脏是一种结构复杂的人造脏器，其中用记忆合金制成的肌纤维与弹性体薄膜心室相配合，可以模仿心室进行收缩运动。

材料之最 最珍贵的水晶类宝石：钛晶，即内含针状钛金属的水晶宝石，由于极为稀有，所以非常昂贵。

水银

汞在常温下呈液态，色泽如银，故俗称"水银"。水银是一种比重很大的、银白色的液态过渡金属，它导热性能差，而导电性能良好。

蔡伦像

蔡伦（？—121），东汉人，改进了造纸术。

■ 什么是超导材料？

1911年，荷兰物理学家昂尼斯发现，水银的电阻率并不像人们预料的那样，随温度降低而逐渐减小，而是当温度降到约为零下269摄氏度左右时，它的电阻会突然降为零。

某些金属、合金和化合物，在温度降到绝对零度附近某一特定温度时，电阻率突然减小到无法测量的现象叫做超导现象，能够发生超导现象的物质叫做超导体。超导体由正常态转变为超导态的温度，称为这种物质的转变温度（或称临界温度）。大多数金属元素以及数以千计的合金、化合物都可在不同条件下显示出超导性。

正常的导体都有电阻，通过电流时就会发热，这不仅浪费电能，而且过大的电流甚至会烧坏设备。所以，大容量的输变电设施，往往还配有各种冷却设备。如果应用超导技术，使用超导材料制成导线，因为没有电阻，就可以节省大量电能。所以，用超导材料制成的装置，都会具有体积小、使用性能高、成本低的优点。

■ 谁发明了造纸术？

造纸术被视为中国古代的四大发明之一，与印刷术、指南针和火药具有同样的地位，在中国历史乃至世界历史上具有重大意义。那么，造纸术是谁发明的呢？

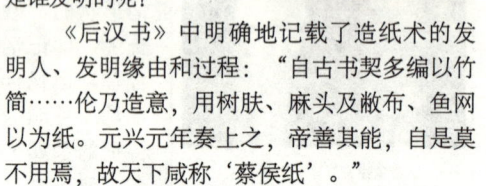

《后汉书》中明确地记载了造纸术的发明人、发明缘由和过程："自古书契多编以竹简……伦乃造意，用树肤、麻头及敝布、鱼网以为纸。元兴元年奏上之，帝善其能，自是莫不用焉，故天下咸称'蔡侯纸'。"

这段文字的大意是说，汉代官员蔡伦看到人们用竹简写字很不方便，于是就研究改进造纸的方法。他总结了前人造纸的经验，带领工匠们用树皮、麻头、破布和破渔网等废旧纤维作原料来造纸。蔡伦先把那些原材料剪碎，然后放在水里浸渍一段时间，再取出来捣成浆状物，可能还要经过蒸煮，最后在席子上铺成薄片，放在太阳底下晒干就变成纸了。用这种方法造出来的纸，又轻又薄，很适合写字，受到了人们的欢迎。公元105年，蔡伦把这个重大的成就报告给了汉和帝，汉和帝赞扬了他一番。从此，中国各地都开始用这样的方法造纸，人们都把用这种方法造出来的纸叫"蔡侯纸"。但要注意的是，蔡伦并不是造纸术的真正发明者，他是造纸术的改进者。真正的发明者只能说是人民大众了。

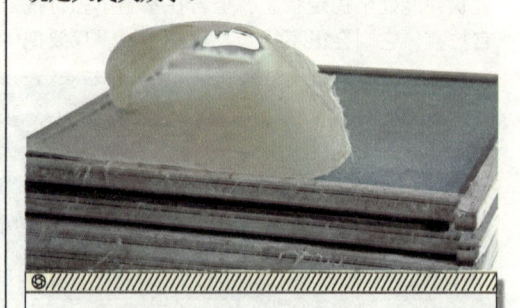

手工造纸术

手工造纸法用竹帘、聚酯网或铜网制成的框架，将分散悬浮于水中的纤维抄成湿纸页，经压榨脱水，再行晒干或烘干成纸。

◆ 66 材料之最　最低的温度：绝对零度，即—273.16摄氏度，在此温度下，构成物质的所有分子和原子均停止运动。

科学关键词
宣纸 明矾 阻燃性 阻燃剂

物质与材料

主题索引
什么是宣纸？阻燃纸为什么能阻燃？

■ 什么是宣纸？

Weishenme

宣纸产于安徽泾县，古属宣州，故称宣纸。宣纸以青檀树为主要原料，制作精细，质地绵韧，色泽白雅，纹理美观，且久藏不腐，百折不损，耐老化，防虫防蛀，故有"千年寿纸"的美称。

宣纸分为生宣、熟宣和半熟宣。熟宣用明矾水加工过，因此水墨不易渗透，可在纸上作细致的描绘，或反复渲染上色，适于画青绿重彩的工笔山水。生宣纸没有经过明矾水的加工，吸水性和渗水性很强，遇水即化开，易产生丰富的墨韵变化，能表现出水晕墨章、浑厚化滋的艺术效果，因此多用于写意山水画。熟宣用于作画容易掌握，但极易产生光滑板滞的毛病；生宣作画虽多墨趣，但渗透迅速，不易掌握。因此，许多人画山水一般都喜欢用半生半熟的宣纸。半熟宣纸遇水慢慢化开，既有墨韵变化，又不过分渗透，皴、擦、点、染都易掌握，可以表现丰富的笔情墨趣。中国历代文人墨客、书画名家，都十分偏爱宣纸。

■ 阻燃纸为什么能阻燃？

Weishenme

众所周知，"纸是包不住火的"。这是因为，纸一般都是由植物纤维制成的，而植物纤维主要是失水后的葡萄糖缩合物，属于易燃物。植物纤维的易燃性，决定了纸品的易燃性。可是，有一种阻燃纸，却可以阻止燃烧。这是为什么呢？

阻燃纸，顾名思义，就是经过阻燃剂加工之后具有阻燃性的纸。虽然它不能完全防火，但至少不会助燃。有时遇到小火，阻燃纸不但不会燃烧，还有可能自动熄灭，从而减少发生火灾的危险。

阻燃纸的制法主要有两种：一种是浸渍法。就是利用化学木浆抄成原纸，然后经过阻燃液的浸渍加工，制成成品。另一种是变性法。通过将精制木浆进行阻燃化处理，使之变成"变性纸浆"，即把某些具有阻燃性的基因嫁接到纤维分子上，从而使其成为阻燃性纤维。然后再添加一些材料，最终制成阻燃纸。

阻燃纸技术现在已经广泛应用于车厢壁纸、家具贴面纸、绢花、拉花、装饰板及账册、机密档案等方面。

宣纸旧书
宣纸因产于宣州府（今安徽泾县）而得名，是中国古代用于书写和绘画的纸。很多古老的书籍都是用宣纸印刷的。

中国书法
书法是汉字的书写艺术，它不仅是中华民族的文化瑰宝，而且在世界文化艺术宝库中也独放异彩。一般来说，书法宜用生宣，以增添墨的韵味。

【百科辞典】

明矾：
又称白矾、钾矾、钾铝矾、钾明矾、十二水硫酸铝钾，可用于制作铝盐、发酵粉、油漆、澄清剂、防水剂等，同时它还是一种较好的净水剂。

阻燃性：
就是物质在火焰中不燃烧、不产生明火、只会炭化的性质。有阻燃性的物质可以对火焰的扩大产生阻碍作用，即使局部发生燃烧，也能很快自动熄灭。

材料之最　最大的"佛"字：2005年4月，中国书法家李凌在海南三亚观音山写下的"佛"字，长108米，宽11米。

■ 尼龙布为什么很结实？

Weishenme

你知道身上的衣服是用什么材料做的吗？不同的布料会产生不同的效果，比如尼龙布与棉布比较起来，前者就会结实得多。这是为什么呢？

棉布是用棉花纺出的纤维织的，尼龙布却是用尼龙纤维织的。棉纤维弹性较差，容易断裂，而尼龙纤维由人工制成，比纯天然的棉花纤维结实。此外，由于尼龙纤维比棉花纤维长得多，所以尼龙布比棉布更耐用。

尼龙面料一向以优异的耐磨性著称，它不仅是羽绒服、登山服等衣物的最佳选料，而且经常与其他纤维混纺或交织，以提高织物的强度和坚韧度。可以说，尼龙织物的耐磨性堪称各类织物之首，比一般的纤维织物都要结实。

但是，尼龙布的透气性很差，而且也不吸汗，夏天穿在身上会觉得闷热。所以，人们在选择贴身衣物时，一般还是倾向于材料为天然棉麻、丝绸的。

尼龙外套
尼龙织物的耐磨性堪称各类织物之首，而且它还容易洗涤，所以才被用于制作各种外套。

弹性很好，即使拉长5%，也可以完全恢复原来的状态。1940年5月5日，第一批尼龙丝袜上市，72000双丝袜在一天之内就被抢购一空。尼龙丝袜的发展无疑是袜子历史上的一个里程碑。

弹力尼龙袜是用锦纶纤维织成的，整个袜面根据人体结构织成立体腿形，这就使袜子更加贴身。它的耐磨性能比棉纤维织品高10倍，强度也比棉、毛纤维高得多，而且还具有弹性好、比重小、不怕潮、不生蛀虫等优点，因此很受人们欢迎。但是，尼龙袜的弹性和耐拉伸的程度也是有限的。如果一直持续拉伸，久而久之，弹力袜也会失去弹性。

20世纪70年代，杜邦公司又发明了革命性的莱卡。莱卡又叫氨纶，弹性是原来的4至7倍。莱卡丝袜与肌肤贴合的紧密程度前所未有，并可表现出不同的质感，更光滑、柔软、贴身、平整，甚至可以修整女人的腿部曲线，因而受到了更加广泛的欢迎。

■ 丝袜为什么富有弹性？

Weishenme

尼龙丝袜广受女性的喜爱，因为它富有弹性，不易损坏，又能很好地展现女性腿部的线条美。那么，丝袜是怎么做出来的呢？又为什么会富有弹性呢？

1937年，杜邦公司的一位化学师无意间发现煤焦油、空气与水的混合物在高温下融化后能拉出一种耐磨、纤细的细丝。这就是后来广为人知的尼龙纤维。尼龙纤维的

尼龙丝袜
弹力尼龙袜是用锦纶纤维织成的，整个袜面根据人体结构织成立体腿形，舒适贴身。

【百科辞典】

纤维：
人们常把长度比直径大千倍以上，且具有一定柔韧性的纤维物质统称为纤维。纤维的粗细、长短是决定面料手感的重要因素。

锦纶：
合成纤维的一种，旧称尼龙。它强度高，耐磨性和回弹性都很好，可以纯纺或混纺制作各种衣料及针织品。

最原始的袜子： 古罗马城的妇女曾在脚和腿上缠着细带子，这种绑腿便是最原始的袜子。

塑料是用什么做的？

Weishenme

在我们的生活中，塑料制品无处不在、无处不有。那么，塑料又是用什么制造出来的呢？

塑料是指以树脂为主要成分，以增塑剂、填充剂、润滑剂、着色剂等添加剂为辅助成分，在加工过程中能流动成型的材料。树脂这一名词，最初是由动植物分泌出的脂质，如松香、虫胶等而得名的。目前，树脂指尚未和各种添加剂混合的高分子聚合物。

树脂占塑料总重量的40%至100%。塑料的基本性能主要取决于树脂的特性，但添加剂也起着重要作用。不过，有些塑料基本上都由合成树脂组成，不含或少含添加剂，如有机玻璃、聚苯乙烯等。因此，塑料和树脂这两个名词经常被混用。

塑料主要有以下特性：大多数塑料质轻，化学稳定性好，不会锈蚀；耐冲击性好；具有较好的透明性和耐磨耗性；绝缘性好，导热性低；成型性、着色性好，加工成本低；大部分塑料耐热性差，热膨胀率大，易燃烧；尺寸稳定性差，容易变形；多数塑料耐低温性差，低温下容易变脆；大多数塑料容易老化；某些塑料易溶于溶剂。

树脂

树脂有天然树脂和合成树脂之分。森林中含油脂量较高的树种，如红杉、水杉、松柏等，分泌出的透明黏稠状树胶，就是一种天然树脂。

为什么有些特殊塑料能够导电？

Weishenme

平时，我们见到过并使用过一些塑料制成的机械零件和日用品。在我们的印象中，塑料通常是不导电的。然而，有些特殊的塑料却可以导电，这是为什么呢？

科学研究发现，经过特殊改造之后，塑料能像金属一样具有导电性，例如聚乙炔、聚苯硫醚、聚吡咯、聚噻吩、聚噻唑等。目前，科学家已制成一批导电性与银、铜相当的聚合物，它们被称为有机金属或合成金属。与金属相比，它们的特点是容易加工、重量轻。

导电塑料是将树脂和导电物质混合，用塑料的加工方式进行加工的功能型高分子材料。它主要应用于电子、集成电路包装、电磁波屏蔽等领域，其一大特点是可消除静电。计算机和电子设备机房都要求抗静电防护，新型飞机上的电子器件要求防电磁干扰，树脂基复合材料机身、机翼要求防雷击，这些问题都可以用导电塑料薄膜屏蔽加以解决。目前，导电性塑料已在许多工业领域得到应用，在未来的能源工业中，导电塑料将成为重要的一员。

塑料袋

数量庞大的塑料袋不易分解，变成污染物后长期存在并不断累积，对环境造成极大危害。

你知道吗

■ 塑料袋难以通过自然腐化降解，一直是"白色污染"中的头号污染源。目前已经有多个国家实施了禁用或限用塑料袋的法律法规。

■ 在美、欧、日的一些实验室里，人们已经制成了一系列支撑信息技术社会的导电塑料电子零件。比如，用导电塑料人们已经研制出了防电磁辐射的电脑保护屏幕。

材料之最 人类最糟糕的发明：英国《卫报》评选"人类最糟糕的发明"，塑料袋不幸得此"殊荣"。

为什么硅胶可以用于整容手术？

大家可能听说过，现在越来越多的人希望通过整容使自己变得更加年轻靓丽，而硅胶便是整容所用的主要材料。那为什么硅胶可以用来整容呢？

硅胶的主要成分是二氧化硅，具有热稳定性好、化学性质稳定、有较高的机械强度、成本相对较低等优点，因此常被用作整容材料。固体硅胶是一种高分子硅化物，也是常见的隆鼻材料。早在1972年，固体硅胶就被用作整容材料，经过多年的观察，其并发症的发生率为5%至20%。这个数字虽然较高，但因固体硅胶具有良好的生物相容性，且价格低廉，因此仍是目前临床首选的整容材料之一。

硅胶也有不少缺点，比如不能与机体建立起血液循环从而形成组织连接；偶尔还有硅胶假体的体表膨出，影响外观等。

【百科辞典】

硅胶：
是一种高活性吸附材料，通常是用硅酸钠和硫酸进行反应，并经老化、酸泡等一系列处理过程而制得的。硅胶按性质及组成成分可分为有机硅胶和无机硅胶两大类。

整容：
通常指脸部整形，包括割双眼皮、垫下巴、隆鼻、嫩唇、造酒窝、矫正牙齿、除皱、脱毛等。

天然橡胶是怎样生产的？

橡胶一词最早起源于印第安语，当地人把橡胶树称为"cauuchu"，意为"流泪的树"。1770年，英国化学家J.普里斯特利发现树中流出的乳胶可以擦去铅笔字迹，于是就将这种特别的材料称为"rubber"。此词一直沿用至今，翻译为中文就是"橡胶"。

橡胶按原料来源可分为天然橡胶和合成橡胶。天然橡胶就是从天然产胶植物中制取的橡胶，可分为标准胶（又称颗粒胶）、烟胶片、浓缩胶、白绉胶片、浅色胶片、胶清橡胶和风干胶片等。最常用的是标准胶和烟胶片。

现在，世界上约有2000种不同的植物可生产类似天然橡胶的聚合物，人们已从其中的500种中得到了不同种类的橡胶，例如木薯橡胶、美洲橡胶、印度榕和巴西三叶橡胶等。但是，具有产量高、质量优良、产胶期长、成本低、加工方便等优点的只有巴西三叶橡胶一种。

巴西三叶橡胶是由三叶橡胶树割胶时流出的胶乳经凝固、干燥后制成的，它富有弹性，强度高，综合性能好。采胶工人割开橡胶树的表面后，树皮内的乳管被割断，胶乳就从树上流出来。人们将从橡胶树上采集的乳胶，经过稀释再加酸凝固、洗涤，然后压片、干燥、打包，最后制成市场上出售的天然橡胶。市场上出售的天然橡胶多由三叶橡胶树的乳胶制得，成分主要是橡胶烃，此外还有蛋白质、脂肪酸、灰分、糖类等非橡胶物质。

天然橡胶
天然橡胶是由天然产胶植物（以巴西三叶橡胶树为最佳）割胶时流出的胶乳经凝固、干燥后制得的。

橡胶轮胎
橡胶的分子链可以交联，交联后的橡胶受外力作用发生变形时，具有迅速复原的能力，因此被广泛用来制造轮胎、胶管、胶带、电缆及其他各种橡胶制品。

材料之最 **最失败的整容明星：** 美国流行歌手迈克尔·杰克逊，自1981年起共接受过十余次面部整容手术，后因此而面目全非。

主题索引　为什么要生产人造橡胶？"陶"和"瓷"是一回事吗？　　科学关键词　人造橡胶 陶器 瓷器

物质与材料

■ 为什么要生产人造橡胶？

Weishenme

前文提到，橡胶可以分为天然橡胶和合成橡胶。人造橡胶就是合成橡胶。也许有人感到疑惑，既然我们已经有了很好的天然橡胶，为什么还要生产人造橡胶呢？

虽然天然橡胶耐磨损，加工方便，对环境污染少。但是，它受产地气候限制，产量偏低且不稳定，单位产品的人工成本较高，而且对使用温度的要求也比较高。而人造橡胶是以石油、天然气为原料，以二烯烃和烯烃为单体聚合而成的高分子材料。人造橡胶原料资源较为丰富，随着生产规模的不断扩大，生产工艺的不断创新和优化，其生产成本还在不断下降。

人造橡胶在20世纪初开始投入生产，从40年代开始，这个产业得到了迅速的发展。尽管合成橡胶在性能上不如天然橡胶全面，但它具有高弹性、绝缘性、气密性、耐油、耐高温或低温等性能，因而被广泛地应用于工农业、国防、交通及日常生活中。

你知道吗

■ 人造橡胶分为通用型橡胶和特种橡胶两大类：部分通用型橡胶可以代替天然橡胶，特种橡胶则具有耐高温、耐油、耐臭氧、耐老化等特性。

■ 陶瓷是陶器、炻器和瓷器的总称。凡是用陶土和瓷土这两种不同性质的黏土为原料，经过配料、成型、干燥、焙烧等工艺流程制成的器物都可以叫陶瓷。

■ "陶"和"瓷"是一回事吗？

Weishenme

陶器和瓷器是人们经常接触的日用品，从表面上看，它们非常相似。其实，它们之间有着很大的区别。

二者的区别主要有以下几点：一、烧成温度不同。陶器的烧成温度一般最高不过1100摄氏度，而瓷器的烧成温度则比较高，有的能达到1400摄氏度。二、坚硬程度不同。陶器烧成温度低，胎体硬度较差，有的甚至可以用钢刀划出沟痕。瓷器的烧成温度高，胎体基本烧结，敲击时声音清脆。三、使用原料不同。陶器使用一般黏土即可制坯烧成，瓷器则需要选择特定的材料，以高岭土作坯。四、透明度不同。陶器不透明，而瓷器的胎体无论薄厚，都具有半透明的特点。五、釉料不同。一般的陶器表面无釉，即使有釉也是低温釉。瓷器的釉料有两种，制法亦有不同。

瓷器
中国是瓷器的故乡，瓷器的发明是中华民族对世界文明的伟大贡献，在英文中"China（中国）"一词就是自"china（瓷器）"演变而来的。

陶器
陶器的发明是人类文明的重要进步——人类第一次利用天然物，按照自己的意志创造出了一种崭新的东西。

材料之最　最早的瓷器：1981年河北正定南杨庄仰韶文化（公元前5000—前3000年）遗址出土的原始瓷器，是目前世界上发现的最早的瓷器。

> 主题索引
> 新刷的油漆为什么有一股难闻的气味？油漆为什么能防水？

> 科学关键词
> 甲醛 吸附 漆膜

油漆

油漆是一种用作装饰或保护器物外层的液体混合物，通常由液态展色剂和固体颜料组成。因为它早期多以植物油为主要原料，故被称为"油漆"。

■ 新刷的油漆为什么有一股难闻的气味？

Weishenme

用油漆粉刷一新的墙壁或地板往往会散发出一股刺鼻的油漆味，这股味道能长时间地残留在室内，使人头昏脑涨，很不舒服。这么难闻的油漆味是怎么产生的呢？

现在，普通的油漆多用有机溶剂，俗称"天那水"或"香蕉水"，它的挥发性较强。在施工过程中，油漆挥发的有毒物质能直接侵害施工者的身体健康，而残留在油漆中的有毒物质也会在日后逐步地释放出来，危害使用者的健康。

油漆气味中的有害气体主要有甲醛、苯、TDI等，它们对人体的伤害很大，经常吸入这些化学气体会导致慢性中毒。甲醛是一种无色易溶的刺激性气体，容易导致人体嗅觉异常、刺激性过敏、肺功能异常和免疫功能异常等。当空气中的甲醛浓度稍高时，儿童就会发生轻微气喘；如果人们闻到它的气味，就会产生不适感；过多的甲醛会引起流泪、咽喉不适、恶心呕吐、咳嗽胸闷、气喘甚至肺水肿。

目前，我们可使用化学试剂或利用植物消除法和吸附法等多种方法去除油漆味。

粉刷

将油漆涂覆在物件表面，可以形成黏附牢固、具有一定强度的固态薄膜。油漆干了以后，能起到防水的作用。

■ 油漆为什么能防水？

Weishenme

油漆可以涂在物件的表面，形成黏附牢固、具有一定强度的固态薄膜。这层薄膜通称漆膜，又称涂膜或涂层。涂刷的油漆干了以后，就能起到防水的作用。

油漆的主要成分包括：油料和树脂，它们是主要的成膜物质；颜料，具体品种繁多，为次要成膜物质；稀料，用来溶解上述物质和调剂稠度，为辅助成膜物质；辅料，包括催干剂、固化剂、增塑剂、防潮剂，也属于辅助成膜物质。油漆被涂在物件表面只是完成了成膜的第一步，之后它会慢慢变成固态连续膜，完成全部的涂料成膜过程。这个由湿膜变为干膜的过程通常称为干燥或固化。由于漆膜的主要成分不溶于水，且含有增塑剂、防潮剂，因此油漆干后可以防水。

•••【百科辞典】•••

TDI：
即甲苯二异氰酸酯，主要存在于油漆之中。超出标准的游离TDI会对人体造成伤害，有致敏和刺激作用，使人出现结膜充血、咳嗽、胸闷、哮喘等症状。

水性漆：
以水作为稀释剂，不含有机溶剂的木器涂饰品。它不含苯、甲醛、游离TDI等刺激性气体。

◆ 材料之最 最环保的油漆车间：瑞典北部的乌默奥机车厂喷漆车间。据媒体报道，那里是"世界上最清洁、最现代的终极喷漆车间"。

主题索引　混凝土为什么是理想的建筑材料？ 防弹玻璃为什么能够防子弹？　科学关键词　普通混凝土 钢筋混凝土 防弹玻璃

物质与材料

■ 混凝土为什么是理想的建筑材料？

Weishenme

混凝土是由水、胶凝材料和粗、细骨料按适当比例配合、拌制成拌合物，再经一定时间硬化而成的人造石材。目前，常用的混凝土主要有两大类别：普通混凝土和钢筋混凝土。普通混凝土由水泥、沙、石和水组成。另外，还要加入适量的掺合料和外加剂。钢筋混凝土是在普通混凝土的材料中加入了一些抗拉钢筋，经过一段时间的养护后，可以达到建筑设计所需要的高强度。

钢筋和混凝土是两种全然不同的建筑材料。钢筋的比重大，不仅可以承受压力，也可以承受张力，然而它的造价高，保温性能很差。而混凝土的比重比较小，能承受压力，但不能承受张力；价格比较便宜，但却不坚固。所以，钢筋混凝土的诞生，弥补了两者的缺陷，并且保留了它们各自的优点，成为现代建筑物的首选材料。

1861年，钢筋混凝土得到了第一次应用，首先用它建造的是水坝、管道和楼板。1875年，法国的一位园艺师建成了世界上第一座钢筋混凝土桥。

■ 防弹玻璃为什么能够防子弹？

Weishenme

防弹玻璃属于夹层安全玻璃的一种，它由多层透明的玻璃和胶片叠合制成，总厚度一般在20至75毫米之间。它具有普通玻璃的外观，能给其内的物体提供一定的保护作用。

防弹玻璃主要有三层结构：第一层为承力层，该层首先承受冲击而破裂，一般采用厚度大、强度高的玻璃，能破坏弹头或改变弹头形状，使其失去继续前进的能力。第二层为过渡层，一般采用有机胶合材料，粘接力强、耐光性好，能吸收部分冲击能，改变子弹的前进方向。最后一层为安全防护层，这一层采用高强度玻璃或高强度透明有机材料，有较好的弹性和韧性，能吸收绝大部分冲击能，并保证子弹不能穿过。

防弹玻璃能抵御枪弹射击，最大限度地保护人身安全。它在金融、银行、商业、文物及安防等部门和航空、水上和地面军用装备设施中都有广泛的应用。

万神庙穹顶
万神庙是罗马最古老的建筑之一，也是古罗马建筑的代表作。其穹顶用混凝土建筑而成，堪称全世界最古老的混凝土建筑。

被击打后的防弹玻璃

防弹车门
装有防弹玻璃的防弹车门、窗能抵御枪弹射击，最大限度地保护人身安全。

材料之最 最古老的混凝土建筑物：万神庙，古罗马人用石头、沙子和维苏威火山区的粉尘物与水泥合成混凝土建造而成。 73

3.

▶ 主题索引
钢化玻璃碎裂后为什么不会伤人？金属玻璃是玻璃吗？

▶ 科学关键词
钢化玻璃 压应力 结晶 晶体

■ 钢化玻璃碎裂后为什么不会伤人？

Weishenme

钢化玻璃又称强化玻璃，是一种经过特殊加工处理的玻璃。它被广泛用于室外玻璃幕墙、室内玻璃隔断、建筑物的开口部位、楼梯扶手和围栏等安全要求较高的场合。除了比普通玻璃更加光洁明亮之外，它还有两个非常突出的优点：

第一，钢化玻璃的强度和抗冲击性能比普通玻璃高好几倍。人们运用尖端科技，在钢化玻璃的表面制成了一种特殊的压应力层。当玻璃受到外力作用时，这个保护层可以削减部分的拉应力，避免玻璃碎裂。即便钢化玻璃处于较大的拉应力状态，只要其内部结构没有被破坏，它就不会破裂。

第二，使用安全。钢化玻璃如果处于内部受拉、外部受压的应力状态，局部发生破损，会发生应力释放，碎成无数小块，碎片呈分散的细小颗粒状。这些小碎片没有尖锐棱角，不易伤人。也就是说，钢化玻璃的承载能力改善了原本的易碎性质，即使破碎后也会碎裂成无锐角的小颗粒，这样就极大地降低了对人体的伤害。

由于钢化玻璃具有较好的机械性能和热稳定性，所以在建筑工程、交通工具及其他领域均得到了广泛应用。

玻璃花房
钢化玻璃破碎后，碎片会破成均匀的小颗粒而没有普通玻璃刀状的尖角，因而被称为安全玻璃，它被广泛用于汽车、室内装饰以及各种建筑物中。

■ 金属玻璃是玻璃吗？

Weishenme

大多数人想到玻璃时，透明玻璃板的形象便会迅速浮现在脑海中。其实，在一定的条件下，金属也能做成玻璃。

从科学的角度来讲，玻璃是指任何能从液体冷却成固体时没有结晶的材料。但是，大多数金属冷却时都会结晶，内部原子排列成了有规则的形式。如果金属熔体在瞬间冷凝，以致金属原子还处于杂乱无章的状态，来不及排列整齐就被"冻结"，这种没有发生结晶并且原子排列不规则的金属物质，就是金属玻璃。

金属玻璃既不透明也不脆，它们罕见的原子结构使其具有特殊的机械特性及磁力特性。它兼具金属和玻璃的优点，具有一定的韧性和刚性，强度高于钢，硬度也非常高，断裂强度比一般的金属材料好得多。由于避免了晶间腐蚀，因此它又拥有良好的化学稳定性，常被用来制造高压容器、火箭等关键部位的零部件。所以，金属玻璃被人们称为"21世纪的材料"。

彩色玻璃拼贴的圣经故事

●●●【百科辞典】●●●

压应力：
当一个圆柱体两端受压时，沿着它轴线方向的应力就是压应力。压应力指使物体有压缩趋势的应力。

结晶：
物质从液态（溶液或熔融状态）或气态形成晶体的过程。

◆ 材料之最 自然界最硬的晶体：金刚石是碳在高温高压条件下的结晶体，是自然界最硬的晶体。

主题索引
"不粘锅"为什么能不粘锅？婴儿"尿不湿"为什么尿不湿？

科学关键词
特富龙 王水 高分子材料

物质与材料

不粘锅
从健康角度说，不粘锅没有铁锅对人体健康有利。世界卫生组织（WHO）的专家建议，人们应该选择相对安全、对健康有益的铁锅。

■ "不粘锅"为什么能不粘锅？
Weishenme

我们知道，用普通铁锅炒菜时，常常会发生食物粘在锅底的现象。但是，用不粘锅烹制食品时，就不会出现这样的麻烦。这是什么原因呢？

其实，不粘锅的这种"特异"功能靠的是一种叫聚四氟乙烯的高分子材料。聚四氟乙烯，就是人们所说的"特富龙"。聚四氟乙烯由氟和碳两种元素组成，它的分子量特别大，超过一般高分子聚合物的10倍。在聚四氟乙烯分子的内部，碳原子和氟原子结合得特别紧密，化学性质非常稳定，普通的酸、碱对它根本不起任何作用，即使把它放在腐蚀性最强的王水中煮沸，也不会发生任何变化。因此，把它涂在锅底上，一般的油、盐、酱、醋都奈何不了它。但是，这种不粘涂层厚度只有0.2毫米左右，如果干烧或油温达到300摄氏度以上，薄膜就可能受到破坏。一般而言，炒菜时的温度不会超过260摄氏度，但在煎炸食品时，锅内温度就可能会超过薄膜的极限而破坏涂层。

■ 婴儿"尿不湿"为什么尿不湿？
Weishenme

传统的尿布是用普通的棉布做的，一尿就湿，年轻的妈妈常会为经常换尿布而感到麻烦。但新产品"尿不湿"尿布却具有独特的吸水功效，一天只需换一次，因而深受年轻父母的欢迎。然而，尿不湿为什么不会被尿浸湿呢？

米加了水煮成熟饭，虽然饭粒中含有大量水分，但这些水不会流出来。这是因为，大米中含有大量的淀粉，这种长链状的高分子化合物可以吸附水分子。也就是说，正是由于水分子挤在长链分子之间，才使饭粒膨大的。而"尿不湿"就是以淀粉和丙烯酸盐为主要原料制成的。它的吸水和蓄水量大得惊人，可达自身重量的500至1000倍。此外，尿不湿还有一个优点，就是在受到少许压力时，被吸收的水分也不会流出来。所以，不必担心婴儿尿湿裤子，因为流出的尿全部会被"尿不湿""喝"光。

穿尿不湿的宝宝
"尿不湿"的吸水和蓄水量大得惊人，是自身重量的500至1000倍。有了它，父母们就不必老是担心宝宝尿湿裤子了。

【百科辞典】

王水：
是一种硝酸和盐酸组成的混合物，其混合比例为1∶3，它是一种腐蚀性非常强，常态下冒着黄烟的液体。

高分子材料：
指以高分子化合物为基础的材料，包括橡胶、塑料、纤维、涂料、胶粘剂和高分子基复合材料等。

材料之最 最强的酸： 由两种或两种以上含氟化合物组成的溶液，如氢氟酸和五氟化锑等，均比常见酸的酸性强几百万至几十亿倍。

3

▶ 主题索引
吸声材料为什么能消除噪声？什么是纳米材料？

▶ 科学关键词
吸声材料 吸声 纳米

会议室
吸声材料利用吸声结构和吸声介质来减少反射声波，达到消除噪声的目的。会议室或电影院等地方一般都装有吸声材料。

你知道吗

☑ 吸声材料放置在房间里的任何地方都有吸声效果。例如，可以利用吸声天花板、吸声墙板、空间吸声体等进行吸声降噪。

☑ 现在，纳米材料中，纳米粉末的开发时间最长，技术也最成熟，它是生产其他三类纳米产品的基础。

■ 吸声材料为什么能消除噪声？

Weishenme

吸声材料就是具有较强吸收声能、减低噪声性能的材料。吸声材料并不能完全把声音消除掉，而只能把某些频率的声波的能量消耗掉。它是如何做到这点的呢？其实，它是利用了吸声结构和吸声介质来减少反射声波，从而达到消除噪声这一目的的。

当声波入射到物体表面时，部分声能被物体吸收转化为其他形式的能量，这一过程称为吸声。材料的吸声性能用吸声系数来表示，吸声系数越大，吸声性能越好。吸声材料的吸声机理是：材料内部有无数细小的相互贯通的孔洞。当声波入射到材料里细小的孔隙时，就会引起孔隙内的空气运动。而紧靠孔壁和纤维表面的空气，因摩擦和黏滞不易运动，这样就使声能转化为热能而消耗掉。所以性能良好的吸声材料要多孔，孔与孔之间互相贯通，并且贯通的孔洞要与外界连通，这样才能使声波进入材料内部。

此外，还有靠共振作用吸声的柔性材料、膜状材料、板状材料和穿孔板等复合材料，它们可扩大吸声范围，提高吸声系数。

■ 什么是纳米材料？

Weishenme

提起"纳米"这个词，大家都很耳熟，但究竟什么是纳米和纳米材料呢？

纳米是一个物理学上的度量单位，1纳米是1米的十亿分之一，相当于一根头发丝万分之一的粗细。当物质达到纳米尺度以后，其性能就会发生突变，产生特殊性能。这种既不同于原来组成的原子、分子，也不同于宏观物质的材料，就是纳米材料。

纳米材料大致可分为纳米粉末、纳米纤维、纳米膜、纳米块体四类，其中纳米粉末的开发时间最长，技术最成熟，它是生产其他三类产品的基础。

纳米材料的特性，可以用"更轻、更高、更强"这三个词来概括。"更轻"是指借助纳米材料和技术，我们可以制备体积更小、性能不变甚至更好的器件。"更高"是指纳米材料可望有更高的光、电、磁、热性能。"更强"指纳米材料有着更强的力学性能，如强度和韧性等。

纳米结构模型
物质到了纳米尺度以后，在1至100纳米这个范围内，其性能就会发生突变，出现特殊性能。

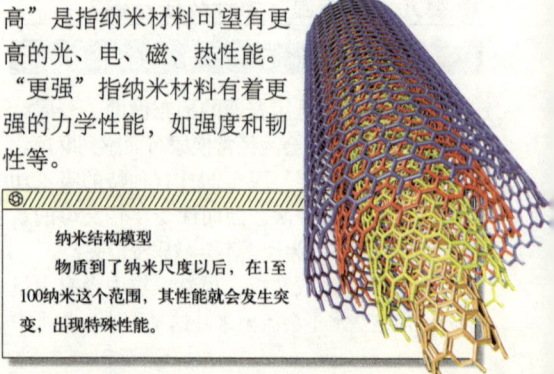

◆ 76 材料之最 **噪声最高的城市：** 巴西的里约热内卢是世界上最喧闹的城市，室内噪声达85分贝，汽车流量大的地区噪声高达93分贝。

自从有了人类,就有了战争。战争总是伴随着社会的革命,且往往会带来新的格局。而随着社会的进步和战争的升级,军事变革和武器更新换代的速度更是日行千里。

Part 4
军事与武器

太极拳为什么打起来软绵绵的？

Weishenme

大家早晨到公园里锻炼的时候，经常会看见打太极拳的爷爷奶奶，他们的动作看上去软绵绵的，这是什么原因呢？

太极拳是中国拳术之一，早期曾称为"长拳"、"棉拳"、"十三势"或"软手"。到了清朝乾隆年间（公元1766年左右），山西武术家王宗岳写出《太极拳论》，才确定了太极拳的名称。而"太极"一词则源出《周易·系词》，有至高、至极、绝对、唯一的意思。

老子说过，柔弱胜刚强。太极拳正是利用看似软绵绵的动作，用意念带动身体把拳法演练出来的。太极拳的特点是虚虚实实，绵绵不断，有时气势充沛，有时烟消云散，做到劲断意不断，然后再轻轻启动，挥洒自如。其一举一动都随心所欲，在自我控制之中。因为这套拳法更注重用精神引导身体的力量，不主张使用蛮力，所以看起来并不像其他拳法那样虎虎生风。

太极拳

太极拳结合了我国古代导引、吐纳之术，讲究意念引导气沉丹田、心静体松，重在内壮。太极拳的动作刚柔相济，既可防身，又能增强体质、防治疾病，故深受全世界人民的喜爱。

中国古代的"十八般兵器"指什么？

Weishenme

"十八般兵器"的称号是从"十八般武艺"一词演化而来的。至于它最准确的出处和最原始的含义，今天已经很难查找了。不

戟

戟是我国古代的一种兵器，既有直刃又有横刃，呈"十"字或"卜"字形，具有钩、啄、刺、割等多种用途，杀伤能力胜过戈和矛。

过，如今人们在浏览古书时，却发现十八般兵器有着非常丰富的内涵。

在公元前107年，汉武帝命人经过严格的挑选和整理，最后筛选出了18种类型的兵器，它们是：矛、镗、刀、戈、槊、鞭、锏、剑、锤、抓、戟、弓、钺、斧、牌、棍、枪、叉。到了三国时代，著名的兵器鉴别家吕虔，根据兵器的特点，把汉武帝钦定的十八般兵器重新排列为"九长九短"。"九长"是：刀、矛、戟、槊、镗、钺、棍、枪、叉；"九短"是：斧、戈、牌、箭、鞭、剑、锏、锤、抓。现如今，武术界普遍认定的"十八般兵器"则是：刀、枪、剑、戟、斧、钺、钩、叉、鞭、锏、锤、抓、镗、棍、槊、棒、拐、流星。

如上所述，十八般兵器的各种说法大同小异，形式和内容十分丰富。有长器械、短器械；有软器械、双器械；有带钩的、带刺的、带尖的；有明的、暗的；有攻的、防的；有打的、杀的、击的、射的、挡的，真可谓包罗万象。

你知道吗

☐ 老子是我国道家学派的创始人，著有《道德经》，此书是中国传统思想和古典哲学最重要的著作之一。

☐ 古典小说《水浒传》里也提到了十八般兵器，它们分别是：矛、锤、弓、弩、铳、鞭、锏、剑、链、挝、斧、钺、戈、戟、牌、棒、枪、扒。

军事之最 最古老的太极拳派：陈式太极拳派，由拳师陈王廷创于明末清初，出于河南陈家沟，其他各派都是从陈派演变而来的。

主题索引　为什么古代读书人也常佩剑？ "兵器之王"是什么？

科学关键词　宝剑 佩剑习俗 长枪

军事与武器

羊首短剑
剑属"短兵"。在我国历史上，剑从唐时就逐步退出了战场，更多地被当成佩饰。

■ 为什么古代读书人也常佩剑？

Weishenme

在几千年前，剑除了作兵器以外，还是一种佩饰，不仅仅限于武将，读书人也爱佩剑。比如大诗人李白，少年习剑，25岁时就"仗剑去国，辞亲远游"；杜甫写道："检书烧烛短，看剑引杯长"；王维也留下"一身转战三千里，一剑曾动百万师"的咏剑诗句。古代的读书人为什么喜欢佩剑呢？

事实上，佩剑习俗在中国历史上一直都很流行。秦汉时的文武官员大多佩剑，这种时尚延续到南北朝时期也没有改变。到了宋、明两代，男子仍然习惯性地佩剑。佩剑有着很多意义，比如，可以表示身份：佩剑是贵族的标志，读书人无论多穷也要佩剑，这代表着他身为士族的尊严。封爵及出使访客时佩剑，具有礼治和修身养德方面的意义。另外，古人认为剑有君子之德，所以佩剑的人是君子，剑被看做一种风雅佩饰，文人学士用它表示高雅不俗，同时也意味着希望建功立业。

剑被视为礼仪中显示地位等级的标志，古籍中记载有严格的佩剑制度，如佩剑人的年龄地位不同，装饰的金属或玉石等也有所不同。上述这些就是古代的读书人也喜欢佩剑的原因。

■ "兵器之王"是什么？

Weishenme

古代的枪是一种以刺为主的兵器，杀伤力很大，长而锋利，灵活快速，取胜之法之多，其他兵器难与匹敌，因此有着"兵器之王"的美誉。

枪由枪尖、枪缨和枪杆组成。枪尖为钢铁打制；枪缨多用马鬃制成，今用细麻丝制成；枪杆有铁制的、攒竹制的和白蜡木制的。枪的种类很多，有火枪、标枪、勾镰枪、飞枪、浑铁枪、虎头枪等。最长的枪长可达4米，重量根据枪杆分量而定。在战场上，骑兵用的枪叫大枪，步兵用的枪叫小花枪。大枪长丈余，又长又沉，普通人两只手端平都难。小花枪就短多了，抖起来枪头乱飞，故名花枪。枪的杀伤力很强，且各路枪法精微独到，因而被称为"兵器之王"。

岳家枪法
枪杀伤力很大，其他兵器难与匹敌，故有"百兵之王"的美誉。南宋抗金名将岳飞，极善使枪，至今尚有岳家枪法流传。

•••【百科辞典】•••

剑：
古代兵器之一，素有"百兵之君"的美称。最初出现在商代，剑身较短，呈柳叶或锐三角形，主要有铜制和铁制两种。

枪：
古代兵器之一，武术长器械，由矛演变而来。枪的长度约相当于人体直立、手臂伸直向上的高度。枪杆的粗细，因使用者的性别、年龄而异。

军事之最　使用最久的冷兵器：矛，其雏形是旧石器时代狩猎用的前端削尖的木棒，20世纪初，波兰骑兵的装备中还有长矛。

4

▶ 主题索引
古代士兵为什么要穿戴盔甲？为什么说云梯是古代最有效的攻城器械？

▶ 科学关键词
盔甲 锁子甲 云梯

■ 古代士兵为什么要穿戴盔甲？

Weishenme

盔甲
盔甲使用于冷兵器时代，主要分为护头的盔和护身的甲两部分。随着近代火器的广泛使用，古代盔甲在战场上的防护作用逐渐降低，最终被防弹背心、钢盔等所取代。

盔甲是对在冷兵器时代头部和躯干各部位防护装备的统称，主要分为护头的盔和护身的甲两部分。甲又可以细分为甲身、甲裙、甲袖和配件等。

在最初的战争中，人们使用的武器都很简陋，有士兵将兽皮、柳条、有垫衬材料的布套或木头等各种各样的东西，固定在躯干上，抵挡敌方兵器的直接攻击。随着生产技术的发展，出现了青铜制和铁制的兵器。同时，皮盔甲、膝盔甲、青铜铸盔甲和整块金属锤炼而成的板甲、金属编织成的锁子甲等盔甲也随之出现，这使军队里的伤亡人数大大降低。

最早的铜制盔甲出现于亚洲。公元前2600年左右的西亚两河流域、殷周时代的中国都已出现了铜盔甲。最早大量使用铁制盔甲的是中东的亚述人。在盔甲的普及过程中，还出现了颈甲、面甲、腕甲、胸甲、手套等防护特定部位的配套甲具。

■ 为什么说云梯是古代最有效的攻城器械？

Weishenme

云梯是我国古代军队攻城时，用于攀登城墙、翻越障碍物的一种攻城器械。到了现代，云梯则演变为一种普通的攀援登高的工具，主要用于消防和抢险。

早在夏、商、周时期，人们就发明了原始的云梯。当时叫"钩援"，即在顶部安装有铜钩的一种木制长梯。进入春秋战国后，人们在云梯底部装上了可以移动的轮子，同时梯身也可以上下仰俯，靠人力扛抬，倚架于城墙上。云梯顶端装有钩子，可以钩住城墙边，保护云梯免受守军的推拒和破坏。

到了唐代，为了减少登城的危险，人们在主梯上又增设了一具能活动的副梯，顶端装有一对辘轳，攻城时可以沿着城墙上下滑动，名叫"飞云梯"。宋代的云梯采用了中间以转轴连接的折叠式结构，降低了主梯接敌前的高度，增加了其运动时的稳定性。

经过古人不断地改进和加固，云梯成了古代最有效的攻城器械，而且一直使用了好几千年。

消防云梯
消防云梯具有伸缩性，可带有升降斗转台及灭火装置，供消防人员登高进行灭火和营救被困人员，常用于高层建筑火灾的扑救。

军事之最

主题索引
塞门刀车是怎样守卫城门的？古代城墙四周为什么有护城河？

科学关键词
塞门刀车 火铳 护城河

军事与武器

■ 塞门刀车是怎样守卫城门的？

Weishenme

古代的中国，为了对付层出不穷的攻城器械，人们发明了塞门刀车来抵御敌人的进攻。《墨子·备穴》篇里就记载过塞门刀车。那么，塞门刀车是怎样守卫城门的呢？

遇到恶战，城门难保一次不失，那时，塞门刀车便是最为有用的救急兵器。每辆塞门刀车宽度足有2.5米，正前方由两根木柱夹一块厚木板，厚木板上从上到下安置了四五排两面开锋的利刃，刃与刃之间的横距不过16.67厘米。因此，它的整个前部就是由几排密集利刃组成的刀山。"塞门"是它的用途，"刀车"是它的防备器械。一旦城门被撞开，它就是活动的城门，堵在城门口形成密集的刀阵，使对方很难攀援，一时之间攻不进城。

到了元代，人们对塞门刀车进行了改良，开始配以火铳辅助。一旦出现危急情况，便可用该车堵住城门，同时点燃火铳，使敌人无法攻入城里。火铳是中国元代和明代前期对金属管形射击火器的通称，有时又称火筒，在守城方面，它的威力极大。

北京故宫的角楼与护城河
如今的护城河已不再起到保护城池的作用，而是成为一处美丽的风景供人们休闲娱乐。

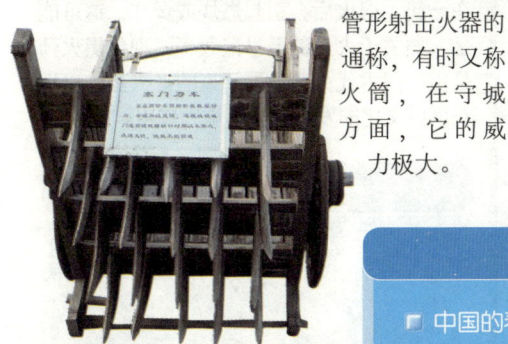

塞门刀车
塞门刀车是两轮车，前面设有四五列连接在一起的长方形木板，两面开刃的刀就从木板后方插出。

■ 古代城墙四周为什么有护城河？

Weishenme

所谓护城河，就是引水注入人工开挖的壕沟，从而形成人工河，作为城墙的屏障。它一方面可以维护城内安全，另一方面还可阻挡外敌的入侵，这体现了古人在防御手段上对水的巧妙运用。

普通的护城河都以砖石垒筑，在城外缓慢流动，守护城池的安危。河内侧有时还会筑一道矮墙，从而提高护城河的防御能力。世界各国在古代都有修筑护城河的行为。中国北京的紫禁城，日本的古城松本城，乃至欧洲各国的城堡及皇宫外围都修有护城河。有些欧洲城堡在护城河上还建有可升降的木桥，既方便出入，又可防御敌人入侵，设计非常巧妙。

你知道吗

☑ 中国的春秋战国时期，由于各诸侯国之间战争频繁，所以军事技术和兵器制造也得到了很大发展。塞门刀车最早即出现在春秋时代。

☑ 环绕故宫外围的护城河，建成于明代永乐十八年（1420）。该河用条石垒砌驳岸，坚固陡直，亦称筒子河。

军事之最 最长的护城河：北京护城河，位于北京市区，中心地段在故宫周围，长3800米，而全城护城河的总长度则达38千米。

4.

▶ 主题索引
中国骑兵是何时出现的？火药为什么会爆炸？

▶ 科学关键词
胡服骑射 火药 四大发明

■ 中国骑兵是何时出现的？

Weishenme

骑兵，顾名思义，就是骑马作战的军队，其长处在于拥有强大的机动能力和冲击力。中国是世界上较早拥有骑兵的国家之一。早在春秋时期以前，各诸侯国的作战力量就以战车为主，兵车的数量成为军事实力的象征。之后，随着战争规模的扩大、战术的多样化及同北边游牧民族的战争需要，骑兵作为一个独立的兵种才正式登上历史舞台。

在战国时代，军队作战由步、骑为主渐渐转变为车、骑并重。进行这项变革的首先是赵国。赵武灵王率先在国内进行了"胡服骑射"的改革：削减军中的车兵，增加骑兵；要求改汉族传统宽袍大袖的衣服为北方少数民族的紧身式服装，方便进行骑射。从此，中原各国骑兵的地位逐步提高，成为军队的一支主要力量。赵国也因为有了这支强大的骑兵，成为战国后期军事上能与秦国相抗衡的强国。

从出土的兵马俑可以看出，战国后期的秦国军队已经车、步、骑混合编队。其中，鞍马俑多持弓，头戴小帽，身穿紧腰窄袖袍，披短甲，足蹬短皮靴，这种装束便于骑射。

秦始皇陵中的骑兵与战马
从秦始皇陵中出土的兵马俑可以看出，当时秦军已经车、步、骑混合编队。其中的鞍马俑持弓，戴小帽，穿紧腰窄袖袍，披短甲，足蹬短皮靴，这种装束便于骑射。

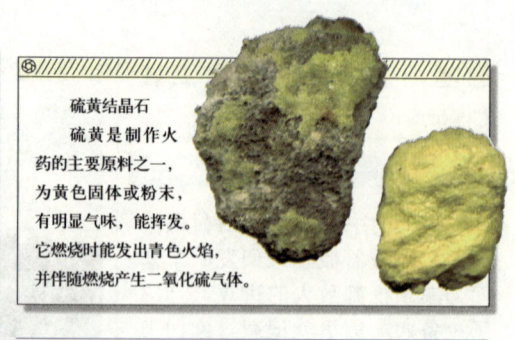

硫黄结晶石
硫黄是制作火药的主要原料之一，为黄色固体或粉末，有明显气味，能挥发。它燃烧时能发出青色火焰，并伴随燃烧产生二氧化硫气体。

■ 火药为什么会爆炸？

Weishenme

火药是我国古代著名的"四大发明"之一，最早诞生于汉代方士的炼丹炉中，距现在已经有一千多年的历史了。作为人类掌握的第一种爆炸物，火药为什么会引起爆炸呢？

火药是由硝酸钾、硫黄和木炭混合在一起制成的。这三种东西都特别容易燃烧，把它们混在一起后，更容易加倍地急剧燃烧。在燃烧过程中，会产生很多气体，体积一下子就会胀大几千倍，然后冲破周围的束缚，同时发出巨大的响声，发生爆炸。

火药起源于中国古代的炼丹术。公元9世纪的《真元妙道要略》中明确记载道："有以硫黄、雄黄合硝石并密烧之，焰起，烧手面及烬屋舍者。"意思就是说，硫黄、硝石等混合在一起，遇火后会引起燃烧或爆炸。这可能是人类关于火药的最早记载了。现代黑火药是由中国古代火药发展而来的。火药的出现对世界文化的发展曾起了重大作用。

你知道吗

▪ 在秦赵两国的长平之战中，秦将白起用五千骑兵截断赵军，最终全歼赵军40余万人。这显示了骑兵在当时的优越性。

▪ 秦汉之后，炼丹家用硫黄、硝石等物炼丹，经常会发生爆炸。人们从这种现象中得到启发，经过反复实验，最终发明了火药的配方。

◆ 82 军事之最 **最强大的骑兵**：成吉思汗率领的蒙古骑兵，总数虽然不多，但战斗力极强，在13世纪曾经横扫欧亚大陆，征服了许多国家。

主题索引
最早的手枪什么样？无声手枪为什么无声？

科学关键词
火门手枪 无声手枪 消声筒

军事与武器

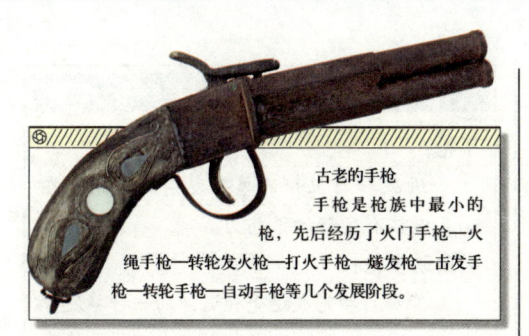

古老的手枪
手枪是枪族中最小的枪，先后经历了火门手枪—火绳手枪—转轮发火枪—打火枪—燧发枪—击发手枪—转轮手枪—自动手枪等几个发展阶段。

■ 最早的手枪什么样？
Weishenme

手枪对于大多数人来说并不陌生。世界上第一支手枪是意大利人制造的"希奥皮"，它出现于公元1364年。

这把手枪由一根很短的枪管构成，长度不到25厘米，口径约为25至45毫米。射击时一只手持枪，另一只手射击。火门通常在枪管的上方，以便装入火药。这样小的枪很难让使用者瞄准，而且枪管会很快烫得无法着手，人们只好把它们装在木板上进行射击。有人认为这种兵器曾经在法国的克莱赛战役中被使用过。这种手枪实际上并没有多大的杀伤力，可以说只是一种心理战的武器。火药爆炸时所产生的巨大声响、烟尘和火光，往往使敌人骑兵的马匹惊吓不已。

尽管"希奥皮"与20世纪的现代手枪不能相提并论，但它的产生仍然标志着人类研制单手射击武器的工作向前迈出了一大步。约14世纪中叶，人们发明了枪柄和用来支持手枪的枪管。15世纪时发明了粒状火药，从而解决了手枪火药爆炸所应达到的压力问题。不久之后，人们又逐步研制出了各种各样先进的手枪。

■ 无声手枪为什么无声？
Weishenme

无声手枪又叫微声手枪。它在射击时并不是一点声音也没有，只不过声音很小罢了。如果用无声手枪在屋子里射击，外边就听不到声音。用无声手枪射击，白天看不见火焰，夜晚也看不到火光。

无声手枪的奥妙在于枪管外面有一个附加的套筒，叫做消声筒。消声筒的前半部分长出枪口，其结构有多种。有的是由十几个消音碗连接而成的。消音碗装在消声筒内，当高压气体从枪口喷出时，每一个消音碗都能抵消一部分能量，从而达到消声的目的。有的是在筒内装有卷紧的消音丝网，枪口喷出的高压气体进入消音丝网后，大部分能量就地被其消耗掉。有的将筒的前端用橡皮密封，弹头由枪口射出，穿过橡皮，橡皮很快收缩，阻止气体外流。此外，无声手枪的子弹也与众不同，它采用速燃火药，发火后燃烧速度很快，从而可以使枪口处的火药气体相对微弱。

由于采取了上述一系列消声措施，无声手枪的弹头初速较小，低于音速，因而也避免了飞行时的啸叫声，所以在一定的距离外就听不到枪声。由于无声枪枪声小，利于隐蔽和进行暗杀活动，常被情报人员和特种部队使用。

无声手枪
无声手枪的准确称谓应该是微声手枪。这种手枪采用了消声装置，在室内射击时，室外听不见声音，故俗称无声手枪。

••• 【百科辞典】•••

火门手枪：
世界上最早的手枪。它是用铸铜或熟铁制成的，枪管尾部有一个火门，发射时先将火药装入，然后在火门处将引火药点燃即可射击。

消声器：
用于减弱射击噪声的装置。一般消声器只能减弱声音，达到微声，而不可能达到绝对的无声。

军事之最 装备时间最长的手枪：柯尔特M1911A1式自动手枪，先后经历了第一次世界大战、第二次世界大战、朝鲜战争和越南战争。

主题索引
什么是转轮手枪？什么是步枪？

科学关键词
转轮手枪 半自动步枪 自动步枪

■ 什么是转轮手枪？
Weishenme

手枪按构造可分为转轮手枪和自动手枪。由于转轮手枪在装弹时，能转动的弹膛会从左侧摆出，所以又称左轮手枪。

与其他枪械不同的是，转轮手枪的枪管和枪膛是分离的。转轮手枪通常由三部分组成：枪底把、转轮系统和发射系统。枪底把与一般枪上的机匣相类似，上面开有许多槽孔，以便将所有的机构和零件结合在一起；转轮系统通过回转轴固定在框架上，转轮既是弹膛又是弹仓，最常见的是六个弹孔的那种，所以人们又把这种转轮手枪叫"六响子"；发射机构是转轮手枪最复杂的部分，转轮手枪按发射原理可分为单动式和双动式。早期的转轮手枪多属单动式，而后期的多属双动式。

转轮手枪需手工装填弹药，子弹打空之后就得退壳或重新装填。有三种方法将转轮推出框架，最常用的是转轮摆出式，就是将转轮甩向左侧，然后装入子弹，再转动转轮将其摆正，便可进行射击了。

> **转轮手枪**
> 转轮手枪的主要特征是枪上装有一个转轮式弹仓，内有5至7个弹巢，枪弹装在巢中，转动转轮，枪弹可逐发对准枪管。

■ 什么是步枪？
Weishenme

步枪是一种单兵肩射的长管枪械，主要用于发射枪弹，杀伤暴露的有生目标，有效射程一般为400米。短兵相接时，也可用刺刀和枪托进行白刃格斗。有的现代步枪还可发射枪榴弹，并具有点、面杀伤和反装甲能力。

最原始的步枪出现于14世纪初。那种步枪用火绳点火，所以被称为火绳枪。这种枪口径为23毫米，质量为10至11千克，虽然很笨重，但射出的铅弹威力极大，能在100米内击穿骑士的重型胸甲。

步枪家族中，常见的有普通步枪、突击步枪和狙击步枪等。如果按自动化程度分类，步枪还可分为非自动、半自动和全自动三种。第二次世界大战前的步枪都属于非自动步枪，它是一种古老的传统兵器，一般为单发装填。自13世纪出现射击火器后，经过约600年的发展，非自动步枪已经基本趋于完善。第二次世界大战后，出现了自动步枪。

随着步枪的不断改进和发展，它已经显示了较多的优越性——结构简单、质量小、使用和携带方便、适于大量生产、大量装备。由此可见，步枪在未来的高技术战争中，仍将成为军队普遍使用的近战武器。

> **【百科辞典】**
>
> **手枪：**
> 近战和自卫用的单手发射的短枪，在50米内具有良好的杀伤力。
>
> **半自动步枪：**
> 能够自动完成退壳和送弹的一种单发步枪，扣动一次扳机只能发射一发子弹。其基本射速一般为每分钟40发子弹。
>
> **自动步枪：**
> 能够进行连发射击的步枪，这种步枪能够自动装填子弹和退壳。它的基本射速为每分钟90发子弹。

> **步枪**
> 步枪是步兵单人使用的基本武器，不同类型的步枪可以执行不同的战术使命。步枪的主要作用是以其火力、枪刺和枪托杀伤有生目标。

▶ 军事之最　**最早的实用转轮手枪：** 1835年美国人S.柯尔特研制的转轮手枪是世界上最早的实用转轮手枪。

军事与武器

■ 狙击步枪为什么能远距离命中目标？

Weishenme

我们经常在电影中看到，狙击手射击目标时百发百中。为什么狙击手隔着那么远的距离，还能射得如此准呢？这是因为狙击手使用的是狙击步枪。

狙击步枪

狙击步枪主要用于对最重要的单个目标实施精确射击。它装有光学瞄准镜，可以在能见度不好的条件下进行有效的观察，提高瞄准精度。

步枪，特别是远射程步枪，射击精度的好坏主要取决于枪管的质量。狙击步枪的枪管管壁较厚，内膛加工精度和光洁度都比一般步枪的枪管高。枪管的变形和磨损较小，射击精度自然就得到了保证。其次，狙击步枪配有白光瞄准镜，放大倍率较大，即使在远距离和弱光条件下，也具有很好的清晰度，可使射手更容易发现目标。再次，狙击步枪的枪托长度和高度都可以调节，可使狙击手射击时尽可能舒适自然，保持步枪的稳定。此外，有的狙击步枪还配备了专用的高精度弹药，

狙击手

狙击手的价值在于，以最小的成本使敌军付出最大的代价。越战时，平均20万发子弹才能杀死一名敌兵，而狙击手杀死一名敌兵却只需要1.3发子弹。

误差极小。正是这些特别之处，使狙击手在很远处也能命中目标。

■ 卡宾枪为什么又叫马枪？

Weishenme

卡宾枪源于15世纪西班牙骑兵使用的一种短步枪。当时，西班牙人把骑兵叫做"Carabins"（音译为卡宾），卡宾枪由此得名。它是一种枪管比普通步枪短，子弹初速略低，射程略近的轻便步枪。

最初的卡宾枪是在又重又长的步枪基础上将枪管截短而成的。枪管截短了，枪就变得轻便了，便于骑兵在马上射击。而且在骑马行军时，还可将这种轻短的卡宾枪插在长筒马靴内携带。由于早期的卡宾枪只是将步枪的枪管截短而成，所以其子弹与步枪相同。不同的是，卡宾枪长只有914毫米，重量不超过2.7千克。而当时的步枪长1.4米，重4千克。两者相比，显然卡宾枪更适合骑兵作战。所以，卡宾枪又被称为马枪。20世纪80年代后，由于轻型自动步枪和冲锋枪的发展，卡宾枪逐渐失去了原有的地位。

卡宾枪

卡宾枪是枪管比普通步枪短，子弹初速略低，射程略近的轻便型步枪。卡宾枪原先主要供骑兵和炮兵装备使用。骑兵逐渐被淘汰后，它也曾作为特种部队、军士和下级军官的基本武器被使用。

你知道吗

☐ 现代大口径狙击步枪的有效射程大都在1000米以上，而有一些特制的狙击步枪的潜在射程甚至可达到8000米。

☐ 卡宾枪实际上类属于步枪。它一般采用与标准步枪相同的结构，只是截短了枪管。有人给它下了个简单的定义——短步枪。

第一种依靠火药燃气能量工作的自动武器：1884年，马克沁机枪问世。它就是世界上第一种依靠火药燃气能量工作的自动武器。

■ 冲锋枪为什么适用于近距离作战？

Weishenme

冲锋枪
冲锋枪是一种单兵连发枪械，它比步枪短小轻便，具有较高的射速，火力猛烈，适于近战和冲锋时使用，在100米内具有良好的作战效能。

一战时期，为了突破协约国的层层战壕防线，德国军方提出了一种"渗透战术"。而要与这种战术相配合，就必须有一种能在短时间内发射大量子弹且便于携带的武器，于是冲锋枪便由此产生了。

冲锋枪通常指双手握持，能够发射手枪子弹的单兵连发枪械，是一种介于手枪和机枪之间的武器。它比步枪短小轻便，便于突然开火，射速较高，适用于近战和冲锋。也就是说，范围一般在100米以内的战斗任务，冲锋枪是最佳武器，比如巷战或突然的遭遇战等。这时，冲锋枪小巧、灵活、精度高、火力猛的特点可得到最大体现。

20世纪60年代以后，有些国家研制了微型冲锋枪，例如美国的英格拉姆M-10冲锋枪和中国的79式7.62毫米冲锋枪等。由于它们更加短小轻便，使用灵活，必要时还可单手发射，因此特别适于特种部队装备使用。

■ AK-47自动步枪为什么广受欢迎？

Weishenme

越南战争中，苏联为越南大量提供AK-47自动步枪。该枪充分显示出良好的作战性能，很受士兵欢迎，就连美国士兵也对它发生了极大兴趣——他们居然扔掉美国产的M-16，捡起AK-47来用。这主要是因为M-16在风沙、沼泽及泥泞等恶劣环境中，枪膛污秽严重，容易卡壳，故障率高。相比之下，AK-47的勤务性好，坚实耐用，故障率低。无论是在高温还是低温条件下，它的射击性能都很好，即使在风沙或泥水中使用，性能仍然可靠。据说把它放入水中几个星期，再拿出上膛后仍能射击。此外，这种枪的结构简单，分解和组装都很容易，非常适于士兵乘车作战，因此受到了广泛的欢迎。

美国国防信息中心的资料显示，全世界现在至少有5500万支AK-47自动步枪，它武装了50多个国家的军队。曾有位西方轻武器专家在20世纪70年代说了这么一句俏皮话："美国出口的是可口可乐，日本出口的是索尼，而苏联出口的是AK-47。"

你知道吗

■ AK-47自动步枪并非完美无瑕，它也有一些缺点，如连发射击时枪口跳动大、不易控制、射击精度较差等。

■ 20世纪80年代，美国毒品犯罪分子经常使用AK-47系列步枪。虚构的影视剧中也经常出现AK-47步枪，这些对公众造成了心理影响，导致美国在1989年立法禁止进口AK-47系列步枪。

AK-47自动步枪
由于可靠性令人惊讶，结构简单、坚实耐用、物美价廉、使用方便等特点，AK-47受到许多国家军队及反政府武装的欢迎。

◆ 军事之最 使用最广的突击步枪：全世界使用最广的突击步枪是苏联的AK系列步枪，包括AK-47、AK-M等。

主题索引
机枪为什么能连发？高射机枪为什么能击中飞机？

科学关键词
机枪 撞击势能 高射机枪

> 军事与武器

机枪

机枪通常分为轻机枪、重机枪、通用机枪和大口径机枪等不同类型。根据装备对象，机枪又可分为野战机枪（含高射机枪）、车载机枪（含坦克机枪）、航空机枪和舰用机枪。

【百科辞典】

势能：
由于各物体间存在相互作用而具有的、由各物体间相对位置决定的能，旧称位能，它是一种状态量。

机枪口径：
指机枪的内膛直径。英国和美国多用英寸来标示枪械的口径，我国和欧洲其他国家则用毫米来标示。

■ 机枪为什么能连发？

Weishenme

机枪是指带有枪架或枪座，能实施连发射击的自动枪械。它以杀伤有生目标为主，也可以射击地面、水面或空中的薄壁装甲目标，或压制敌方火力点，通常分为轻机枪、重机枪、通用机枪和大口径机枪。

机枪之所以能够连发，是由于拉枪栓时形成了撞击势能。扣动扳机后，撞针击发第一颗子弹时产生的能量除了推动弹头之外，还有部分通过回气管再将枪栓顶回去，并拉动下一颗子弹到位，由带撞针的弹簧再次击发。在电影中可以看到，子弹打空了还会发出咔咔的声音，那就是弹簧带着撞针打击而出的声音。但是，仅靠弹簧的力量并不足以把子弹打出去，所以还要加上弹壳向后推的能量来完成连发。

简单地讲，连发的主要原理就是，上一颗子弹发射后分出了两部分力量：一部分推动子弹前行，另一部分由特别设计的管道送回撞针部位，带动子弹复位。所以，在打第一枪的时候，必须要人来拉动枪栓，之后才能连发。

■ 高射机枪为什么能击中飞机？

Weishenme

高射机枪主要用于射击空中目标，由枪身、枪架、瞄准装置组成。它可以击中倾斜距离在2000米以内的低空目标，还可以用于摧毁、压制地（水）面的敌方火力点、轻型装甲目标，封锁交通要道等。

最为常见的高射机枪是口径为14.5毫米的二联或四联高射机枪以及口径为12.7毫米的高射机枪。它们一般编在步兵营或高炮营内，由5到10人操作使用。

高射机枪口径大，射速快，火力凶猛，射程达2000米，子弹可以穿透20毫米厚的钢板。因此，用它来对付低空飞机和直升机最为合适。所以，在高射炮阵地上都配有高射机枪，充分发挥了其体积小、重量轻、机动灵活、投入战斗速度快、对低空目标射击效果好等优点，是防空武器系列中不可取代的重要装备。

高射机枪还可以发射一种爆破弹，这种弹射出到一定的高度就会自动爆炸，向周围炸出大量的弹片，常用来杀伤敌方的空降伞兵。

高射机枪
高射机枪体积小、重量轻、机动灵活、投入战斗速度快、射速快、火力猛、对低空目标射击效果好，是防空武器系列中不可取代的重要装备。

军事之最 最厉害的机枪：型号为M-134的美国速射机枪"格林"，最高射速达6000发/分，是一般机枪的10倍。

4

> 主题索引
> 为什么轻机枪诞生在重机枪之后？霰弹枪为什么伤害范围很大？

> 科学关键词
> 重机枪 轻机枪 霰弹枪

轻机枪

轻机枪能全自动射击，可持久压制火力。一般在战场上作为支援及阵地防卫武器，能够由单兵携带、射击，是个人能使用的武器中火力较强的一种。

■ 为什么轻机枪诞生在重机枪之后？

Weishenme

世界上第一挺重机枪是由美国工程师马克沁在1883年设计成功的，最初的设计目的是追求强大的火力。重机枪发射子弹就像流水一样，半分钟内可以连续发射300发，能形成一股强大的火力网。重机枪既可用来压制敌方火力，封锁敌人交通线，又能支援步兵进行冲锋。而且其射程要比步枪远得多，最远可达5000米。在1000米以内，杀伤效果最佳。

但是，重机枪很笨重，使用和运输、维修都不方便，尤其是随着战争规模的不断扩大，武器的机动性就显得尤为重要。于是，在第一次世界大战后，轻机枪就应运而生了。它和重机枪在自动原理上基本相同，只是在结构上做了某些改变，重量大幅度减轻。轻机枪采用弹链或匣供弹，容弹量大，射速较高，也可连续发射300发子弹，威力比一般步兵武器大得多。这种枪带有轻便的两脚架，可随时打开将枪支起来，简便实用，射击稳定性好。轻机枪有效射程小于重机枪，一般约为800米，主要用来杀伤中、近距离内集结的部队和单个有生目标。

你知道吗

- 轻机枪是以两脚架为依托抵肩射击的机枪，重量轻，机动性好。早期的轻机枪手多为二人一组，称射手和副射手，副射手同时兼炮弹兵。
- 进一步减轻重量是未来军用霰弹武器研制的重点之一。

■ 霰弹枪为什么伤害范围很大？

Weishenme

提到霰弹枪这个名词，许多人脑海里就会浮现出持枪者双手紧握长枪，枪口爆出巨响，火力强大，轻易地把混凝土墙轰出一个大洞的景象。

霰弹枪的前身是猎枪。与步枪不同，霰弹枪不但能发射出一颗子弹（独弹），而且可以同时射出许多小弹丸（霰弹），形成"弹雨"，因此伤害范围很大，首发命中率也很高。当代的霰弹枪口径多为18.2毫米，发射的枪弹有榴散弹和群子弹。在战场上，霰弹枪是一种单兵近战枪械，主要用于近距离冲锋和狙击作战。它以集束霰弹来杀伤有生目标，不需要精确瞄准，命中概率高且杀伤面积大。

霰弹枪在第一次世界大战和第二次世界大战中发挥过很大的作用。在越南战争中，美军给士兵配置了10万余支雷明顿870型霰弹枪。实践证明，霰弹枪在越战中起到了其他枪支不可替代的作用。

越战后，霰弹枪逐渐用于防暴和近距离作战。许多顽抗的歹徒被手枪弹命中后仍可负伤而逃，但遭到霰弹枪轰击后，则很少能爬起身来。霰弹枪的制止威力和震撼效果是其他枪械无法比拟的。

霰弹枪

现代军用霰弹枪基本具备了突击武器火力猛烈、射击准确等优点，但不足之处是武器系统重量仍然偏大，携行不便，甚至影响战术动作。

军事与武器

火炮

火炮是以发射药为能源发射弹丸，口径在20毫米以上的身管射击武器。早在1332年，我国元朝就在部队中装备了最早的金属身管火炮：青铜火铳。

最早的火炮出现在什么时候？

中国是世界上最早发明火炮的国家。早在公元7世纪，中国在发明了火药之后，就创制了能抛射火药包的抛石车，叫做"发机飞火"，这可以说是火炮的雏形。

到了公元13世纪，我国制出了用金属身管发射铁弹丸的管形火器，叫做管形火铳。这种火铳起初用铜制作，所以也称为铜火铳。后来逐渐改为用生铁浇铸，就叫做铁火铳。火铳后来向两个方向发展，小的发展成火枪，大的发展为火炮。这两类火铳就是现代火炮和步枪的直系祖先。

在中国历史博物馆里，珍藏着一尊元代至顺三年（1332）制造的铜火铳，这是现在已经发现的世界上最早的金属火炮。这尊火铳重6.94千克，长0.353米，口径为0.105米。炮（铳）身上铸有"至顺三年二月十四日，绥边讨寇军，第三百号马山"等铭文。铳的后部有两个孔，可装耳轴，以便安置在木架上。发射时，从铳身上的点火孔装入引线，并从铳口装入火药和弹丸，然后引着引线点燃火药，把弹丸发射出去杀伤敌人。

什么是滑膛炮？

滑膛炮就是炮管内没有膛线的火炮，一般情况下这种炮的口径都不会很大。在军队里，人们习惯性地将无膛线的加农炮叫做滑膛炮。其实，许多火箭炮和迫击炮都属于滑膛炮。

枪炮内膛线的条数一般为3至12条，凸起的叫阳线，凹的叫阴线。膛线可以使炮弹快速旋转，获得自转角速度，使它具有足够的飞行稳定性。也就是说，让炮弹在飞行中绕自己的轴线快速旋转，否则炮弹飞行时很容易翻跟头，最终影响准度。

从某种意义上说，膛线是对滑膛的改进，这种进步主要体现在通过飞行稳定性而使炮弹保持良好的气动状态上。但是，有了膛线之后，阻力变大，不利于初速度的提高。

现代的滑膛炮较好地解决了炮弹飞行的稳定性问题，使古老的滑膛重新绽放光彩。解决飞行稳定性的方法主要是给炮弹装上尾翼，所以迫击炮弹、早期火箭炮弹和滑膛炮弹都带有尾翼。现代火箭炮弹则采用斜置喷火孔的方法，使弹丸在空中自行旋转保持稳定。

目前，滑膛炮主要用于对付坦克，这是由于滑膛炮初速大，使用穿甲弹的效果更好。

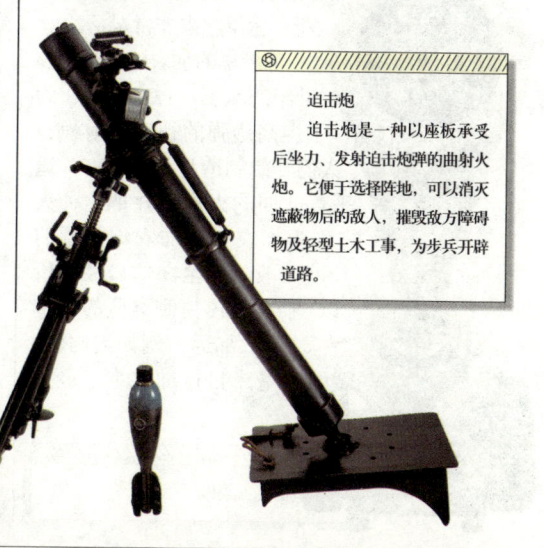

迫击炮

迫击炮是一种以座板承受后坐力、发射迫击炮弹的曲射火炮。它便于选择阵地，可以消灭遮蔽物后的敌人，摧毁敌方障碍物及轻型土木工事，为步兵开辟道路。

军事之最　射程最远的火炮：第二次世界大战时，德国制造的"巴黎大炮"射程达120千米，可以隔着英吉利海峡直接攻打英国。

主题索引
榴弹炮和加农炮各有什么优点？火箭炮为什么威力巨大？

科学关键词
榴弹炮 加农炮 火箭炮

榴弹炮

■ 榴弹炮和加农炮各有什么优点？

Weishenme

榴弹炮是一种身管较短、弹道稍弯曲的中程火炮。最早的榴弹炮起源于15世纪的意大利，17世纪时，欧洲正式出现了榴弹炮这个名称。现代增程榴弹炮的射程可达到30000米。在历史上和现代炮兵中，榴弹炮一直是使用量最大的炮种之一。榴弹炮弹道较弯曲，弹丸的落角很大，几乎沿铅垂方向下落，因而弹片可均匀地射向四面八方。此外，榴弹炮还可以配用燃烧弹、榴弹、特种弹、杀伤子母弹、碎甲弹、制导弹、增程弹、照明弹、发烟弹、宣传弹等多种弹药，运用起来非常灵活。

最早的加农炮建造于14世纪的欧洲。17世纪后，为了提高炮弹的初速和射程，人们开始制造身管较长、弹道平直低伸的火炮，并把这种火炮称为加农炮。加农炮炮管的长度一般为40至70倍口径，所以射程较其他类型的火炮都远，例如美国175毫米自行加农炮，最大射程达32.7千米；而口径比它大的203毫米榴弹炮，最大射程却只有29千米。因此，加农炮特别适于远距离攻击敌方纵深目标，也可作为岸炮对海上目标进行轰击。

加农炮

■ 火箭炮为什么威力巨大？

Weishenme

火箭炮是炮兵装备的火箭弹发射装置，火箭弹靠自身的发动机动力飞抵目标区，而火箭炮的主要作用就是点燃火箭弹的引信并确定火箭弹的初始飞行方向。火箭炮之所以威力巨大，是因为它能够发射弹径较大的火箭弹，而且是多发连射。它的发射速度快，火力猛，突袭性好，但炮弹散布大，因而多用于对目标实施面积性打击。

世界上第一门现代火箭炮是1933年苏联研制成功的BM-13型火箭炮。这种自行式火箭炮安装在载重汽车的底盘上，装有轨式定向器，可连装16枚132毫米尾翼火箭弹，最大射程约8500米。二战时，苏军的一个火箭炮连仅以一次齐射，便摧毁了纳粹德国军队的铁路枢纽和大量军用列车。火箭炮齐射时，火箭弹铺天盖地倾泻在目标上，不仅能消灭敌人的大量有生力量和军事装备，而且给敌人精神上以巨大的震撼。苏军战士把这种威力巨大的武器亲切地称为"卡秋莎"。严格地说，"卡秋莎"还不算多管火箭炮。最早的具有炮管式发射装置的多管火箭炮是德国于1941年正式装备部队的6管牵引式火箭炮。

火箭炮
火箭炮是炮兵装备的火箭发射装置，特点是重量轻、射速大、火力猛、富有突袭性，适于对远距离大面积目标实施密集射击。

军事之最 最轻型的榴弹炮： 英美联合研制的XM-777式轻型榴弹炮重约3.68吨，比老式榴弹炮最少轻近一半。

> 主题索引
> 激光炮为什么威力大？手榴弹的优点是什么？

> 科学关键词
> 激光炮 光电传感器 手榴弹

军事与武器

■ 激光炮为什么威力大？

Weishenme

激光炮是一种能定向发射激光束，攻击敌方目标的武器。高度集束的激光能量非常集中，若作用于目标的关键部位，可以造成毁灭性破坏。激光对目标的破坏作用大致分为软破坏和硬破坏两种：软破坏是用激光破坏导弹和制导炸弹等精确制导武器的导引头，或摧毁卫星上的光学元件与光电传感器；硬破坏是用激光破坏敌方空中目标的金属构件，或摧毁卫星上的太阳能电池板等硬件。

由于激光武器能利用激光束直接毁伤目标或使之失效。因此，与火炮、导弹等相比，它具有许多优异的技术特性。其一是反应迅速，打击目标时无须计算射击提前量；其二是可在电子战环境中工作，不受外界电磁波的干扰；其三是转移火力快，激光束发射时无后坐力，可连续射击，并在很短的时间内转移射击方向；其四是它的使用费较低，化学激光武器每发费用为数千美元，远低于防空导弹的成本。

激光武器
激光武器是一种利用沿一定方向发射的激光束攻击目标的定向能武器，具有快速、灵活、精确和抗电磁干扰等优异性能，在光电对抗、防空和战略防御中可发挥独特作用。

■ 手榴弹的优点是什么？

Weishenme

手榴弹是一种能攻能防的小型手投弹，也是使用较广的弹药之一。它既能杀伤有生目标，又能破坏坦克和装甲车辆，曾在历次战争中发挥过重要作用。

手榴弹的优点：其一是体积小、质量小。常用的防御手榴弹的弹径一般在50毫米左右，质量只有300克左右，这大大减轻了士兵的负重。其二是结构简单、造价低廉。手榴弹的结构只有弹体和引信两部分。弹体用薄钢片、铁皮或塑料制成，成本低廉。其三是操作简易、使用方便。手榴弹是所有武器弹药中使用最为简便的，既不需要投掷装置，也不需要复杂的操作程序和附加条件。其四是弹种齐全、用途广泛。根据需要，手榴弹只要改变战斗部结构与装药，就可变成一类新的弹种。除作战使用外，防暴、灭火、杀虫等民用手榴弹的应用也很普遍。

手榴弹
手榴弹是一种用手投掷的弹药装置，因十七八世纪欧洲的手榴弹外形和碎片有些似石榴和石榴籽而得此名。

···【百科辞典】···

激光：
20世纪60年代发明的一种光源。英文称为"laser"，是英文"来自受激辐射的放大、增强的光"的首字母缩写。

光电传感器：
采用光电元件作为检测元件的传感器。它首先把测量对象的变化转换成光信号的变化，然后借助光电元件进一步将光信号转换成电信号。

军事之最　传输距离最长的激光器： 英国学者发明的这种新型激光器能通过一个长达75千米的光纤传输光信号，信号强度几乎保持不变。

◀ 主题索引
地雷为什么一踩就炸？穿甲弹为什么能穿透坚硬的装甲？

◀ 科学关键词
地雷 压力引爆装置 穿甲弹

■ 地雷为什么一踩就炸？

Weishenme

相信大家都看过老电影《地雷战》，游击队员悄悄把地雷埋在道路底下，敌人刚进村子，一踩到地雷，"轰"的一声，地雷就爆炸了，敌人也被消灭了。为什么地雷一被踩上，立刻就那么猛烈地爆炸呢？

原来，地雷是一种被动式的防御性作战兵器，分为反步兵地雷和反坦克地雷，形状大多是圆的。它的内部装有炸药和压力引爆装置，当它受到的压力达到一定程度时就会爆炸，并利用散发出的碎片或钢珠来杀伤人员或毁坏坦克的履带及负重轮，使敌人受到致命的打击而失去战斗力。

地雷除具有直接的杀伤、破坏作用外，还具有对敌阻滞、牵制、诱逼、扰乱和精神威胁等作用。

> **地雷**
> 地雷是一种爆炸性武器，通常布设在地面下或地面上，受目标作用并满足动作条件时即自行发火，或待目标进入其作用范围时操纵爆炸。

在第二次世界大战中，苏联军民共使用了2.22亿个地雷，这造成了入侵德军10万多兵力和约1万辆坦克等装甲车辆的损失。在越南抗美战争中，1970年美军被地雷炸毁的车辆就占被毁车辆总数的70%。

■ 穿甲弹为什么能穿透坚硬的装甲？

Weishenme

装甲车或坦克都有一身厚厚的铠甲。那么，什么武器能穿透它们坚硬的装甲呢？穿甲弹就可以做到这一点。

穿甲弹素以强拱硬钻而著称，也就是俗话说的"硬碰硬"。它主要靠弹丸命中目标时的大动能和本身的高强度击穿钢甲。俗话说"打铁先得自身硬"，穿甲弹的弹丸都是用比坦克装甲硬得多的高密度合金钢、碳化钨等材料制成的。当然，对付混凝土工事，它也照样"当仁不让"。发射时，穿甲弹丸在膛内高温高压气体的作用下射出，一触及目标，就会把钢甲表面打个凹坑，并且将凹坑底面的钢甲像冲塞子一样给顶出去。这时候，弹丸头部虽然已经破裂，但弹体在强大惯性力的冲击下，仍会继续前冲。当撞击力达到一定数值时，引信就会被触发点燃，引起弹丸装药的爆炸。这时，在每平方厘米的面积上，可产生数十吨乃至数百吨的高压，从而杀伤坦克内的乘员，破坏其武器装备。

> **穿甲弹**
> 穿甲弹是主要依靠弹丸的动能穿透装甲摧毁目标的炮弹，其特点为初速高，直射距离大，射击精度高，是坦克炮和反坦克炮的主要弹种。

你知道吗

■ 地雷由雷壳、炸药、引信传导器构成，它被埋在地下的时候，上面盖有一层薄薄的覆盖物，突然受压时，就会立刻爆炸。

■ 穿甲弹的穿透能力主要来源于炮弹运动时的动能，若要增大它击中目标时的动能，就必须提高炮弹的初速。

◆ 92 军事之最 最早的地雷：公元1130年，中国人就使用了铁壳地雷。最初的地雷表面十分平滑，后来表面出现突角，当时称为蒺藜炮。

军事与武器

主题索引: 什么照明弹能隐形? 烟幕弹为什么能放出大量烟雾?

科学关键词: 照明弹 红外光 烟幕弹

■ 什么照明弹能隐形?

Weishenme

一提起照明弹,大家都会不约而同地想到能使漆黑的夜晚变得亮如白昼的炮弹。随着夜视器材的发展,一种能够隐形的照明弹已经被制造出来了。

这种名为红外隐形的照明弹主要用来作为微光夜视仪的辅助光源。它弥补了微光夜视器材在没有月光或星光时不能使用的不足,使之能在完全黑暗的条件下工作,大大提高了目前部队大量装备的微光夜视器材的作战效能。

这种照明弹之所以能够"隐形",是由于它能发出很强的、但肉眼看不见的近红外光。红外隐形照明弹输出的可见光只有普通白光照明弹输出的可见光的0.3%,其可见光效应相当于悬挂在366米高空的一只100瓦的电灯泡,因而不易被敌人发现。在漆黑的夜晚用它做辅助光源,可使红外夜视仪"复明"且视距增加若干倍,而照明弹本身及其发射者又不易被敌人发现。此外,利用红外照明弹还可以大大提高装备夜视器材的飞机、坦克、火炮及人员的夜战能力。目前,利用红外隐形照明弹已可使微光夜视仪的视距增大3倍以上,因而受到了各国部队的广泛重视。

夜视望远镜
夜视器材利用夜晚的微光和红外线这两个条件,把来自目标的人眼看不见的光信号转换成为电信号,然后再把电信号放大,并转换成人眼可见的光信号。

■ 烟幕弹为什么能放出大量烟雾?

Weishenme

烟幕弹的作用是发烟,主要用于对敌方进行视线干扰。烟幕弹最好是在无风或微风条件下使用,它利用与空中爆炸相结合的烟火技术,在3秒钟内可形成一道5米高的烟幕,造成目视或红外屏蔽,并可以有效持续80秒的时间,从而对付敌方的热成像仪和激光测距仪。

烟幕弹被点燃时,弹内藏有的颜料受热气化,逸出弹体后遇冷凝聚成彩色烟幕。例如,装有白磷的烟幕弹引爆后,白磷迅速在空气中燃烧,经过一系列化学反应后,形成非常细小的白色颗粒和液滴,悬浮在空气中,可构成白色的烟幕。

第一次世界大战期间,英国海军就曾用飞机向自己的军舰投放了烟幕弹,从而巧妙地隐藏了军舰,避免了敌机的轰炸。现代有些新式军用坦克所用的烟幕弹不仅可以隐蔽物理外形,而且其烟雾还有躲避红外激光及微波的功能,达到了真正的"隐身"效果。

施放烟幕弹
烟幕弹由引信、弹壳、发烟剂和炸药管组成,制造烟雾主要靠它的发烟剂,发烟剂一般都用黄磷、四氯化锡或三氧化硫等物质配制。

你知道吗

■ 制造红外隐形照明弹的最初设想是美国陆军于1988年提出来的。据此设想,美国西奥尔公司试制出了由70毫米航空火箭发射的M-257型红外隐形照明弹。

■ 在战场上,彩色烟幕弹的用途十分广泛,包括定位空降区域、辨识友军、暴露敌方目标以及联络通讯等。

军事之最 **最环保的烟幕弹:** 美国陆军的科学家们研制出了一种以食糖为产热成分的绿色和黄色烟幕弹,可取代含硫烟幕弹。

4

主题索引：深水炸弹为什么能在水下爆炸？装甲车为什么装空调？
科学关键词：深水炸弹 水压 装甲车

■ 深水炸弹为什么能在水下爆炸？

Weishenme

在**海战**中，对付潜水艇是不能使用普通炸弹的，因为它对于在深海里潜行的潜水艇起不到很大的破坏作用。这时要采用深水炸弹，将它投掷到水中，达到某一深度后它就能自动爆炸了。那么，深水炸弹为什么能在水下爆炸呢？

深水炸弹简称深弹，它是一种入水后下潜到一定深度爆炸的水中兵器，主要用于攻击潜艇。深水炸弹是靠水压爆炸的，因为液体的深度越深，压强就越大。深水炸弹的起爆引信由弹簧、击针、雷管组成。弹簧在击针和雷管中间，击针与水接触。深水炸弹下潜越深，它受到的水压越大，击针与雷管便越靠越近，最后击针刺破了雷管，这样，深水炸弹便爆炸了。

水的密度虽然比空气大得多，可压缩性却比空气小得多，因此它是炸药爆炸能量的良好传递者。深水炸弹在爆炸的瞬间可产生压强极大的气体，从而形成强大的压力波，向四周辐射，产生在陆地爆炸时无法比拟的破坏力。即使它在离潜水艇较远的地方爆炸，也会将潜水艇震坏。

■ 装甲车为什么装空调？

Weishenme

装甲车是装有武器和拥有防护装甲的一种军用车辆，是坦克、步兵战车、装甲人员输送车、装甲侦察车、装甲工程保障车辆及各种带装甲的自行武器的统称。

1855年，英国人科恩在蒸汽拖拉机的底盘上安装机枪和装甲，制成了第一辆装甲车。1900年，装甲车正式登上战场，在战争中立下了赫赫功勋。

装甲车虽然是一个庞然大物，但是为了尽量减轻自重、降低油耗，它的车厢内部却十分窄小，十几个战士挤在一起，苦不堪言。不

意大利两栖装甲车
两栖装甲车是不用舟桥、渡船等辅助设备便能自行通过江河湖海等水障，并可在水上进行航行和射击的履带式装甲战斗车辆。两栖装甲车最早出现于第一次世界大战结束之后。

过，现在新型的装甲车经过精心设计，不仅座位更加合理，乘坐舒适，而且还装上了空调。

在装甲车中安装空调，不但能起到调节温度以及通风的效果，而且也能有效防御核武器、化学武器及生物武器等对人员和装备的打击伤害。一般来说，装甲车的空调在进风口处加装了许多过滤器，战场上的核污染物质以及化学毒气、生物病毒都能被阻挡在装甲车之外，这样就保证了人员安全。与此同时，空调具有特别大的功率，从而使装甲车内的气压一直高于外界大气压，因而即使装甲车在战斗中有一些地方被打坏、打穿，也能防止车外被污染的空气进入车内。

装甲车
装甲车是装甲汽车、装甲输送车、步兵战车等的统称，指装有武器和拥有防护装甲的军用车辆，按行走机构可分为履带式装甲车和轮式装甲车。

◆ 94 军事之最 **最厉害的深水炸弹：** 核深水炸弹装有核爆炸装置，一枚1万吨级TNT当量的炸弹在水下爆炸，可将1000米内的潜艇击沉。

主题索引	科学关键词	
坦克为什么要装履带？轻型步兵战车为什么多采用轮式？	步兵战车 坦克 履带	军事与武器

坦克履带

坦克履带除了可以让坦克自如行驶外，还可以分散和缓解重型穿甲弹对坦克的破坏力。但是，履带一旦脱落就难以安装，现在国外已经研发出了6轮无履带坦克。

【百科辞典】

坦克：
具有强大直射火力、高度越野机动性和坚固防护力的履带式装甲战斗车辆，它是地面作战的主要突击兵器和装甲兵的基本装备。

履带：
由主动轮驱动的循环旋转的柔性链环。履带由履带板和履带销等组成。履带销将各条履带板连接起来构成履带链环。

■ 坦克为什么要装履带？

Weishenme

坦克是陆军作战的常规武器，全身都由钢铁构成，最普通的轻型坦克也有二三十吨重，重型坦克更是重达五六十吨。如此沉重的庞然大物，如果安装轮胎，在道路上行驶的时候，就很难达到较快的速度，要是遇到坑坑洼洼的泥泞路面，就更加寸步难行了。

为了解决这个难题，科技人员决定给坦克安装履带。由于履带的接地面积大，增大了坦克在松软、泥泞路面上的通过能力，降低了下陷量。履带板上有花纹，并能安装履刺，所以在雨、雪、冰或上坡等路面上也能牢牢地抓住地面，不会滑转。所以，采用履带行进，就像给坦克铺了一道无限延长的轨道，使它能够平稳、迅速、安全地通过各种复杂路段。

■ 轻型步兵战车为什么多采用轮式？

Weishenme

步兵战车是供步兵机动作战用的装甲战斗车辆，在火力、防护力和机动性等方面都优于装甲人员输送车，车上还设有射击孔，以便士兵乘车射击。步兵战车主要用于协同坦克作战，消灭敌方反坦克火力点、有生力量和低空飞行目标。

步兵战车通常分为履带式和轮式两种类型，而轻型步兵战车多采用轮式，这里面有很多原因。首先，在公路上，轮式装甲车比履带装甲车跑得快。其次，轮式车行驶起来阻力小，油耗低，噪声也小。再次，轮式装甲车的维修费用低，通常只相当于履带装甲车的三分之一，并且还可以广泛利用汽车技术和汽车零件，通用性好。而且从实战需要来看，轮式车的生存能力要比履带车强。履带车的履带一断便无法动弹，而轮式装甲车的轮子即使被打坏一两个也照样能跑。所以，30吨以下的轻型步兵战车多为轮式。

轻型装甲步兵战车

步兵战车主要用于协同坦克作战，其任务是支持快速机动步兵分队，以消灭敌方轻型装甲车辆、步兵反坦克火力点、有生力量和低空飞行目标。

军事之最 最重的坦克：德国1943年8月生产的"鼠"式超重型坦克，可乘8人，车长9米，高3.66米，宽3.67米，重达188吨。

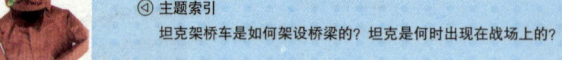

坦克是何时出现在战场上的？

坦克的研制是从第一次世界大战开始的，当时为了突破敌方由壕沟、铁丝网、机枪火力点等组成的防御阵地，迫切需要一种集火力、机动力和防护力为一体的新式武器。于是，英国于1915年开始研制坦克，并于1916年生产了"小游民Ⅰ型"坦克。它的外廓呈菱形，车体两侧的履带架上有突出的炮座，两条履带从顶上绕过车体，车后伸出一对转向轮。1916年9月15日，有49辆"小游民Ⅰ型"坦克首次投入索姆河战役。坦克靠履带行走，能驰骋疆场，越障跨壕，不怕枪弹，无所阻挡，很快就突破了德军防线，开辟了陆军机械化的新时代。

当时为了保密，英国将这种新式武器说成是为前线送水的"水箱"，英文是"tank"，结果这一名称被沿用至今。

第一次世界大战期间，英、法和德国共制造了近万辆坦克。由于当时技术水平的有限和生产设备的简陋，坦克性能较低，火力主要用于歼灭有生力量，装甲只能防御枪弹和炮弹破片，没有无线电通信设备和光学观察瞄准仪器，行驶起来颠簸、速度缓慢、故障频繁，乘员工作条件恶劣。不过，坦克的问世开创了陆军机械化的新时期。

坦克架桥车

坦克架桥车又称架桥坦克，是以制式坦克车体底盘为基础，去掉炮塔，代之以制式车辙桥以及架设和撤收机构发展而成的装甲车辆。

坦克架桥车是如何架设桥梁的？

坦克架桥车是一种架设、撤收桥梁装置的装甲车，俗称"架桥坦克"。坦克架桥车一般为履带式，可快速架设车辙桥，以保证其他种类的坦克和车辆顺利通过防坦克壕、沟、渠等人工或天然障碍。架桥车一般用坦克底盘改装而成，去掉炮塔，桥体多由合金钢或高强度铝合金所制。

如今的架桥坦克在桥梁展开、架设及撤收过程中，人员无须走出车外，在车内通过电气设备操纵液压驱动机构即可完成。此种车可在2至10分钟内，架起一座长约30米、宽4米的便桥，可承重40至70吨。己方部队通过后，只需5至10分钟，它就可将便桥收起。

你知道吗

- 坦克架桥车的特点是机动性好，防护能力强，架桥速度快。
- 坦克由坦克武器系统、坦克推进系统、坦克防护系统、坦克通信设备、坦克电气设备及其他特种设备和装置组成。

老式坦克

早期的坦克性能较低，火力主要用于歼灭有生力量，装甲只能防御枪弹和炮弹碎片，没有无线电通信设备和光学观察瞄准仪器，行驶颠簸、速度缓慢，且机械故障频繁，乘员工作条件恶劣。

速度最快的坦克： 德国豹2A6坦克每小时可行驶72千米，而且从零加速到32千米/小时的速度仅需6秒。

主题索引　　　　　　　　　　科学关键词　　　　　　　　　　　　　　军事与武器
什么是主战坦克？火箭筒为什么可以攻击坦克？　　主战坦克 火箭筒 空心装药

主战坦克

主战坦克比一般坦克更快、更有威力，是相当可怕的战具。主战坦克在战况不利时也能迅速撤退，脱离战场（除非和它们交战的也是移动能力极好的快速部队）。

什么是主战坦克？ Weishenme

主战坦克是装有大威力火炮、具有高度越野机动性和装甲防护力的履带式装甲战斗车辆，一般全重为60吨。从20世纪90年代开始，各国主战坦克的重量一直呈上升的趋势。主战坦克的火炮口径目前多为105毫米以上，有较强的装甲破坏力。它们主要被用于与敌方坦克和其他装甲车辆作战，也用以压制或摧毁反坦克武器、野战工事、歼灭有生力量。目前世界各国装备的主战坦克几乎都是第二次世界大战后设计的产品。

火箭筒为什么可以攻击坦克？ Weishenme

要问谁是目前反坦克武器中的"袖珍明星"，那自然要数单兵携带的火箭筒了。它们个头小、重量轻，却在过去的战争中摧毁了不少坦克。就算在今天，口径仅40毫米的RPG 7火箭筒仍是令驻伊美军装甲部队头疼不已的武器。那么，火箭筒里发射出的小小火箭弹是怎样击毁坦克那庞大坚硬的"乌龟壳"的呢？

火箭弹的穿甲本领源于它装置的带金属罩的空心装药。火箭弹炸药呈锥孔形，中间有聚能凹槽，表面有一层金属罩。当火箭弹击中目标时，炸药被弹头前端引信起爆，刹那间在接触处形成十几万个大气压，并迅速形成几千摄氏度的高温、高压集束气流。这种高能定向射流速度可达每秒几千米，它的猛烈冲击，会把目标的局部受热点顷刻熔化掉。正因为如此，坦克的铮铮铁骨也难以抵抗小小火箭弹的袭击。

另外，令坦克惧怕的还有火箭弹易受控制和容易发射的特性，只要单兵就可以完成所有瞄准、发射、转移任务。特别要提的是，坦克侧翼相对来说比较薄弱，又是一个死角，刚好为单兵种攻击提供了条件。

火箭筒

火箭筒是一种发射火箭弹的便携式反坦克武器，主要用于近距离打击坦克、装甲车辆和摧毁工事。火箭弹具有控制和发射简易的特性，只要单兵就可以完成瞄准、发射及转移的所有任务。

【百科辞典】

轻型坦克：

重量较轻、装甲较薄的坦克。轻型坦克装有直瞄武器，主要用于侦察、空运和两栖登陆作战以及反坦克作战等。

空心装药：

一种装药形式。战斗部（武器系统用于直接杀伤目标的部分）的破甲弹头前部装有一个圆锥形金属罩，锥口朝前，锥尖朝后，金属罩后面装有炸药，前面是空的。这样，爆炸时即会聚成一股速度、温度和压力都很大的金属能射流，从而摧毁装甲。若金属罩中不留空隙，就不能达到破甲的目的。

军事之最　破甲威力最大的火箭筒： 法国"阿比拉"火箭筒发射的火箭弹可击穿720毫米厚的装甲或2米以上厚度的混凝土。

主题索引
军用飞机的代号是怎样命名的？什么是战斗机？

科学关键词
飞机代号 战斗机 马赫

■ 军用飞机的代号是怎样命名的？

各国对军用飞机的命名方法一般都是使用代号或确定的名称，但有的既有代号，又有名称。由于军用飞机的发展和种类的繁衍以及文化的差异，各个国家军用飞机的命名方法存在一定的差异，但也表现出一定的规律性。

中国军用飞机的命名代号由机种代号、序列代号（又称设计代号）和改型代号组成。如"歼击-7Ⅲ型"表示序列代号为7、改型代号为Ⅲ的歼击机，这种名称也可简化为"歼-7Ⅲ"。美国军用飞机命名使用代号和名称，但以代号为主，代号包括机种代号、序列代号、改型代号、任务变更代号和状态代号。例如F-15A，表示序列为15、改型代号为A、名称为"鹰"的战斗机。苏联军用飞机的命名代号由设计局代号、序列代号和改型代号组成。如"米格-23Y"，表示由米高扬设计局研制的、序列为23的歼击机的教练型战机。北大西洋公约组织则赋予了苏联等国的军用飞机以英文别名，如苏联"Tu-22轰炸机"就被他们称为"Backfire（逆火）"。

■ 什么是战斗机？

战斗机是指用于保护己方制空权以及摧毁敌方制空设备的军用机种，特点是飞行性能优良、机动灵活、火力强大。传统上，战斗机根据其执行任务的特点可分为歼击机、截击机和强击机等类别。

现代的先进战斗机多配备各种搜索、瞄准火控设备，能全天候攻击所有空中目标。战斗机主要的装备武器是航空机关炮，此外还可携带空空导弹和空地导弹及空舰导弹、火箭弹、航空炸弹等。武器一般悬挂在机翼或机身下方，有的歼击机的外挂点多达十余个，可挂导弹、副油箱、电子干扰吊舱等。

现代战斗机在高空的最大速度可达到每小时3000千米，超低空允许最大速度可达每小时1500千米，升限为21千米左右，一般情况下的飞行速度通常在2马赫左右。

世界上公认的第一架战斗机是法国制造的莫拉纳·索尔尼爱L型飞机。由于它装备"偏转片系统"，解决了飞机在机载机枪射击时被螺旋桨干扰的难题，因而可以使飞行员专心驾驶飞机去攻击对方，同时也不需要另配机枪手。

战斗机引擎
战斗机引擎包括发动机点火、动力控制、惯性控制、空中机动控制等系统，是战斗机最主要的性能构件之一，它与火控装置构成了战斗机的主体。

米格-29战斗机
米格-29战斗机凭其良好的机动性能赢得了普遍赞誉。它爬升速度快，加速度大，探测距离远，且需要的地面维护工作比较简单。

【百科辞典】

空空导弹：
从飞行器上发射的攻击空中目标的导弹。

马赫：
是表示速度的量词，又叫马赫数。1马赫即1倍音速（340米/秒）。

军事之最 最快的飞机：现在世界上最快的飞机是美国的X-43A，其极限速度已经达到了9.7马赫，几乎接近音速的10倍。

主题索引
战斗机为什么配有弹射座椅？歼击机、截击机和强击机有什么不同？

科学关键词
弹射座椅 歼击机 截击机 强击机

军事与武器

■ 战斗机为什么配有弹射座椅？

Weishenme

弹射座椅是在飞机遇难时的一种救生装置，能依靠座椅下的动力装置将飞行员弹射出机舱，然后张开降落伞使飞行员安全降落。现代作战飞机大多都有弹射座椅，这是为什么呢？

第二次世界大战时，由于战斗机的时速已提高到了600千米以上，飞行员跳伞时很容易被强风吹撞到飞机尾翼上。为了解决这一难题，德国首先开始研制能把飞行员弹射出机舱的装置，并成功发明了弹射座椅，在"二战"结束前装备了空军。

弹射座椅
弹射座椅出现在第二次世界大战期间。现在的弹射座椅强调的是零高度发射，也就是在飞机接近地面的时候发射仍能保护飞行员安全。

20世纪60年代，为使高空飞行中的飞机驾驶员在跳伞时免受高速、低温、缺氧等因素的伤害，美、苏两国在弹射座椅的基础上，又相继成功研制了密闭和半密闭式的弹射救生系统。

20世纪70年代初，美国试验了可飞弹射救生系统，座椅弹射离机后变为可控飞行器，飞行一定距离后，人椅才会分离，开伞降落。

目前，各国主要战斗机上多配有敞开式的火箭弹射座椅，其救生性能较强，一般可满足飞机在零高度、速度为每小时1200千米情况下的救生要求。

F-16"战隼"轻型战斗机
F-16是美军主力轻型战斗机，它的外形相当漂亮，很有明星风范，是美军"雷鸟"表演队的专用机。

你知道吗

■ 强击机由于速度较慢，突防能力差，再加上地空导弹越来越厉害，已经很难安全地完成任务，目前已逐渐被淘汰。

■ 随着时间的推移，强击机的对地攻击任务将由多功能的歼击机通过远距离对地精确制导投弹和战略轰炸机通过常规轰炸来完成。

■ 歼击机、截击机和强击机有什么不同？

Weishenme

战斗机是空军的战术机种，包括歼击机、截击机和强击机几种。

歼击机是夺取制空权的主力机型，中低空机动性好，装备有中近程的空对空导弹，可通过中距离的空中格斗和近距离的缠斗来击落敌机，从而获得空中优势，或者为己方的其他军用飞机护航。

截击机是高空高速的本土防空型机种，在机动性方面不如歼击机，通常装备远程空对空导弹或反辐射导弹，主要任务是拦截高空高速入侵的敌方侦察机、超音速战略轰炸机、洲际导弹等，还可以用远程反辐射导弹攻击远处的敌方预警指挥机。不过自20世纪60年代以来，专用截击机的任务已由歼击机完成，截击机已不再发展。

强击机是近距离对地火力支援的机种，装甲防护优异，速度一般，飞行高度很低，机载武器为对地攻击的导弹、炸弹、火箭弹，仅有少量近距离空对空导弹用于自卫。它的任务是通过切断和削弱敌后方对前线的补给和支援，来削弱敌前线部队的作战能力。现在，最著名的强击机当数俄罗斯的苏-25和美国的A-10。

军事之最 最强的纸飞机：一个英国设计小组制作出了目前最完美的纸飞机，其飞行距离超过30米，滞空时间约20秒。

■ "鹞"式飞机为什么能垂直起降？

Weishenme

我们知道，一般飞机都需要在跑道上滑行后才能起飞，只有直升机才能垂直起降，可是英国空军的"鹞"式飞机也可以垂直起降，这是为什么呢？

"鹞"式飞机是一种亚音速战斗机，主要任务是空中支援和战术侦察。

它之所以能垂直或短距离起降，关键是有一个设计独特、性能优越的"飞马"发动机。当飞机垂直起飞时，飞马发动机的前后四个喷管就会转到垂直向下的位置，然后在喷气反作用力的作用下产生向上的推力，使飞机垂直上升；在飞机短距离起飞时，喷管就会水平向后产生向前的推力，使飞机加速滑行。这四个喷口喷出的气流正像一匹骏马的四条腿，可以载着飞机飞奔或悬停。此外，它还能在空中做出一些别的飞机做不到的非常规动作，从而使己方在空战中掌握主动权。

英国"鹞"式飞机
英国BAE公司的"鹞"式飞机是世界上第一种实用的可以垂直起落、快速平飞、空中悬停和倒退飞行的战斗机，于1966年8月31日首飞。

■ F-117A型飞机为什么能"隐形"？

Weishenme

F-117A型飞机是美国在20世纪80年代研制成功的隐形攻击机，也是世界上第一种可正式作战的隐形战斗机。它的隐形原理是什么呢？

所谓隐形飞机的"隐形"只是一种借喻，指的是它能躲过雷达的侦察。雷达发射的电磁波有个特点：只有当波束正好垂直照射到飞机表面某个部位时，反射波才会沿着波束原来的照射方向返回而被雷达天线接收，然后在雷达荧光屏上显示出来。也就是说，飞机的雷达散射

F-117A隐形战斗机
F-117A型飞机是美国前洛克希德公司研制的隐形攻击机，也是世界上第一种可正式作战的隐形战斗机。

截面越小，雷达"捕捉"到它的概率也越小。由于F-117A型飞机的雷达散射截面只有0.01平方米，在雷达荧光屏上不易察觉，因此就像隐去了身形一样。此外，F-117A型飞机采用了一系列的高科技技术，包括表面隐形涂敷材料、外形隐形结构、降红外辐射技术、降噪技术和电子干扰技术等。

不过，世界上并没有制造出能够完全隐形的飞机。1999年3月，一架F-117A隐形战斗机在前南斯拉夫首都贝尔格莱德上空被雷达发现，结果被当地的防空部队击落。

你知道吗

■ "鹞"式飞机典型带弹方案：一对30毫米"阿登"机炮舱，三颗454千克炸弹，一对"马特拉"155火箭发射筒以及一枚"响尾蛇"空空导弹等。

■ F-117A的外形与众不同，整架飞机几乎完全呈直线型，就连机翼和V形尾翼也都采用了没有曲线的菱形翼形，这在战斗机的设计中是前所未有的。

最先进的隐形轰炸机：美国的B-2隐形战略轰炸机，一次可携带16枚共900千克精确制导炸弹，并具备全球核打击能力。

主题索引
什么是轰炸机？武装直升机为什么可以执行多种任务？

科学关键词
轰炸机 空中轰炸 武装直升机

军事与武器

B-52远程轰炸机

美国研制的亚音速战略轰炸机，号称"同温层堡垒"，主要用于远程常规轰炸和核攻击。1948年开始设计，1952年原型机开始试飞，1955年开始装备美国战略空军，1962年停产。

■什么是轰炸机？

Weishenme

轰炸机是用于对地面、水面目标进行轰炸的飞机，具有突击力强、航程远、载弹量大等特点。它有多种类型：按飞行任务范围可分为战略轰炸机和战术轰炸机；按载弹量可分出重型（10吨以上）、中型（5至10吨）和轻型（3至5吨）轰炸机；按航程可划分为近程（3000千米以下）、中程（3000至8000千米）和远程（8000千米以上）轰炸机。

轰炸机上的武器系统包括机载武器和各种炸弹、航弹、空地导弹、巡航导弹、鱼雷、航空机关炮等，它们保证了轰炸机具有全天候轰炸能力和很高的命中精度。此外，它还有很多电子设备，比如自动驾驶仪、地形跟踪雷达、领航设备、电子干扰系统和全向警戒雷达等，用以保障其远程飞行和低空突防。现代轰炸机还装有受油设备，可进行空中加油。

在飞机用于军事后不久，人们就开始了用飞机轰炸地面目标的试验。1911年11月1日，意大利的加福蒂中尉驾驶一架飞机向土耳其军队投掷了4枚重约2千克的榴弹，虽然战果甚微，但却是世界上第一次空中轰炸。

■武装直升机为什么可以执行多种任务？

Weishenme

武装直升机就是装有武器并能执行战斗任务的直升机，主要被用于攻击地面、水面和水下目标，并为运输直升机护航，有时也可参加空战。

武装直升机通常用来突击地面目标，多配

武装直升机
目前，武装直升机可分为专用型和多用型两大类。图为机身窄长的专用型机。

属于陆军航空兵，是航空兵实施直接火力支援的新型机种。

武装直升机之所以能够执行多种任务，一是因为它火力强、射程远。它可以同时攻击数辆坦克，对地面部队有较大的杀伤力，而且既能俯冲攻击，又可悬停扫射。二是其火控系统先进。它装有激光目标指示器、热成像探测器等先进的识别装置和夜视系统，与火控系统相联系，作用距离远，并可全天候使用。三是它空防能力强。它主要在距地面200米以下的高度作超低空飞行，还可以快速改变飞行高度和方向。四是隐蔽性能好，被对方侦察发现的概率较低。

你知道吗

- 美国在2006至2011年的财政经费花销计划中，专门留出了10多亿美元用于研制最新型的轰炸机。
- 著名画家达·芬奇是世界上最早的直升机图纸的设计者。早在1483年，他就以惊人的想象力绘制出了一张直升机雏形的设计图纸。

军事之最 最昂贵的轰炸机：美国的B-2"幽灵"轰炸机，造价高达22.2亿美元，是世界上最昂贵的飞机。

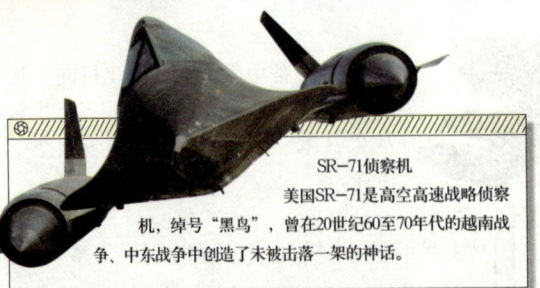

▶ 主题索引
侦察机怎样进行侦察？空中加油机如何为飞机加油？

▶ 科学关键词
侦察机 空中加油 伸缩管加油

SR-71侦察机
美国SR-71是高空高速战略侦察机，绰号"黑鸟"，曾在20世纪60至70年代的越南战争、中东战争中创造了未被击落一架的神话。

【百科辞典】

侦察：
为获取敌方与军事斗争有关的情况而采取的行动。其主要手段有观察、搜索、谍报侦察、战斗侦察、照相侦察、雷达侦察、无线电测向、调查询问、搜集文件资料等。

伸缩管：
加油机尾部装置的一根与拉杆相似的可伸缩的刚性加油杆。加油时，杆的末端与受油机座舱后的受油口相接，自动锁定后即可开始加油。

■ 侦察机怎样进行侦察？

Weishenme

飞机在军事上的最初应用就是进行侦察。侦察机是专门用于从空中获取情报的军用飞机，是现代战争中最主要的侦察工具之一。按飞行任务范围，侦察机可分为战略侦察机和战术侦察机。战略侦察机一般具有航程远和高空、高速飞行的性能，用以获取战略情报，这种飞机大多是专门设计的。战术侦察机具有低空、高速飞行的性能，用于获取战役战术情报，通常由歼击机改装而成。

侦察机一般不携带武器，主要依靠其高速性能和电子对抗装备来提高生存能力。侦察机通常装有航空照相机、前视或侧视雷达和电视、红外侦察设备，有的还装有实时情报处理设备和传递装置。侦察设备通常装在机舱内或外挂的吊舱内。侦察机可进行目视侦察、成像侦察和电子侦察（如电子对抗飞机）。成像侦察是侦察机实施侦察的重要方法，有可见光照相、红外照相与成像、雷达成像、微波成像、电视成像等成像方式。

目前，随着侦察卫星和航空导弹的发展，各国都致力于侦察机"隐身"技术的应用以及无人侦察机的研究，以提高侦察机的生存能力。

■ 空中加油机如何为飞机加油？

Weishenme

对于军用飞机来说，一次飞行上万千米，在过去是难以想象的事，而今随着空中加油技术的出现却已成为现实。空中加油技术就是在空中由一架飞机给另一架或几架飞机加注燃油，使其续航时间增长的技术。

空中加油机多由大型运输机或战略轰炸机改装而成，加油设备大都装在机身尾部，少数装在机翼下面的吊舱内，由飞行员或加油员直接操纵。加油设备主要有插头锥套式和伸缩管式两种。空中加油技术最早出现于1923年。20世纪40年代中期，英国研制出成熟的插头锥套式加油设备。40年代后期，美国研制出伸缩管式加油设备。

在20世纪60年代至90年代的几次局部战争中，美、英等国的空军都使用过空中加油机。

空中加油机
空中加油机是一种以延长战机执行任务的时间，或者延长战机的作战航程为目的的军用航空器。加油机的机身下层机舱全为油箱，上层机舱可装载人员及其他物资。

◆ 102 军事之最　最强的空中加油机：美国的KC-10A"致远"空中加油机，有7个油箱，最大供油量90吨，可同时给3架小型飞机加油。

军事与武器

破冰船为什么能破冰？

Weishenme

每当冬季到来的时候，北方的港湾和海面常常会冰封，从而使航道阻塞。为了便于船舶出入港口，这时往往要用破冰船进行破冰。那么，为什么破冰船能够轻易破冰呢？

破冰船同其他船比较起来，船体结构特别坚实，船壳钢板比一般船舶厚得多；船身较胖而上身较小，便于在冰层中开出较宽的航道；此外，破冰船吃水很深、马力大、速度快、冲击力大，向冰层猛冲时，可以破碎较厚的冰层。

此外，破冰船的船头是折线形的，头部底线与水平线成20至35度角，这就使船头可以"爬"到冰面上。破冰船船头、船尾和船腹两侧，都备有很大的水舱，作为破冰设备。

破冰船遇到冰层，就会使翘起的船头"爬"上冰面，然后靠船头部分的重量把冰压碎。如果冰层较坚固，破冰船往往要后退一段距离，然后开足马力猛冲过去，一次不行，就反复冲击，直至把冰层冲破，再继续前进。

独木舟

独木舟是战船的鼻祖，满语和赫哲语都称为"威呼"，有的地方俗称"快马子"船，是用整根大树干砍凿制成的。长6米有余，宽以能坐下一人为度，平口圆底，两头尖，并微微上翘。

破冰船

破冰船的船头被特意制造成折线形，这样使头部底线与水平线成20至35度角，船头可以"爬"到冰面上。

战船最早出现在哪里？

Weishenme

人类进入阶级社会之后，随着战争的出现，战火也逐渐由陆地蔓延到了海上。于是，专门用于水上战争的船只就从普通船舶中分化出来，并经过不断发展最终形成了战船。战船是奴隶社会的产物，根据史料来看，世界上哪些国家和地区较早进入奴隶社会，哪里的战船就出现得较早。

埃及在公元前3000年左右就进入了奴隶社会。在埃及，曾发掘出一条约为公元前1500年的木板船，船长11米，宽2.6米，没有龙骨和肋骨，仅仅由一条条木板加上木钉拼接而成。此后，地中海其他地方也有战船残骸发现。由此可知，最晚在公元前1200年左右，埃及、腓尼基、希腊、迦太基和罗马等古国就有了专门用于水战的战船。早期的战船都是单层桨船，这种船没有甲板，通常只有12对桨，每只桨配置数名桨手。此外，这些船还装有四角帆，排水量约为50吨。

军事之最 **最早的铁甲战船**：15世纪初朝鲜制造的龟甲船，甲板木壳上有鳞状铁叶，用铁板包裹，酷似龟背。

103

■ 舰艇的航行速度为什么用"节"表示？

大家都知道，陆上的车辆和空中的飞机以及江河里的船舶，它们的速度都采用千米/小时为计量单位，但海船（包括军舰）的速度单位却是"节"。这是为什么呢？

早在16世纪时，海上航行已相当发达，但当时一无时钟，二无航程记录仪，所以难以确切判定船的航行速度。于是，有一位聪明的水手想出一个妙法，他在船航行时，向海面抛出拖有绳索的浮体，再根据一定时间里拉出的绳索长度来计算船速。那时候，计时使用的还是流沙计时器。为了较准确地计算船速，有时放出的绳缆很长，便在绳索的等距离处打了许多结，如此一来整根计速绳又被分成若干节，只要测出相同的单位时间里，绳索被拉拽的节数，自然也就测得了相应的航速。于是，"节"便成了海船速度的计量单位，它的代号是"Kn"，即英文单词"Knot（节）"的词头。1节意味着船速是每小时1海里，即1852千米。

现在，海船的测速仪已非常先进，随时可以显示数字，"抛绳计节"早已成为历史，但"节"作为海船航速的计量单位仍被沿用。

快艇
快艇是舰艇中的"短跑冠军"，最大航速可达40至60节，有"海上轻骑兵"之称。

■ 什么是战列舰？

"战列舰"一词的英文是"Battle ship"，直译为"战斗舰"，这个名字起源于帆船时代的"战列线战斗舰"。

现代的战列舰是一种以大口径火炮与厚重装甲为主要配置的高吨位海军作战舰艇，具有吨位大、火力强、装甲厚、航程远等特点。由于这种军舰自1860年开始发展直至第二次世界大战中末期逐渐衰微为止，一直是各主要海权国家的主力舰种之一，因此在过去曾经一度被称为主力舰。战列舰是人类有史以来创造出的最庞大、最复杂的武器系统之一。在20世纪初，战列舰是唯一具备远程打击手段的战略武器平台，因此受到各个海军强国的重视。

战列舰
战列舰是人类有史以来创造出的最庞大、最复杂的武器系统之一，具有吨位大、火力强、装甲厚、航程远等特点。

最强大的战列舰：美国的"依阿华"级战列舰，主要武器是3座三联装的406毫米口径的主炮，是世界上最大的战舰火炮。

主题索引　巡洋舰为什么能适应远洋作战？驱逐舰有什么特点？

科学关键词　巡洋舰 吨位 驱逐舰 鱼雷艇

军事与武器

■ 巡洋舰为什么能适应远洋作战？

巡洋舰是目前世界上仅次于航空母舰的大型水面舰艇，具有多种作战能力，主要用于远洋作战，具有较高的航速和远洋机动作战能力。

巡洋舰的吨位比较大，一般都在万吨以上，其动力装置多数采用蒸汽轮机，少数采用核动力装置。

巡洋舰装备有导弹、火炮、鱼雷等多种先进武器，各种武器配备相对齐全，一般以进攻为主，拥有同时对付多个作战目标的能力，有的还可以携带直升机。因此，适合远洋作战，经常担当舰队的旗舰。

鱼雷发射

从本质上说，驱逐舰就是一种大型的鱼雷艇。"一战"后，驱逐舰取代了鱼雷艇而成为海上鱼雷攻击的主力。

美国DDG-51驱逐舰

DDG-51阿利·伯克级导弹驱逐舰是世界上第一艘装备宙斯盾系统并全面采用隐形设计的驱逐舰，代表了美国海军驱逐舰的最高水平，是当代水面舰艇当之无愧的代表作。

历史上，巡洋舰一开始是指可以独立行动的战舰，与需要其他补给船只帮助的驱逐舰相对。但是在现代，这个区分已经消失了。目前，世界上最知名的巡洋舰是美国提康德罗加级导弹巡洋舰和苏联基洛夫级核动力巡洋舰。

■ 驱逐舰有什么特点？

驱逐舰是伴随鱼雷艇的出现而发展起来的一个舰种。19世纪60年代，体积小、速度快的鱼雷艇出现，经常对大型舰艇造成巨大威胁。为了对付鱼雷艇，人们建造了反鱼雷艇——鱼雷艇驱逐舰，简称驱逐舰，它不仅有火炮装置，还有鱼雷武器。

在现代海军中，驱逐舰是用途最广泛、数量最多的舰艇。现代驱逐舰吨位在2000至8500吨之间，以导弹、鱼雷、舰炮等为主要武器，还有对空、对海、对潜等多种武器装备，突击力较强，能执行防空、反潜、反舰、对地攻击、护航、侦察、巡逻、警戒、布雷、火力支援及攻击岸上目标等作战任务，有"海上多面手"之称。

军事之最　最大的巡洋舰：苏联海军第一艘核动力水面舰艇"基洛夫"号，舰长248米，宽28.5米，最大吨位为2.5万吨。

4

◁ 主题索引
什么是登陆舰？什么是航空母舰？

◉ 科学关键词
登陆舰 航空母舰 舰载飞机

登陆舰
登陆舰包括多种不同类型的舰艇，例如登陆艇、坦克登陆舰、船坞式登陆运输舰等。

■ 什么是登陆舰？

Weishenme

登陆舰又称两栖舰艇，它是为输送补给品、登陆兵及其武器装备而专门制造的舰艇。一般认为，登陆舰的最初形态是俄国舰队在1916年使用的"埃尔皮迪福尔"船。那是一种平底货船，吃水很浅，只适用于运送部队抵达海滩实施登陆作战。

登陆艇的航速普遍都在每小时30千米左右，续航能力从200至6000千米不等。在早期登陆作战中，登陆兵往往需乘坐运输船或军舰至登陆站附近的海域，再换乘登陆艇突击上岸。20世纪70年代，美国和苏联研制出了新型的气垫登陆艇，其航速最高可达每小时130千米，并且可以直接登陆，这就使登陆人员和车辆免去了中途换乘和步行上岸的麻烦。

■ 什么是航空母舰？

Weishenme

航空母舰，简称"航母"，是一种以舰载飞机为主要作战武器的大型水面舰只。现代航空母舰及舰载飞机已成为高技术密集的军事系统工程。

人们将航空母舰称为"浮动的海上机场"，这是因为航空母舰以舰载飞机作为主要武器。航空母舰上最显眼的就是与陆上飞机场跑道相似的起飞甲板。在一般军舰上，主甲板最长只有200米左右，最宽不超过40米，最窄只有几米。相比较而言，航空母舰的飞行甲板就显得特别长，特别宽，并呈多边形状。航空母舰上的飞行甲板的面积要比一般军舰大几倍甚至十几倍。在目前所有舰种中，航空母舰是在吨位、体积、作战能力等方面均居首位的最大舰种。

航空母舰从来不单独行动，它总是由其他舰只陪同行动，它们合称为航空母舰战斗群。陪同舰只包括巡洋舰、驱逐舰、护卫舰等，它们为航空母舰提供对空和对其他舰只以及潜艇的保护。

航空母舰
航空母舰（Aircraft Carrier），简称"航母"或"空母"，是一种可以提供军用飞机起飞和降落场地的军舰。中文"航空母舰"一词来自日文汉字。

◆106 军事之最　"航母"的最大弱点：目标大，易遭敌方攻击，需要在多艘巡洋舰、驱逐舰、护卫舰等护卫下组成"航母"编队才能展开行动。

主题索引
航空母舰上为什么会有弹射装置？飞机怎样在航空母舰上降落？

科学关键词
蒸汽弹射器 拦阻索 斜角甲板

军事与武器

蒸汽弹射器助飞机起飞
这是一架正在蒸汽弹射器助推下起飞的"超级大黄蜂"。蒸汽弹射器用蒸汽增压的办法给飞机添加助力，引擎动力加上蒸汽压力使得飞机短时间内即可达到起飞的基本时速。

■ 航空母舰上为什么会有弹射装置？

Weishenme

现代战斗机和攻击机如果起飞时需要自行加速滑跑，那么，就至少需要2000米长的跑道。但目前世界上最大的航空母舰的飞行甲板也不过330多米长。在这种情况下，舰上的飞机怎样做到起飞无误呢？这就需要弹射装置的帮助了，这种装置能够用一种很大的力量把飞机弹射到空中。

第一次世界大战的时候，为解决弹力问题，有的国家曾采用火箭助推的方式，但因喷出的燃气温度高、加速大、费用多而被淘汰。第二次世界大战中，各国又用了一种液压弹射方式，但因为笨重、功率不能进一步增大而放弃。最后，科学家们逐步研制出了现在常用的蒸汽弹射器。其原理就是用蒸汽作动力，推动活塞和弹射装置运动，舰载飞机在活塞带动和自身的动力作用下，像箭一样弹射上天，迅速达到起飞速度。

另外，有些国家的航空母舰的舰载飞机是垂直起降（如俄罗斯的雅克-36和美国的V-22等）的。此外，俄罗斯和英国还设计了滑橇式甲板，使飞机只需滑跑较短距离就可以离舰起飞。

■ 飞机怎样在航空母舰上降落？

Weishenme

舰载飞机要降落在又短又窄的航母斜角甲板上，不是一件很容易的事情：如果它飞得过低，就无法正常降落，会撞上军舰的尾部；如果飞得过高，就很容易冲出甲板，一头栽进海里。所以，舰载飞机降落时，航空母舰上会设置一道如绊马索一样的拦阻装置，使飞机可在着舰后80米左右的距离内停下来。

•••【百科辞典】•••

蒸汽弹射器：
是重型飞机从航空母舰上起飞的助推器。它用蒸汽增压的办法给飞机添加助力，引擎动力加上蒸汽压力使得飞机短时间内就能达到起飞的基本时速。

拦阻索实际上就是一根强度很大的绳索，它的末端连着液压阻力缓冲器，垂直于斜角甲板的中心线放置。它自斜角甲板尾端60米处就开始设置，向前每隔14米横设一根。舰载飞机降落时，在放下起落架和襟翼后，会放下专门设计的可伸缩的尾部舰钩，当这种钩子挂住拦阻索中的任意一根时，飞机便能迅速被拦阻。

F-18大黄蜂舰载飞机
舰载飞机是以航空母舰或其他军舰为基地的海军飞机，用于攻击空中、水面、水下和地面目标，是在海洋战场上夺取和保持制空权、制海权的重要力量。

军事之最 最短命的航空母舰：日本的"信浓"号航空母舰，于1944年11月28日第一次出航时就被美军潜艇击沉。

主题索引
"尼米兹"级航空母舰到底有多大？潜艇为什么能潜水？

科学关键词
尼米兹　潜艇　仿生学

"尼米兹"级航空母舰

"尼米兹"级航空母舰是美国第二代核动力航母，自1968至1998年共建造了8艘，分别是"尼米兹"号、"艾森豪威尔"号、"卡尔文森"号、"罗斯福"号、"林肯"号、"华盛顿"号、"斯坦尼斯"号和"杜鲁门"号。

■ "尼米兹"级航空母舰到底有多大？

Weishenme

美国的"尼米兹"级航空母舰是世界上排水量最大、舰载飞机最多、现代化程度最高、作战能力最强的核动力航空母舰，它就像一座浮动的机场或海上城市。

"尼米兹"级航空母舰长330米，宽76米，它的甲板相当于3个足球场那么大。舰身高70多米，相当于30层楼的高度。舰上有工作人员3184人，航空人员2800人，储备了足够6000多人生活两个月的食品及淡水等。此外，它携带的核燃料可使用13年，发电量可供一座中小型城市的日常使用。舰上还有广播站、电影厅和邮电所、百货商店、服装店、理发店、冷饮店，仅照明灯就有29184盏。参观过这艘军舰的人，都用"海上巨兽"来形容它。

"尼米兹"级航空母舰的作战能力也相当强悍，舰体吃水11.3米，总功率28万马力，最大航速33节，续航力达100万海里，相当于绕地球30圈。它通常都相对固定地配属于一支舰载飞机联队，这个舰载机联队有80余架不同类型的飞机。

■ 潜艇为什么能潜水？

Weishenme

潜艇是指能潜入水中活动和作战的舰艇。它神出鬼没，隐蔽性能好，有较大的自给力、续航力和突击力，是海军武器的重要组成部分。可是，潜水艇为什么能在水下作战呢？

潜艇之所以能自由地下潜、上浮或者悬停，主要与它受到的重力和浮力有关。潜艇的两侧有水舱：水舱充水时，潜艇所受重力大于浮力，就下降；水舱排水时，浮力大于重力，潜艇就上升；浮力与潜艇重力相等时则悬浮。

要想潜入海底，除了沉浮问题外，如何抵抗深海的巨大压力也是一个棘手的问题。潜艇的外壳大都用抗高压合金钢制造，厚度约达到了17.78厘米。此外，深海潜艇的沉浮系统没有采用浮箱，而是根据仿生学，使用了一个既能沉浮又能抵抗深海巨大压力的"气船"装置，以此来帮助潜艇在水下更好地作战。这两项措施便很好地解决了高压问题。

20世纪60年代，美国首先用核动力作为推进动力制成核潜艇，使其水中排水量达到了万吨以上，水下续航力超过20万海里，自持能力达3个月之久，并能携带各种鱼雷和导弹，大大地提升了潜艇的战斗力。

核潜艇
核动力潜艇是潜艇中的一种类型，指以核反应堆为动力来源设计的潜艇。核动力潜艇水下续航能力为20万海里，自持达60至90天。

最小的潜艇：澳大利亚有一艘被命名为"塞拉菲娜"的潜艇，仅40厘米长，是世界上可自我控制的体积最小的潜艇。

■ 为什么说声呐系统是潜艇最重要的设备？

Weishenme

潜艇一般都能在水中下潜数百米。在那么深的海里，它是靠什么装备准确无误地潜行呢？这个问题的答案，就在声呐系统身上。

声呐是利用水中的声波进行探测、定位和通信的电子设备，它是各国海军进行水下监视使用的主要工具。就像潜艇的"耳朵"，声呐可用于对水下目标进行探测、分类、定位和跟踪，它还能进行水下通信和导航，保障舰艇、反潜飞机和反潜直升机战术的具体实施和水中武器的正确使用。

潜艇上装备有主动式声呐和被动式声呐。主动式声呐发射声波后，由声呐接收器接收回波，以辨别目标的方位和距离。被动式声呐则靠接收敌舰螺旋桨转动或其他机械工作发出的声波来发现敌人。

■ 潜艇的外形为什么像支雪茄？

Weishenme

潜艇作为军用舰艇的一种，虽然也在海洋中航行，但它的形状却和一般的船舶不同。它钝钝的头部，加上又长又圆的身躯，看起来就像一支雪茄。为什么潜艇要做成这个样子呢？

潜艇与水面舰船最大的区别就在于它要长时间地在水下航行。所以，在设计潜艇的时候，如何克服水的阻力，提高潜艇的航行速度，就成了设计人员首先要考虑的问题。

潜艇刚诞生的时候，外形也类似于水面上的舰船。但这种造型有一个很大的缺点，就是潜艇在水下受到的阻力很大，导致航速根本不能满足战场快速反应的需要。此后，设计人员根据流线型阻力小的原理，把潜艇的外形改成了现在常见的类似雪茄或水滴的形状。

这种形状的潜艇充分显示了水下航行的优势：光滑的外形可使阻力变小，使潜艇的最高航速达到30节以上，达到能与高速水面舰艇同步航行的机动作战水平。

海豚

海豚属于鲸目齿鲸亚目。齿鲸亚目的动物都拥有"声呐系统"，其中以海豚的"声呐"最为精密，它能利用声波分毫不差地测出附近物体的形状、材料、位置，全部过程只需2秒钟。

潜艇内部

潜艇的艇体内通常被分隔成3至8个密封舱室，舱室内设置有操纵指挥部位、动力装置、武器系统、导航仪器、通信设备和艇员生活设施等。

军事之最 下潜最深的载人潜艇：美国的"得里雅斯特"号深潜器，最深能下潜14000米，曾潜到海洋最深处的马里亚纳海沟。

■ 导弹为什么能准确打击目标？

Weishenme

导弹是20世纪40年代才出现的武器。第二次世界大战后期，德国首先在实战中使用了V-1导弹和V-2导弹，从欧洲西岸隔着英吉利海峡轰炸英国。由于可靠性差及弹着点的散布度太大，结果只起到了骚扰的作用，但这却对以后导弹技术的发展起到了重要的促进作用。

导弹是一种依靠制导系统来控制飞行轨迹的武器，其任务是把炸药弹头或核弹头送到打击目标附近引爆，最终摧毁目标。导弹是否能够准确击中目标，关键在于制导系统。导弹发射后，只有按预定速度和轨道飞行才能准确命中目标。由于种种原因，导弹会出现速度变化和姿态不稳定以及不必要的滚动、俯仰和偏航等偏差，这就需要靠仪器来发现和纠正。这些设备就叫制导系统。导弹制导系统有四种制导方式：自主式制导、寻的制导、遥控制导和复合制导。其作用就是适时测量导弹相对目标的位置，确定导弹的飞行轨迹，控制导弹的飞行轨迹和飞行姿态，保证弹头能够命中目标。

弹道导弹
弹道导弹能按预定弹道飞行并准确飞向地面固定目标，主要是由其制导系统实现的。弹道导弹的制导方式有无线电指令制导、惯性制导、星光-惯性制导等。

■ 什么是弹道导弹？

Weishenme

导弹按飞行方式来划分，一般可分为弹道导弹和巡航导弹。那么，什么是弹道导弹呢？

弹道导弹是指在火箭发动机推力作用下按预定程序飞行，关机后按物体抛行轨迹飞行的导弹。这种导弹的整个弹道分为主动段和被动段：主动段弹道是导弹在火箭发动机推力和制导系统作用下，从发射点起到火箭发动机关机时的飞行轨迹；被动段弹道是导弹从火箭发动机关机点到弹头爆炸点，按照在主动段终点获得的给定速度和弹道倾角作惯性飞行的轨迹。

弹道导弹按作战用途分为战略弹道导弹和战术弹道导弹；按发射点与目标位置分为地地弹道导弹和潜地弹道导弹；按射程分为洲际、远程、中程和近程弹道导弹；按使用的推进剂分为液体推进剂弹道导弹和固体推进剂弹道导弹；按结构分为单级弹道导弹和多级弹道导弹。

一般的导弹是用来击中具体目标的，而弹道导弹更多的是一种威慑性武器，拥有弹道导弹就意味着可以远距离攻击敌对方，如果同时拥有弹道导弹和核武器就意味着可以对敌方进行以陆地发射为基本方式的核打击。

导弹
导弹是"导向性飞弹"的简称，是一种依靠制导系统来控制飞行轨迹的，可以指定攻击目标甚至追踪目标动向的武器。

◆110 军事之最　射程最远的弹道导弹：苏联的SS-18Ⅲ型导弹，最大射程约为16000千米，足以攻击地球上的任何目标。

主题索引：什么是巡航导弹？核武器为什么具有极大的破坏力？

科学关键词：巡航导弹 核武器 TNT当量

军事与武器

■ 什么是巡航导弹？

Weishenme

巡航导弹是依靠喷气发动机的推力和弹翼的气动升力，以巡航状态在大气层内飞行的导弹，在过去曾被称为飞航式导弹。它可从地面、水面或水下发射，攻击地面、水面固定目标或移动目标。其特点是长途奔袭不迷航。至于它是否能够按照作战期望，自动、准确地搜寻到被攻击目标，这完全取决于巡航导弹上的精确制导系统的导引精度。

世界上第一枚巡航导弹是德国的V-1飞弹。第二次世界大战期间，德国曾向英国发射了10500枚V-1飞弹，但落在英国本土的只有约3200枚。20世纪70年代后，诞生了以美国的"战斧"式为代表的高性能新型巡航导弹，其特点是体积小、重量轻、雷达波有效反射面小，可超低空机动飞行，不易被发现和拦截，既能在地面、空中发射，又可从水面、水下发射，命中精度高，既能核装药又可常规装药。在1991年的海湾战争中，美国向伊拉克的重要目标发射了数百枚"战斧"式巡航导弹，多数都击中了目标。

你知道吗

- 巡航导弹大部分时间在稠密大气层中作匀速水平飞行，它的重力与升力、推力与阻力处于完全平衡的巡航状态，故而得名。
- 精确制导技术是巡航导弹的关键技术，正是因为它起到了"眼睛"、"大脑"和"舵"的作用，所以才能使巡航导弹神出鬼没、出奇制胜。
- 光辐射可使人致伤、致盲，还可使某些物体燃烧。

■ 核武器为什么具有极大的破坏力？

Weishenme

核武器，是指利用爆炸性核反应释放出的巨大能量对目标实施杀伤性破坏的武器。它的威力指爆炸时释放的总能量，通常用TNT当量来度量，指产生同样能量所需的TNT炸药的重量。目前，较大的战略核武器，威力相当于5000万吨TNT以上的炸药。

核武器的杀伤破坏方式有五种：光辐射、冲击波、早期核辐射、电磁脉冲及放射性沾染。前四种方式作用时间很短，一般在几十秒钟以内，而放射性沾染作用时间较长，可持续几天，甚至几十天时间。

光辐射也叫热辐射，它是在核爆炸时释放出的比太阳光还要强烈，且可以以每秒30万千米的速度进行直线传播的一种杀伤方式。冲击波是核爆炸后产生的一种巨大的气流和超压。核辐射实际上就是在核爆炸最初几十秒钟放出的中子流和γ射线。电磁脉冲是一种能够有效破坏敌方电子装备的杀伤破坏方式，它不仅能使电子装备的元器件严重受损，还能烧毁电路，使全部无线电指挥、控制和通信设备失灵。放射性沾染是蘑菇状烟云飘散后所降落的烟尘，它对人体可造成严重损伤，甚至死亡。

巡航导弹
巡航导弹是现代军事武器中最有效率的武器之一。这种多功能的武器可以在空中、海上或陆地上发射，而且效率丝毫不受影响。

军事之最　**第一颗原子弹**：1945年7月16日凌晨，第一颗原子弹在美国新墨西哥州阿拉默多尔空军基地的沙漠地区爆炸成功。111

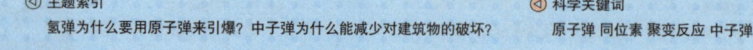

■ 氢弹为什么要用原子弹来引爆？

Weishenme

氢弹是一种能瞬时释放出巨大能量的核武器，它是利用原子弹爆炸的能量来点燃氢的同位素氘、氚等氢原子核的聚变反应，又称聚变弹或热核弹。1942年，美国科学家在研制原子弹的过程中，推断原子弹爆炸提供的能量有可能点燃轻核，引起聚变反应。于是，他们想以此来制造一种威力更大的超级弹。

1952年11月1日，美国进行了世界上的首次氢弹原理试验。氢弹的杀伤破坏因素与原子弹相同，但威力比原子弹大得多。原子弹的威力通常为几百至几万吨级TNT当量，而氢弹的威力则可大至几千万吨级TNT当量。不过，科学家们还可以通过设计增强或减弱其某些杀伤破坏因素，使其战术技术性能比原子弹更好，用途也变得更加广泛。

由于氢弹是利用轻核聚变反应制成的炸弹，而参加反应的物质主要是氢的同位素氘和氚（太阳向外辐射光和热就是氘和氚核聚变反应的结果），它们的聚变反应需要极高的温度，而原子弹正好可以提供高温，所以氢弹要靠原子弹来引爆。

氢弹爆炸
核爆炸时，地面掀起的尘土与烟云相连，从远处看像一个大蘑菇，形成核爆炸特有的"蘑菇云"。

■ 中子弹为什么能减少对建筑物的破坏？

Weishenme

中子弹是一种新型的微型氢弹。它能把核聚变产生的光辐射和冲击波效应减小到氢弹爆炸时的十分之一左右，而特别加大中子流的杀伤作用。其独特之处在于核辐射效应大大增强，而同时产生的冲击波却很弱，放射性沾染也很少，因而对除人员外的附带性毁伤很少。所以，中子弹是一种基本上只会杀人的核武器。

中子弹的杀伤原理是什么呢？由于中子一旦从原子核里面发射出来，就不受外界电场的作用，所以中子穿过物质的本领特别大。中子穿过生物体时，可使生物体内的分子和原子变质或变成带电的离子，引起人体里的碳、氢、氮原子发生某种核反应，从而破坏细胞组织，导致人员死亡。但是，中子弹对没有生命的物体却无法破坏。

现在，除中国外，世界上仅有美国、俄罗斯、法国掌握了中子弹技术。

原爆圆顶塔
1945年8月6日，美国轰炸机在日本广岛投下一颗原子弹，造成8万人死亡。"原爆圆顶塔"是爆炸中未被完全炸平的少数建筑物之一。

◆ 112 军事之最　**最强大的武器**：中子弹。由于杀伤力巨大，现在还没有人把它运用到实战中去，但军事家们仍将其称为"武器之神"。

军事与武器

■ 为什么化学武器杀伤力很大？

Weishenme

炭疽杆菌感染者
炭疽热是一种由炭疽杆菌引起的感染性疾病。炭疽杆菌制备成本低廉，威力巨大，是出现历史比较久的一种生物武器。

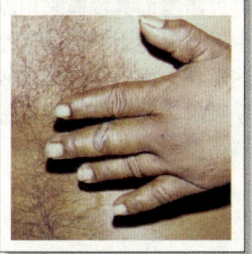

战争中用来毒害人畜、毁灭生态的有毒物质叫军用毒剂，装有军用毒剂的炮弹、炸弹、火箭弹、导弹、地雷、喷洒器等统称为化学武器。

在第一次世界大战中，化学武器共造成了127.9万人伤亡，其中死亡人数9.1万人，约占整个战争伤亡人数的4.6%。化学武器为什么具有如此巨大的杀伤力呢？

第一，中毒途径多。化学武器所释放的毒气可呈现气、液、烟、雾等各种形态，通过呼吸道吸入、皮肤渗透、误食染毒食品等多种途径使人们中毒。

第二，杀伤范围广。染毒空气无孔不入，所过之处都有杀伤效果。

第三，作用时间长。液体毒剂污染地面和物品，其毒害作用可持续几小时至几天，有的甚至长达数周。

化学武器虽然杀伤力大，破坏力强，但由于使用时受气候、地形、战情等的影响，因此具有很大的局限性，而且与核武器和生物武器一样，化学武器也是可以防护的。其主要防护措施有探测通报、破坏摧毁、防护、消毒、急救等。

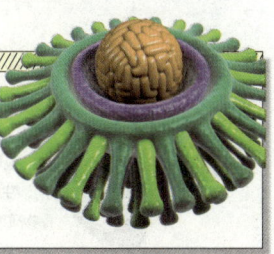

禽流感病毒模拟图
病毒没有完整的细胞结构，主要由核酸和蛋白质外壳组成，有些病毒还有囊膜和刺突。

■ 什么是生物武器？

Weishenme

我们把在战争中用来伤害人、畜或毁坏农作物的致病微生物、毒素及其他生物活性物质统称为生物战剂，比如细菌、真菌、病毒、毒素、立克次体等。生物战剂及施放它的武器、器材就合称生物武器。

生物武器也叫细菌武器，它不像炮弹、炸弹那样用弹片杀伤有生力量，而是靠散布细菌战剂（生物战剂）来杀伤人员、牲畜和毁坏农作物。生物武器的"主角"是一些微生物，如细菌、病毒等。这些微生物进入人体后，会使正常的体细胞受到感染、发生变异。并且，它们可以不断进行自我复制和繁殖，使人在短时间内感染恶性疾病。生物武器便于培养，杀伤力极强，而且使用方便，作战时无孔不入，防不胜防。

利用生物武器作战始于1347年。不过，当时的生物武器较为简单，只是把带有鼠疫、天花等传染病的媒介物投送到敌军集结地域，使之染病而丧失战斗能力。现代生物武器的杀伤性大大增强，第一次世界大战末期，仅在一年半的时间内，交战双方患病毒性流感的人员达5亿之多，其中有2000多万人死亡，比战死人员数量高出3倍。

你知道吗

- 化学武器是在第一次世界大战期间逐步形成的、具有重要军事意义的制式武器。按毒剂的分散方式，化学武器可分为爆炸分散型、热分散型和布散型。

- 日本在侵华战争中，曾在东北等地利用臭名昭著的731部队进行生物战剂的研究和生物武器的研制，并在湖南、浙江等地使用细菌武器，造成巨大伤亡。

军事之最 最恐怖的生物武器：炭疽杆菌可以使人患上炭疽热，如果不及时治疗，100个感染炭疽热的人中至少有95个会死亡。

4

▷ 主题索引
什么是"三防"？防毒面具为什么有个"猪鼻子"？

▷ 科学关键词
三防 防毒面具 活性炭

防毒面具
防毒面具可以保护人的呼吸器官、眼睛和面部，阻止毒气、毒剂、生物战剂和放射性灰尘等有毒物质的伤害。

■ 什么是"三防"？

Weishenme

所谓"三防"，泛指对核武器、生物武器和化学武器这三种大规模杀伤性武器的防护。虽然核武器、化学武器、生物武器对人类具有巨大的杀伤和破坏作用，但只要我们防护得当，还是可以在很大程度上免受它们伤害的。

"三防"的防护措施，主要包括利用工事进行防护、利用地形地物进行防护和利用个人防护器材进行防护。对核武器的防护主要是防光辐射、冲击波、早期核辐射、核电磁脉冲、放射性沾染等，可以选择防护地段进行防护。对化学武器的防护，则主要是防各种神经性、窒息性、糜烂性、刺激性的毒剂，所以要注意用个人防护器材对人的呼吸道、眼睛和皮肤进行防护。对生物武器的防护主要也是采用呼吸道防护和体表防护，防止吸入被污染的空气、误食被污染的水和食物、接触带菌物品等。

■ 防毒面具为什么有个"猪鼻子"？

Weishenme

如果大家见过防毒面具的话，就会发现，防毒面具的外形和猪鼻子极为相似。这是为什么呢？莫非防毒面具的发明和猪鼻子有关？事实确实如此。

在第一次世界大战期间，德军为了打破欧洲战场长期僵持的局面，第一次使用了化学毒剂。他们在阵地前沿放置了5730个盛有氯气的钢瓶，释放了180吨氯气，致使5万英法联军士兵中毒死亡。战场上的大量野生动物也相继中毒丧命。可是，奇怪的是，这一地区的野猪竟意外地生存了下来。原来是野猪喜欢用鼻子拱地的习性，使它们免于一死。野猪闻到强烈的刺激性气味后，就用鼻子拱地，以躲避气味的刺激。而泥土被野猪拱动后，其颗粒就变得较为松软，从而对毒气起到了过滤和吸附的作用。

根据这一发现，科学家们很快就制造出了第一批防毒面具。这种防毒面具没有采用泥土作为吸附剂，而是用了吸附能力很强的活性炭，但采用了猪鼻子的形状，因为这能装入较多的活性炭。尽管如今吸附剂的性能越来越优良，但防毒面具那酷似猪鼻子的基本样式却一直没有改变。

野猪拱地
野猪的鼻子十分坚韧有力，能挖掘洞穴或推动4至50千克的重物，可以当作武器。野猪喜欢用鼻子拱地的习性，给人们带来了灵感，使人们制造出了"猪鼻子"防毒面具。

你知道吗

☐ 防毒面具可分为过滤式和隔绝式两种：过滤式带有内装滤烟层和吸着剂的滤毒罐；隔绝式则自带氧气，完全杜绝外界空气进入，用于在高浓度染毒空气中或缺氧条件下活动。

☐ 英国的新式S6型防毒面具，采用了气垫管密合框结构，能在人的面部产生均衡的压力，即使长时间佩戴亦不会产生局部压疼感，大大提高了舒适性。

◆ 114 军事之最 最先进的三防服装：英国的MK-3型三防防毒衣，可以有效躲避敌人核武器、生物武器、化学武器的突然袭击。

主题索引　为什么要建造防空洞？什么是预备役部队？
科学关键词　防空洞 预备役部队 现役部队

军事与武器

■ 为什么要建造防空洞？

防空洞是为了躲避敌人炮火的轰炸，保护人身、财物的安全而挖掘的洞穴，它不仅能防止空中轰炸，还能防原子弹、中子弹和毒气等。防空洞的进出口都有防护密闭设备和通风口，这样，放射性灰尘和毒气就不能侵入了。

防空洞是人防建设的一项基本内容。纵观世界，越是实力强大的国家，对防空洞等人防措施的建设就越重视。在近100年来从未遭受过战争侵袭的美国本土，几乎每个较大规模的城市都建有防空洞。瑞士法律规定，每所住宅都必须修建地下防空设施，并且防空设施必须要能抵抗一定强度的冲击波，还要配备防御化学武器、核放射尘埃的过滤器和至少维持两周以上的饮用水和储备粮。

另外，防空洞在平时，对自然灾害同样发挥着不可低估的作用。在美国的佛罗里达州，每当龙卷风袭击的时候，防空洞就成了人们避难的场所。

在我国，1976年唐山大地震发生后，正是一个设在地下人防设施里的电站，由于得到人防工程的保护，没有被损坏，在震后第一个输出了电，为抗震救灾作出了重要贡献。

你知道吗

■ 如今，一些多年前建造的老旧防空洞被人重新利用起来，经过重新整修，用于旅游业、防自然灾害（如躲避龙卷风）等。

■ 中国最早于1955年开始建立预备役部队，先后在成都、武汉、昆明、兰州等军区组建了一批预备役部队，并预编了十几万名预备役士兵。

■ 什么是预备役部队？

所谓预备役部队，是相对现役部队而言的。预备役部队是指国家平时以预备役军人为基础、现役军人为骨干组建起来的，能够迅速转化为现役部队的武装组织。

预备役部队是加强军队后备力量建设，保障战时迅速扩编军队的重要组织形式。预备役人员按地区编组，配有武器装备，对训练时间、训练内容、战时任务及隶属关系等都有明确规定。他们训练有素，战斗力较强，战时能迅速、成建制地转为现役部队，进而参加作战。

世界上许多国家都把组建预备役部队视为增强军队后备力量的重要手段。

预备役部队在现代国防和战争中占有重要地位，因此引起了世界上越来越多国家的重视。

防空洞入口
防空洞不仅可以躲避炮火，而且还是个冬暖夏凉的好地方。这是因为防空洞很少受到太阳直射，内部温度变化不大，所以夏天比外面凉，冬天比外面暖。

正在整装的中国预备役士兵
预备役部队通常分为军种预备役部队和兵种预备役部队。后者只在规定的时间内进行规定的训练，目的是为国家储备兵力。

军事之最　**最强大的防空设施**：美国的地下防空设施是世界上最先进的，城市75%的建筑都有地下室，面积达6.5亿平方米。　115

陆军包括哪几个部分？

Weishenme

当今世界，几乎所有的国家都建有陆军。许多国家的陆军都由五个以上的兵种和保障部队构成，每个兵种又由不同层次、多种类型的部队编成。现代陆军是一个多兵种、多系统、多层次有机结合的整体，具有强大的火力、突击力和高度灵活的机动能力，既能独立作战，又能与其他军种联合作战。

现代陆军主要由步兵（含摩托化步兵、机械化步兵）、装甲兵（即坦克兵）、炮兵、陆军防空兵、陆军航空兵、电子对抗兵（即电子对抗部队）、工程兵、防生化兵、通信兵、侦察兵等兵种和专业兵组成。有些国家的陆军还有空降兵、导弹兵、火箭兵、铁道兵和特种部队等。陆军的主要装备有步兵武器、汽车、坦克、装甲车、火炮、导弹、火箭、直升机等各种武器器材。

20世纪80年代以来，我国以炮兵、装甲兵、工程兵、防化兵为主体的兵种部队在陆军编制中所占比重已达2/3以上。

炮兵

炮兵是以火炮、火箭炮和战役、战术导弹为基本装备，执行地面火力突击任务的兵种。炮兵具有强大的火力和较高的机动能力，在历史上曾有"战争之神"的美誉。

特种兵

一般认为特种部队最早源于英国。第二次世界大战期间，为反击纳粹德国的疯狂进攻，英国首相丘吉尔下令组建一支由海军和海军陆战队的精锐士兵组成的特种部队，他们头戴绿色贝雷帽，被称为"哥曼德"。

特种兵为什么具有超强的战斗力？

Weishenme

特种部队指的是担负破袭敌方重要的政治、经济、军事目标和执行其他特殊任务的部队，通常隶属于最高的军事机关。特种兵的建制一般不大，在军队里所占比重小于3%，但是战斗力却是最强的。

特种部队之所以具有超强的战斗力，首先是成员素质高，一名合格的特种兵先要经过严格挑选，还要接受战斗技能、机动技能、渗透技能、侦察谍报技能等多方面的近乎严酷的训练。

特种部队的战斗力还取决于他们轻便、先进、高效的武器装备。其装备以手枪、匕首、步枪、冲锋枪、轻机枪、手榴弹和掷弹筒等轻武器为主；还配备高级无声枪械、高级暗杀器械和药品、微型通信器材、特种爆破装置等，能够机动灵活地完成各种特殊任务。

军事之最　最早的特种部队：1940年6月6日，为反击纳粹德国，英国首相丘吉尔下令组建了第一支特种部队，名为"哥曼德"。

主题索引
海军陆战队为什么强悍勇猛？海军航空兵是做什么的？

科学关键词
海军陆战队 两栖部队 海军航空兵

军事与武器

航空母舰及舰载飞机
海军航空兵分为舰载航空兵和岸基航空兵。为航空母舰舰载飞机执行空中作战任务的就是"舰载航空兵"。

■ 海军航空兵是做什么的？

Weishenme

海军航空兵是海军中主要在海洋上空执行作战任务的兵种，是海军的主要突击兵力之一。它分为岸基航空兵和舰载航空兵，通常编有轰炸机、歼击机、强击机、反潜机部队以及执行侦察、巡逻、预警、电子对抗、运输、救护等支援保障任务的部队、分队。有的国家还为海军航空兵编有地面防空部队和专业院校，配有指挥、通信、补给、保养、修理等勤务系统，具有远程作战、高速机动和猛烈突击的能力。

海军航空兵的任务是独立或协同其他军种、兵种，歼灭敌方的空中、海上力量，攻击敌方的海上交通线和海军基地、港口、沿海机场等重要目标，从而夺取海洋战区和濒海战区的制空权。此外，他们还要掩护和支援己方舰艇的战斗行动，夺取制海权，保护己方的海上交通线和沿海机场、基地、港口和兵力部署，进行海上侦察、巡逻、反潜、布雷、扫雷、通信、引导、运输、救护等。

今后，海军航空兵将向着多机种、多用途的方向发展。

■ 海军陆战队为什么强悍勇猛？

Weishenme

在现代高科技的战场上，有一支带有神秘色彩的劲旅。论编程，步兵、炮兵、装甲兵、空降兵、潜水兵，陆海空三军无所不有；论作战地域，从山林到海岛，从空中到水下，从热带到寒带，无所不及；论单兵素质，人人身怀绝技，就是和特种兵相比也毫不逊色。他们就是海军陆战队。

海军陆战队是海军中担负登陆作战任务的兵种，一般属于海军或舰队。它的产生源于执行登陆作战的需要，因而海军陆战队也被称为两栖部队。

目前，世界上有29个国家和地区拥有海军陆战队，经过极其严格的训练，其队员大都具有机动性强、反应快的特点及高超的独立作战能力。各国海军陆战队的基本使命都是独立或配合陆军担任特遣队实施登陆作战，争取并巩固登陆点和登陆场，保障后续部队登陆，担负海军基地、重要地区和岛屿的防御任务。

"血战硫黄岛"纪念雕像
这座巨型雕像是根据记者乔·罗森塔尔拍摄的著名照片塑成的，位于美国首都华盛顿的广场上。它表现了在第二次世界大战时期的硫黄岛战役中，五名海军陆战队的士兵奋力插起一面美国国旗的场景。

军事之最　**最大的海军陆战队**：美国海军陆战队共有3个师与3个配有416架战斗机的空中联队，被美国人视为"第四军种"。　117

4

> 主题索引
> 战略轰炸机部队为什么要编队飞行？什么是特技飞行？
>
> 科学关键词
> 轰炸机 巴尔博编队 特技飞行

特技飞行
特技飞行的突出特点是在不同的特技动作中飞机的飞行状态、高度、速度、方向和过载等参数都会急剧变化。

■ 战略轰炸机部队为什么要编队飞行？
Weishenme

前文提到战略轰炸机部队，可是你知道吗，战略轰炸机部队在空中执行任务时，是需要编队飞行的。这是为什么呢？

原来，轰炸机的速度慢，机动性差，如果遇到敌人战机拦截，单机会很快被击落，虽然重型轰炸机有大量的机枪、航炮和球形炮塔，但它还是不能以单机来对付大批的战斗机，所以重型轰炸机进行轰炸时都需要编队飞行。而且单机飞行进行轰炸对敌方的破坏微乎其微，要对敌方的军事设施、基础设施的破坏达到最大程度，就需要进行编队飞行。编队飞行的另外一个好处就是可以避开别的飞机的尾流。

在历次轰炸中，使用率最高的编队飞行方式就是"巴尔博编队"，它是以意大利著名空军军官伊塔罗·巴尔博的名字命名的。其队形是：三架飞机成正三角形飞行，一机在前，两机在后。

可能成为歼击机飞行员夺取空战优势的手段。

特技飞行按飞机数量可分为单机特技和编队特技；按飞行高度可分为低空特技、中空特技和高空特技；按空间位置则可分为水平面特技、沿垂面特技和空间特技。常见的特技动作有盘旋、俯冲、跃升、战斗转弯、下滑倒转、筋斗、斜筋斗、半筋斗翻转、水平8字、上下横8字、跃升盘旋、跃升倒转、上升下滑多次横滚、水平一次或多次横滚和慢滚等。

轰炸机编队
轰炸机的速度慢、机动性差，如果遇到敌人战机拦截，单机会很快被击落，所以轰炸机进行轰炸时需要编队飞行。

■ 什么是特技飞行？
Weishenme

特技飞行指的是飞机急速改变飞行状态和运动参数的机动飞行。我们有时在电视上看到的飞行表演中，一队飞机在空中上下翻飞，做出各种高难度的飞行动作，那就属于特技飞行。

特技飞行是随着飞机性能的改进和空战与表演的需要而逐步发展起来的，现在已逐渐成为一种专门的飞行技术。它对提高飞行员的驾驶技术，增强耐力，培养勇敢精神和充分发挥飞机性能都有重要的作用。这些特技动作将有

你知道吗

■ 二战结束前后的1945年9月2日，在日本的投降仪式上，由1500架战斗机和500架B-29轰炸机组成的庞大的飞机编队飞越"密苏里"号战列舰上空，显示了美军强大的空中力量。

■ 美国麻省理工学院的一个小组已初步研制出代号为"X-Cell60"的无人驾驶直升机，它的长项就是"玩特技"。

军事之最 | 最著名的轰炸事件：1941年12月7日，日军动用50架轰炸机、51架俯冲轰炸机、40架鱼雷轰炸机，偷袭了珍珠港的美军基地。

防弹服为什么能防弹？

防弹衣是一种能吸收和耗散弹头和碎片的动能，减轻子弹穿透力，有效保护人体受防护部位的服装，分为软体、硬体和软硬复合体三种。软体防弹衣的材料主要以高性能纺织纤维为主，这些高性能纤维的能量吸收能力远远高于一般材料，从而赋予防弹衣以防弹功能。硬体防弹衣则是以特种钢板、超强铝合金等金属材料，或氧化铝、碳化硅等硬质非金属材料为主体防弹材料制成的。软硬复合式防弹衣的柔软性介于上述两种类型之间，它以软质材料为内衬，以硬质材料为面板和增强材料，是一种复合型防弹衣。

防弹衣的防弹机理从根本上说有两个：一是将弹体碎裂后形成的碎片弹开；二是通过防弹材料消释弹头的动能。美国在20世纪二三十年代研制出的首批防弹衣就是靠连在结实衣服内的搭接钢板提供防护的。这种防弹衣以及后来类似的硬体防弹衣都是通过弹开弹头或弹片，或使子弹碎裂以消耗分解其能量而起到防弹作用的。以高性能纤维为主要防弹材料的软体防弹衣，其防弹机理则以后者为主，即利用高强纤维织物"抓住"子弹或弹片，从而达到防弹的目的。

身穿防弹衣的警察
防弹衣主要由衣套和防弹层组成。防弹层对低速弹头或弹片有明显的防护效果，可减轻其对人体胸、腹部的伤害。

迷彩服为什么能迷惑敌方侦察？

在表现现代战争的影片里，人们常常可以看到一些隐蔽待命的部队，他们所穿的五颜六色的衣服，就是"迷彩服"。这种衣服在环境多变的丛林中，可以使"红外夜视仪"、"激光侦察仪"视线模糊，让敌人变成"睁眼瞎"。

身穿迷彩服的士兵
迷彩服的反射光波与周围景物反射的光波大致相同，不仅能迷惑敌人的目力侦察，还能对付红外侦察，使敌人现代化侦察仪器难以捕捉目标。

迷彩服防侦察的关键在于军服的色彩颜料。由于颜料里掺进了一种特殊的化学物质，而染上这些染料的服装，具有较强的反射红外光波的能力就与周围自然景物相似，从而达到迷惑近红外夜视仪的目的。另外，迷彩服使用不同的色斑，可使军服色彩基本接近周围环境的颜色。

第二次世界大战末期，德国军队首次使用了迷彩服，那是一种三色迷彩服。后来，美国等国家的军队装备了更先进的四色迷彩服。现在世界通用的是六色迷彩服。美军还根据其不同兵种，制定了各种不同的迷彩服伪装图案。

你知道吗

- 人体铠甲的雏形可追溯至远古，原始人类为防止身体被伤害，曾用天然纤维编织带作为护胸的材料。
- 如今，迷彩已不仅仅是在士兵的军服和头盔上使用，各种军用车辆、大炮、飞机等军用器材装备上也被普遍涂上了迷彩。

军事之最　最早的伪装色军服：是1864年12月英军大尉拉姆斯汀针对作战环境中黄土裸露多、风沙大的特点，选定的土黄色军服。

■ 水手服的军帽后面为什么有飘带？

Weishenme

各国海军士兵戴的军帽大同小异，通常为白色或蓝色，帽檐为硬圈，帽檐后面有两条黑色的飘带。大家知道海军士兵帽的飘带是如何来的吗？

19世纪初，无檐水兵帽风行于世界各国海军。水兵帽无檐，主要是为了避免舰艇高速航行时帽檐兜风和使用观察仪器时帽檐碰坏仪器。而水兵帽后面有飘带，则既可以当风向标使用，也可以用以系住帽子不使其脱落。

关于飘带的来历，还有另外一种说法。1805年，拿破仑军队入侵英国，英军统帅纳尔逊率舰队打败了法国舰队，但他本人在战斗中重伤身亡。英国海军为他发丧时，全体水兵都在帽后缀上两条黑纱表示悼念。此后，英国海军士兵帽就正式缀上了两条黑色飘带，以后逐渐为各国海军所仿效。

水手

海军水兵帽的特色是无檐并配有两根飘带。飘带在早期主要是为了测试风向。今天，虽然现代气象设备已广泛使用，但这一特色仍被保留了下来。

战斗机飞行员

飞行员在执行飞行任务时必须穿着厚厚的飞行服，这是能保证飞行员在飞行中，特别是在高空低气压、缺氧等情况下正常工作的重要装备。

■ 飞行员为什么要穿上厚厚的飞行服？

Weishenme

飞行员之所以在执行飞行任务时要穿厚厚的飞行服，是为了保证飞行员在飞行中，特别是在高空低气压、缺氧等情况下的正常工作和生命安全。厚厚的飞行服主要包括：头盔、围巾、风镜、外上衣、裤子、皮靴、手套和毛衣裤、衬衣裤等，按穿用季节可分为春秋季、夏季和冬季飞行服。飞行服上衣通常为夹克式，下衣为马裤式。

这套特制的衣服不仅具有保暖的作用，还可以抗压。在飞机高速俯冲或做"大筋斗"的时候，飞行员要受到很大的过载，即受到几倍于身体重量的压力，如果超过一定限度，飞行员就会昏厥过去。飞行服的抗压性能可以减少飞行员受到的压力，保证在做高难度动作时，他们仍然能较清醒灵活地操纵飞机。

目前，各国空军的飞行服均采用尼龙贴扣封口，而没有用纽扣。这是因为20世纪50年代初，西欧某国在一次陆海空三军演习时，一名技术高超的飞行员因一粒纽扣掉进仪器而造成了机毁人亡的事故。后来人们吸取这次教训，对飞行服进行了改造。

---

120 军事之最　**最年轻的飞行员**：2003年10月14日，已有1年驾龄的10岁女孩晨·维兹曼被吉尼斯世界纪录委员会授予"最年轻的飞行员"称号。

交通工具是为适应人类生产和生活的需要而逐步发展起来的，当代主要有铁路运输、公路运输、水路运输、航空运输和管道运输五种运输方式。

体育活动既能强身健体，又能使人精神愉悦，自古以来就深受人们重视。

Part 5
交通与体育

主题索引	科学关键词
最早的交通工具是什么？为什么说轮子的发明是运输史上的一大进步？	交通工具 运输工具 滑轮

牛车

人类在公元前8世纪就已经开始驯养牛为人类服务了。牛性情温驯、身强力壮、吃苦耐劳，曾是古代最主要的代步工具之一，直到现在，仍有许多人使用牛耕地、拉车。

你知道吗

■ 中国考古工作者在浙江省境内发现了一艘在地下沉睡了至少7500年的小木船，它是迄今为止中国出土的最早的水上交通工具。

■ 原始居民普遍崇拜日月。因为古人认为圆形是最完美的形状。

■ 最早的交通工具是什么？

Weishenme

在原始社会，如果人们想到另外一个地方去，只能靠自己的双脚走去。不过这种现象很快得到改善，人们学会了驯养牲畜，骑乘它们来代替步行。就这样，牛、马、驴和骆驼成了最早的陆上交通工具。

而水上交通则是另一种情况。科学家认为，人们很早就注意到了落叶、枯枝和树木能在水中漂浮的现象，并逐渐从中得到启发，慢慢学会了用藤条将几根树枝捆在一起，顺水漂流，创造了最原始的水上交通工具：木排。

中国西汉末东汉初发明的独轮车，堪称世界上最早的运输工具。独轮车又叫"鹿车"或"羊角车"。它的特点是中间只有一个车轮，一个人就可推动。车上既可坐人又可载物，不论平原还是山地的狭窄道路，均可使用，而且它的运输量比人力担挑、畜力驮运大了好几倍。

■ 为什么说轮子的发明是运输史上的一大进步？

Weishenme

人类的发明不可胜数，轮子的发明堪称最杰出的发明之一。

在轮子发明之前，人们除了肩背手提之外，就只会使用滑橇来运输货物了。后来有人偶然发现，圆滑的石头或圆木滚动起来很快。受到这个现象的启发，人们用石斧把圆木截短，并在砍下的两段圆木的中间凿一个圆洞，再在洞里穿上一根细一点的木棍把它们连接起来。这样，一种滚子橇就制造出来了，用它拖东西比过去轻快多了。这种滚轮出现于公元前2000年左右。但这种滚轮装运太重的物品时，就会被压裂。因此，后来人们又为这种轮子套上了铜箍或铁箍。

轮子带给人类一种全新的运动方式，即由滑动到滚动的飞跃。滚动的轮子和滑动的物体相比，可以大大减轻与地面的摩擦力，使人类可以运输更多更重的货物，从而大大促进了劳动生产力的提高和社会经济的发展。因此，有人将轮子的发明与火的发明相提并论。

木轮

轮子通常被视为人类最古老、最重要的发明，以至于我们经常把它和火的发明使用相提并论。实际上，人类使用火的历史超过150万年，而使用轮子的历史则只有短短的6000年。

◆ 交通之最　**最大的车轮**：加拿大通用公司为矿区制作了一种巨无霸卡车，其车轮直径超过了4米。

主题索引
自行车是何时发明的？自行车轮上为什么有辐条？

科学关键词
自行车 轮毂 轮辐 轮辋

交通与体育

■ 自行车是何时发明的？

Weishenme

自行车是何时发明的？说法有很多，这里介绍其中最主要的三种。

第一种，认为自行车的始祖是我国公元前500多年的独轮车。史书记载，清朝人黄履庄曾发明过自行车。《清朝野史大观》载："黄履庄所制双轮小车一辆，长三尺余，可坐一人，不需推挽，能自行……日足行八十里。"

第二种，认为自行车为西欧人发明。1790年，法国人西夫拉克研制成木制自行车，外形像一匹木马的脚下钉着两个车轮。1817年，德国的德莱斯男爵发明了一种能自由活动的车把。1839年，英国工人麦克米伦首创了用曲轴机构驱动后轮的脚踏自行车，可使人在骑自行车时双足离开地面。

古董自行车
1861年，法国人发明了前轮大、后轮小的自行车，前轮上装有曲柄和能转动的踏板；1874年，英国人在自行车上采用了链条传动结构。但此时的自行车仍是前轮大、后轮小，车座也很高，骑车的人很难控制车子。

第三种，认为自行车是俄国人发明的。1801年，俄国农奴阿尔塔莫诺夫骑着自己制造的木制自行车向沙皇亚历山大一世献礼。

后来的1886年，英国机械师斯塔利为自行车装上了前叉和车闸，并用钢管制成了菱形车架，还首次使用了橡胶的车轮。他的设计改进了自行车的结构，为自行车的大量生产和推广应用开辟了美好的前景，因此被后人称为"自行车之父"。

■ 自行车轮上为什么有辐条？

Weishenme

自行车的车轮并不是实心的，轮毂和轮辋之间有钢丝制成的辐条。它的用处是使自行车的车轮保持一定的形状，因为每当车轮碰到石头或陷入马路上的小坑时，辐条都能吸收冲力的震动，从而防止轮子变形。安装辐条时，每一根辐条都是被辐条板子按照对称的方向拉紧的。没有装辐条的钢圈，只要稍一用力，钢圈就会变成椭圆形。但是，拉紧了辐条的钢圈就不会变成椭圆形，因为辐条不能任意伸长使钢圈变形。

其实，最早的轮子都是实心的，一般用三块木板拼成。相比较而言，辐式车轮是一项重大的技术改进。因为它具有更大的承压能力，而且重量较轻、不易破裂、更富于弹性，适于高速运行。

【百科辞典】

轮毂：
车轮中心轴状的那一部分。

轮辐：
车轮上连接轮辋和轮毂的部分，是一种保护自行车车轮的轮圈、辐条装置。

轮辋：
车轮周围边缘的部分，也就是钢圈。

自行车轮
自行车车轮的辐条一般是等径的，为了减轻重力，也有制成两端大、中间小的变径辐条，还有为了减小空气阻力将辐条制成扁流线型的。

交通之最　最贵的自行车：全世界最贵的自行车是宝马公司制造的价值15万美元的人工智能自行车。 123

■ 充气轮胎是何时出现的？

Weishenme

早期没有轮胎的自行车，轮子不是木头做的就是金属做的，骑车时乱颠乱震，实在不便于使用。但在轮子外面加上充气轮胎以后，颠簸的程度就大大减轻了。那么，最早的充气轮胎是什么时候发明的呢？

1887年，有个叫邓禄普的英国人，为了在自行车比赛中获胜，千方百计地改进自行车的轮子。经过多次实验之后，他把橡皮管按自行车轮子的大小弯成圆环，再用胶把两端粘结实，然后给橡皮管打足气，绑在了自行车的轮子上，这样便制成了世界上第一个充气轮胎。

比赛那天，邓禄普骑着改进后带充气轮胎的自行车，一直在队伍的最前面，遥遥领先，最后如愿以偿地获得了冠军。事后，人们对他的发明产生了极大的兴趣，于是，在很短的时间内，装上充气轮胎的自行车便很快风靡了整个欧洲，成了自行车的主流类型。

■ 山地车为什么能在崎岖的山路上行驶？

Weishenme

山地车，英文名"mountain bike"，缩写为"MTB"，起源于美国，是美国青年为了寻求刺激，在摩托车比赛的越野场地上驾驶自行车进行花样比赛而发展起来的车型。

山地车的各种部件均不同于普通自行车：它有着缓冲作用很强、抗震性能良好的轮胎；具有牢固结实、材料刚度大的车架；还有不易疲劳的手把以及即使在陡峻的坡道上也能保证畅快骑行的变速器等。这些特殊器械使山地车更加适于爬山越岭和郊游旅行。所以，山地车具有刚度大、行走灵活等特点，骑行时不必选择道路，骑车者可以在各种路面环境上尽情享受骑行的乐趣。

山地车因其坚固、粗犷、新颖的外形、缤纷夺目的色彩、优越的骑行性能，很快就成了都市青年追求的时尚。

> **自行车头盔**
> 今天的自行车头盔大都由轻型复合材料制成，既能保护头部又轻便透气。

> **山地自行车赛**
> 山地自行车赛是一项独立的自行车赛事。参赛队员尽量避开过于平整的赛道，而选择更艰险崎岖的山路，以比赛实力及自行车技术。

最先进的安全轮胎：米其林轮胎有胎唇垂直锚泊系统，装配于顶级豪华轿车劳斯莱斯上，大大提高了轿车的安全系数。

主题索引:摩托车为什么能够高速行驶？为什么骑摩托车一定要戴头盔？
科学关键词:摩托车 内燃机 头盔

交通与体育

■ 摩托车为什么能够高速行驶？

Weishenme

摩托车飞驰起来就像一阵风，一点也不亚于汽车的速度，这是为什么呢？

这是因为，摩托车和汽车发动的原理基本是一样的。摩托车也装有一个内燃式发动机，一般安装在车子的中间位置。内燃机的燃油燃烧产生动力，推动活塞，牵动曲轴，变速器又将曲轴的旋转传给链条，从而带动轮子转动，摩托车就这样发动起来了。发动机的动力越大，摩托车也就跑得越快。摩托车一般采用二冲程发动机，在转速相同的情况下，比四冲程发动机功率要高1.5倍。

与汽车相比，摩托车造型轻巧，加速容易，而且能在崎岖的道路上自由行驶。而用来进行越野赛的摩托车，其强大的动力则足以使车身在高速疾驶中高高腾起，飞越障碍。

飞越
图为摩托车越野赛中腾空跃起的摩托车。全世界最快的摩托车时速可达400千米。

■ 为什么骑摩托车一定要戴头盔？

Weishenme

在1956年美国加利福尼亚州举行的一次摩托车大赛中，著名选手威廉斯内尔在比赛中坠车惨死。之后，人们就将安全防护头盔的设计列为摩托车的重点研究项目。

摩托车具有灵活、快捷、行驶中占用道路面积小、容易通过一般空隙的特点。但是，摩托车与路面附着面积小，稳定性差，这就容易诱发交通事故。由于摩托车驾驶员的身体直接暴露在车外，没有任何保护装置，一旦发生事故，驾驶员就极易受到伤害。不论是撞车还是翻车，驾驶员的头部都会受到损伤，甚至导致驾驶员死亡。

专家们经过反复实验确定，头盔可以有效地保护头部。头盔光滑的半球可分散并吸收冲击力，而头盔的变形或裂纹以及护垫，又可以起到缓冲作用，也能吸收一部分能量。据测算，人的头部一般可以承受450千克作用的冲击力，而头盔能使实际作用于头部的冲击力小于这个上限，从而起到防护的作用。另外，在行车或超车时，安全头盔鲜明醒目的色彩还能引起前方驾驶员的注意。

所以，世界各国都规定，骑摩托车必须戴头盔。

•••【百科辞典】•••

内燃机：
一种动力机械，它是通过使燃料在机器内部燃烧，将其放出的热能直接转换为动力的热力发动机。

二冲程发动机：
用两个步骤就能完成一个燃油燃烧循环过程的引擎。

摩托车
摩托车由内燃机驱动，轻便灵活，行驶迅速，广泛用于巡逻、客货运输等，也用作体育运动器械。

交通之最 最早的摩托车：1885年，德国人把自己发明的单缸内燃机安装在木制自行车上，发明了世界上第一辆摩托车。 125

第一辆汽车

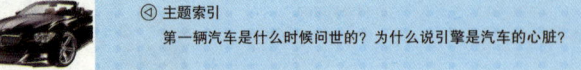

1885年，德国人卡尔·佛里特立奇·本茨研制出了世界上第一辆马车式三轮汽车，并于1886年1月29日获得世界第一项汽车发明专利。这一天被大多数人视为现代汽车诞生日，本茨也被后人誉为"汽车之父"。

■ 第一辆汽车是什么时候问世的？

Weishenme

世界公认的汽车发明者是德国人卡尔·佛里特立奇·本茨。他在1885年研制出了世界上第一辆马车式三轮汽车，并于1886年1月29日获得了世界第一项汽车发明专利。这一天被大多数人视为现代汽车诞生日，本茨也被后人誉为"汽车之父"。

1887年，卡尔·佛里特立奇·本茨将他的第一辆汽车卖给了法国人埃米尔·罗杰斯，这是世界上销售出的第一辆现代汽车。同年，本茨成立了世界上第一家汽车制造公司——奔驰汽车公司。本茨将毕生的精力都献给了汽车事业。

对于谁是汽车的发明者这个问题，法国人持有不同的看法。法国人认为，早在德国人之前，法国的戴波梯维尔在1884年就发明了汽车并申请了专利。这的确是事实，但遗憾的是，戴波梯维尔以后并没有去研究汽车，而是把发动机用到了工业生产中，最终成了一个工业发动机制造商。但有一点是肯定的，法国在汽车发展史上作出的巨大贡献是不可磨灭的，因为法国人同样是汽车工业的先驱，是他们使汽车制造真正进入工业生产阶段。

■ 为什么说引擎是汽车的心脏？

Weishenme

引擎，是英文Engine的音译，指一种能够把一种能转化为另一种更有用的能的机器，它通常能够把化学能转变为机械能，从而为汽车、飞机、轮船乃至航空火箭提供动力。最早的引擎是在1860年由一位英国科学家发明的，那是一种由火药驱动的燃烧式引擎。有人把引擎称为发动机，其实发动机是一整套动力输出设备，包括变速齿轮、引擎和传动轴等，引擎只是发动机的一部分，但却是最核心的部分。

我们常说，引擎是汽车的心脏，是因为它为汽车的行走提供了主要的动力。简单地讲，引擎就是一个能量转换机构，能将汽油或柴油的热能，通过燃烧气体膨胀时推动活塞做功这种方式，转变为机械能，这就是引擎最基本的工作原理。它所有的结构都是为能量转换服务的。虽然引擎伴随汽车走过了100多年的历史，不管是在设计上、制造上、工艺上还是在性能上、控制上都有很大的提高，但其基本原理仍然未变。

引擎是汽车中能给汽车提供动能的独一无二的部件，就如同人体中源源不断地向身体各部位输送血液的心脏。所以，把引擎说成是汽车的心脏，一点也不为过。

汽车引擎
引擎是汽车发动机的核心部件，是整部汽车的心脏，它为汽车的行驶提供了最主要的动力。

◆交通之最　**最贵的汽车**：德国奥迪原厂生产的一款派克峰概念车，车身用铝制成，具有环保功能，价值3000万欧元。

主题索引
为什么绝大部分汽车都使用汽油引擎？为什么方向盘能够控制汽车灵活转向？

科学关键词
汽油 柴油 差速器

交通与体育

■ 为什么绝大部分汽车都使用汽油引擎？
Weishenme

多年来，发动机在不停地更新换代，例如蒸汽发动机、燃气发动机和电动机。到了近现代，汽车的动力来源已经有了许多种，像汽油、柴油、电力及油电混合等。但就目前的使用状况而言，绝大部分汽车都使用以汽油为燃料的引擎。这是为什么呢？

首先，汽油引擎已经有了近百年使用与发展的历史。工程界对这种引擎不但熟悉，而且有多年的研发经验，这使得它价格便宜且实用可靠。其次，汽油燃料的能量密度很高。当空气和汽油的混合物被推进引擎中的汽缸后，经过一系列反应变化和机械运动，燃料的化学能可以转化为机械能，给汽车源源不断地注入强大的动力。最重要的一点是，和另一种常用燃料柴油相比，电喷汽油引擎的污染要小得多。

现在，我国的柴油品质还不高，含硫量很大，这使得在使用柴油燃料的时候，柴油引擎会冒出大量的黑烟，给环境造成严重的污染。相比之下，人们就更多地选择使用汽油引擎了。

汽车尾气
汽车尾气是空气污染的一个重要因素。它不仅会使人头昏、恶心，影响人的身体健康，而且还会对环境产生更为深远的影响。

■ 为什么方向盘能够控制汽车灵活转向？
Weishenme

汽车驾驶台
方向盘是一种齿轮系统，操作灵活，很好地缓解了来自道路的剧烈振动。好的方向盘系统还能为驾驶者带来一种与道路亲密无间的感受。

大家都知道，汽车能够灵活自如地转弯。在一些汽车比赛中，赛车在复杂的赛道上，做出各种花哨的转弯动作，更是令人目不暇接、眼花缭乱。这一切都是通过迅速操作方向盘做到的。

为什么方向盘能够控制汽车灵活转向呢？原来，方向盘可以通过调节差速器来控制汽车的方向。差速器是位于汽车驱动轴之间的一组复杂的齿轮，最初是由法国雷诺汽车公司的创始人路易斯·雷诺发明的。当车辆需要转弯时，驾驶员转动手中的方向盘，通过一系列齿轮传导至差速器，而差速器能调整内外两轮的转速。比如，当汽车拐过一个拐角时，汽车的外轮比内轮走的路要多一些，因此外轮必须转得更快一些，才能与内轮保持平衡。如果内外轮单靠同一根轮轴，那将是不可想象的。因此，车轮轴要分成两部分，这两部分彼此相连，并且靠差速器的轴承系统与发动机里的牵引杆相连接。当汽车直线行驶时，两个轮子都以相同速度转动；转弯时，通过方向盘调节差速器，差速器再使外轮加速而内轮减速，从而保持车身平衡，实现汽车的迅速转弯。

【百科辞典】

汽油：
是用量最大的轻质石油产品之一，分为车用汽油和航空汽油两大类，是汽车、摩托车、快艇、直升机的主要燃料。

柴油：
是石油产品之一，是大型车辆、船舰的主要燃料。汽车用的高速柴油引擎比汽油引擎更省油。

交通之最　最小的汽油引擎： 全球最小的汽油引擎可以装入手表中，但它产生的能量却是传统电池的700倍。

127

◁ 主题索引
离合器和变速器是怎样配合工作的？汽车的轮胎上为什么布满了花纹？

◁ 科学关键词
离合器 变速器 轮胎花纹

■ 离合器和变速器是怎样配合工作的？

Weishenme

离合器，顾名思义，就是起着分离或结合作用的机器，它能够分离或结合汽车的发动机和传动系统。如果驾驶员踩下离合器，发动机和传动系统就迅速分开，这样便于驾驶员进行汽车的起步、停车、换挡等操作。在汽车行驶过程中，驾驶员松开离合器踏板时，使发动机与变速器逐渐接合，从而加大传递发动机向变速器输入的动力。

而变速器，就是发动机转速的变换器，是汽车传动系统中最重要的部件之一。变速器内有多组大小不同的齿轮，而汽车行驶时的换挡行为，也就是通过操纵机构使变速器内不同的齿轮组工作。驾驶员通过操纵变速杆以变换速度，使汽车获得所需的牵引力和行驶速度，以适应各种道路条件下起步、爬坡的速度要求。

离合器和变速器两者相互配合，便于驾驶员进行换挡。汽车行驶过程中，需要经常换用不同的变速器挡位，以适应不断变化的行驶条件。如果没有离合器将发动机与变速器暂时分离，那么变速器内动力过大，就容易损坏机件。利用离合器使发动机和变速器暂时分离后再进行换挡，就会使变速器内的主动齿轮与发动机分开后的转动惯量变小，这时，采用合适的换挡动作就能避免或减轻齿轮之间的冲击了。

车辙
汽车在路面上碾过后，留下了各种花纹的车辙。汽车轮胎上的花纹，最主要的作用是增加车轮与地面的摩擦力，以达到增加车的抓地力，帮助汽车启动以及减少刹车滑行距离的目的。

■ 汽车的轮胎上为什么布满了花纹？

Weishenme

汽车的轮胎上布满了花纹，你知道这是为什么吗？

汽车轮胎上的花纹可以起到增加摩擦力的作用，从而增加车的抓地力，有助于汽车的启动和减少刹车的滑行距离。在雨天时，通过花纹还可以把路上的积水排到轮胎外，使汽车能够正常行驶。如果前轮轮胎使用沿滚动方向花纹的轮胎，还能保证导向性。此外，轮胎上的花纹还可以起到节约橡胶用料，减轻自重的作用。

世界上首批汽车轮胎样品是1895年在法国出现的，它们是由平纹帆布制成的单管式轮胎，并没有花纹。直到1908至1912年间，轮胎才有了提高使用性能的花纹。起初，轮胎花纹仅是直线形的花纹，非常简单。后来，随着车辆载重量和行驶速度的日益提高以及路面条件的改进，轮胎花纹也逐渐多样、复杂起来。

汽车离合器
离合器位于发动机和变速器之间的飞轮壳内。在汽车行驶过程中，如果驾驶员踩下离合器，发动机和传动系统就迅速分开，这样便于驾驶员进行汽车的起步、停车、换挡等操作。

交通之最 轮胎花纹的最小厚度：驾驶员应该定期检查轮胎花纹的厚度，如果发现厚度不足1.6毫米，就需要更换新轮胎了。

轿车的风挡玻璃

人们将轿车风挡玻璃的倾角设计得比较大，使车身更显流线型，有利于减小风阻系数，以保证车辆快速行驶，同时它还可以使司机的视线更清晰。

■ 轿车的风挡玻璃为什么是斜的？

Weishenme

我们有时在街上会看到，有一些老式大卡车的风挡玻璃，几乎都是垂直的；而大部分的小轿车则不同，它们的风挡玻璃都是倾斜的。为什么是这样呢？

其实，车的前风挡玻璃都是有倾角的，只不过倾角大小不同而已。前风挡玻璃倾角的大小涉及到一个风阻系数。据测试，一辆以每小时100千米的速度行驶的汽车，发动机输出功率的80%将被用来克服空气阻力。所以为了减少空气阻力，人们将风挡玻璃的倾角设计得比较大，使车身更显流线型，以此减小风阻系数，以保证车辆快速行驶。

此外，前风挡玻璃斜置还有一个目的：后面车辆射来的光，照到风挡玻璃后，就会斜向下反射，而不会进入司机的眼睛；当车内的景物被照亮时，通过风挡玻璃所成的像在司机的前上方，这样司机的视线就不会受到干扰。反之，如果车内有光，再加上玻璃是垂直的，就会把车中的图像映射到车子的玻璃前方，这样就会挡住司机的视线，非常危险。

盘式制动器

盘式制动器是目前的主流制动系统，其主要特点是热衰减较小、刹车灵敏，刹车力量强劲，配合ABS系统还能有效防止车轮抱死。

■ 汽车是怎样刹车的？

Weishenme

汽车在行驶时，如果出现意外，就必须赶紧刹车，所以刹车装置的性能好坏与车上人员的安全息息相关。那么，汽车是怎样做到紧急刹车的呢？

刹车器的学名叫制动器，主要有两大类：盘式制动器和鼓式制动器。盘式制动器有一个与轮子以同样速度旋转的扁平圆盘，叫制动盘。制动盘的两面各有一个刹车片，被制动卡钳夹在一

制动鼓

鼓式制动器利用制动片挤压制动鼓产生制动力来刹车，多用于小型货车和低档汽车，由于制动力较弱、湿水后容易引起瞬间刹车失灵、热衰减快等原因，已濒临淘汰。

起。当司机用脚踩制动踏板时，刹车油就从液压缸流到轮胎处的制动汽缸，制动汽缸产生一个强大的力挤压刹车片，从而使它们压在制动盘上，这样制动盘和车轮就都停下来了。鼓式制动器是早期设计的制动系统，它的制动块位于制动轮内侧，刹车时制动块向外张开，摩擦制动轮的内侧，从而达到刹车的目的。相对于盘式制动器来说，鼓式制动器的制动效能和散热性都要差许多。

最快的轿车：搏速E·V12 Biturbo，在意大利的高速路上创造了时速350.2千米的世界纪录，成为最快的公路用车。

■ 安全气囊为什么能保护驾乘人员？

Weishenme

安全气囊是现代轿车上最引人注目的高技术装置，它通常设置在汽车的前排位置。一旦车体发生了强烈的碰撞，安全气囊就会瞬间"蹦"出来，垫在方向盘与驾驶员之间，以防驾驶员的头部和胸部撞击到方向盘或仪表板等硬物上。安全气囊面世以来，已经挽救了许多人的性命。

安全气囊主要由传感器、微处理器、气体发生器和气囊等部件组成。传感器和微处理器用以判断撞车程度，传递及发送信号；气体发生器根据信号指示产生点火动作，点燃固态燃料并产生气体向气囊充气，使气囊迅速膨胀。同时，气囊设有安全阀，当充气过量时就会自动泄放部分气体，避免将乘员挤压致伤。安全气囊所用的气体多是氮气或一氧化碳。

此外，除了驾驶员有安全气囊外，有些轿车的副驾驶位置也安装了安全气囊。副驾驶的气囊相对体积要大些，所需气体也多一些。

值得一提的是，安全气囊是一种辅助性的设备，与安全带相配合才能起到最佳的保护作用，否则在某些情况下，安全气囊展开时甚至会对乘员造成不必要的伤害。

ABS制动系统
目前，装备在车辆上最常见的是四传感器四通道ABS系统，每个车轮都由独立的液压管路和电磁阀控制，它可以对单个车轮实现独立控制。这种结构能实现良好的防抱死功能。

■ 什么是ABS系统？

Weishenme

汽车在湿滑或结冰的路面上行驶时，如果发生过度刹车的情况，车轮就会被制动装置抱死，失去抓地力，最终导致车辆失去控制方向的能力。为了使车辆在这种危险的路面上能够有效控制前进的方向，设计人员研发出了ABS系统。

ABS是英文Anti-lock Brake System的缩写，中文译为防抱死制动系统。它是一种具有防滑、防抱死等优点的汽车安全控制系统。ABS是在常规制动装置的基础上改进而成的系统，可分为机械式和电子式两种。电子式ABS是根据不同的车型设计的，它的安装需要专业的技术，如果换装至另一辆车就必须改变它的线路设计和电瓶容量。机械式ABS的通用性很强，只要是液压制动装置的车辆都可使用。由于电子式ABS的体积大，所以成品车不一定有足够的空间安装电子ABS。相比之下，机械式ABS的体积较小，占用空间小。所以，对一般车辆而言，使用机械式ABS更加经济实用一些。

目前，最新的ABS已发展到第五代。现今的ABS还有多方面的功能，可以起到电子牵引系统（ETS）、驱动防滑调整装置（ASR）、电子稳定程序（ESP）和辅助制动器等多种作用。

释放安全气囊
汽车的安全气囊内有叠氮化钠或硝酸铵等物质。当汽车在高速行驶中受到猛烈撞击时，这些物质会迅速发生分解反应，产生大量气体，充满气囊。

◆130 交通之最 **最早的ABS系统**：世界上第一台ABS系统于1950年问世，最初被用在飞机上。

主题索引
为什么方程式赛车的外形那么怪？为什么无轨电车有两根"辫子"？

科学关键词
方程式赛车 扰流板 无轨电车

交通与体育

■ 为什么方程式赛车的外形那么怪？

Weishenme

方程式，来自英文的"Formula"，原意是惯例、常规或准则、方案。方程式赛车就是指以共同的方程式（规则限制）制造出来的车，必须符合多种特定的程序，包括车体结构、长度和宽度、最低重量、发动机工作容积、汽缸数量、油箱容量、电子设备、轮胎的大小等内容。

方程式赛车的外形非常奇怪，它的车身特别矮，前面还装有一块薄板，车轮却又宽又大。为什么赛车要设计成这种怪模样呢？这是因为，方程式赛车的速度特别快，车身矮有利于减小空气阻力。车身前面的薄板叫扰流板，装上它就能防止赛车高速行驶时迎面而来的气流向下钻，从而减小其举升力。同时，气流改由车顶通过，反而增强了赛车轮胎和地面的附着力，提高操纵的稳定性。赛车的轮胎特别宽大就是为了最大限度地增强赛车的地面附着力。赛车在急转弯或加速时，重量主要落在后轮上。因此，其后轮设计得更为宽大也是为了增加车辆的稳定性。

F1赛车
F1赛车是世界上最昂贵、速度最快、科技含量最高的赛车，理论上最高时速可达960千米。但其耗油量也十分惊人，一场比赛下来，一辆F1赛车约需消耗200升燃料。

■ 为什么无轨电车有两根"辫子"？

Weishenme

无轨电车和大客车最不一样的地方，就是它的顶上有两根长长的"小辫子"——导线。它们有什么用呢？

我们知道，一般的汽车是通过燃烧汽油来获取能量的，而电车则是用电来发动的。不过，无轨电车自身并不能发电，必须通过车顶上那两根"小辫子"导线，从马路上方的线缆中得到电能。电流先通过一根导线传到电车里，再从另一根导线流回到线缆中。这样，电车就开动起来，整个电力的循环也得到了保证。所以，那两根"小辫子"一根也不能少。

无轨电车素有"绿色公交"之称，它最大的优点是环保。跟普通的公共汽车相比，无轨电车本身不会排放废气，使用的电能来自发电厂，而发电厂可使用水力、核能、煤炭等不同种类的能源，从而减少了对石油的依赖。就算同样使用石油能源，发电厂在效率、废气控制等方面都远远胜于汽车的内燃机。综合起来讲，无轨电车对环境的污染要比公共汽车小得多。

无轨电车
无轨电车自身并不能发电，而必须通过车顶上那两根"小辫子"，也就是导线，从马路上方的线缆中得到电能。电流先通过一根导线传到电车里，再从另一根导线流回到线缆中。

交通之最　最畅销的跑车：1989至1998年，日本马自达公司制造了492645辆MX5跑车，该车的成功销售使双座跑车充满了世界市场。

5.

▶ 主题索引
为什么越野车能轻松地翻山越岭？极地越野车是如何在冰面上前行的？

▶ 科学关键词
越野车 四轮驱动 极地越野车

越野车
越野汽车一般都是全轮驱动的。除了4轮和8轮全驱动车以外，还有6轮驱动的越野汽车。它们的突出优点是载重量大，越野本领强。

■ 为什么越野车能轻松地翻山越岭？

Weishenme

无论是沙尘飞扬的沙滩荒漠，还是泥泞崎岖的山区公路，甚至是湿滑难行的浅河石滩，都阻止不了越野车……那么，越野车为什么能轻松地翻山越岭呢？

原来，越野车的设计结构不同于普通汽车。普通汽车一般采用两轮驱动，功率较小；而越野车的功率一般比较大，采用四轮驱动。所以，越野车爬坡时常常显得特别"轻松"。越野车的刹车性能十分优良，非常适合于需要急停急动的复杂道路条件。更重要的是，越野车的底盘较高，在高低不平的路面上行驶时，也不易碰坏车体。

同时，越野车的转弯性能也很好，它能在很小的范围内转弯、掉头，特别适合在山地公路上行驶。此外，越野车的轮胎通常较大较宽，从而增加了轮胎与地面的接触面积，减小了汽车在松软的路面和沙滩上行驶时车轮下陷的程度，保证了汽车的驱动性能。越野车这么多的优点，正是其轻松翻山越岭的秘诀。

■ 极地越野车是如何在冰面上前行的？

Weishenme

对地球的两极进行科学考察，是人类探索生存环境过程中既十分重要又非常艰难的一步。因为极地终年为冰雪覆盖，普通汽车在冰雪路面上行驶时，由于摩擦力太小，车轮往往会空转，根本无法前进。那么，怎样才能使汽车在极地的冰面上顺利前进呢？

科学家们从生活在极地的企鹅和海豹身上获得了启示：平时走路蹒跚的企鹅，时常会趴下身体，用退化了的翅膀配合带蹼的脚掌用力蹬踏冰雪，从而使身体在冰雪上快速滑行；看起来十分笨重的海豹，则是用演化成鳍脚的四肢，来帮助身体贴在冰面上灵活行动。因此，科学家们把极地越野车的行驶系统做了较大的改动，它被设计成一种特殊的轮勺，既有些像脚，又类似坦克的履带。当车行进时，车底贴在冰面上，而轮勺则飞快地转动，不断"抓挖"冰雪的表层产生动力，车辆就这样向前行驶了。

这种行进方式不同于在冰面上滑行，因为它可以通过控制装置，准确灵活地转弯、变速，时速最高可达50千米，这样就改变了普通汽车在冰面上"滑到哪里就是哪里"的失控状况。

滑行中的企鹅
平时走路蹒跚的企鹅，时常会趴下身体，用退化了的翅膀配合带蹼的脚掌用力蹬踏冰雪，使身体在冰雪上快速滑行。科学家们正是受此启发，才设计出了极地越野车的车轮。

◆ 132 交通之最 **最重的轿车**：苏联的扩展型吉尔高级轿车，重达6吨，其关键部位使用了75毫米厚的不锈钢防弹层。

主题索引
什么是SUV？什么是"老爷车"？

科学关键词
SUV 吉普车 老爷车

交通与体育

■ 什么是SUV?
Weishenme

SUV是英文Sports Utility Vehicles的首字母缩写，意思是运动型多功能车。SUV是为了迎合年轻白领阶层而发展起来的一种厢式车。它采用四轮驱动，一般情况下，前悬架是轿车车型的独立螺旋弹簧悬架；后悬架则是非独立钢板弹簧悬架，离地间隙较大。这类车既可载人，又可载货；既具有豪华轿车的功能，又有越野车行驶范围广的越野性能。

虽然SUV的历史不长，但其血脉却赫赫有名。SUV的概念可以追溯到第二次世界大战美军横扫欧洲大陆时的军用吉普车。吉普车迅捷有力，粗犷豪迈，但求实用，不甚讲究细节。SUV的特点即强动力、越野性、宽敞舒适及良好的载物和载客功能。有人说，SUV集中了豪华轿车的舒适精细和吉普车的本性，堪称轿车与吉普车的混血后裔。

SUV兼具城市行驶、野外运动等多种功能，极其符合现代年轻人追求强烈个性的心态。它能适应各种路况，而且性价比也相对较高，十分符合年轻一代的消费需求。可以说，SUV的兴起是汽车市场和汽车文化迅速发展的必然结果。

你知道吗
☐ 1984年，美国克莱斯勒公司制造的四门"切诺基"驶出生产线，这标志着一个新的车种SUV的问世。
☐ 吉普车即轻型越野汽车，可在不良路面或原野、山区、坡地、沼泽、沙漠和冰雪等无路面地区行驶。

■ 什么是"老爷车"?
Weishenme

老爷车并不是每一辆旧汽车都有资格称为老爷车的，保养完好是重要的先决条件。

老爷车也叫古典车，它是一种怀旧的产物，一般指20年前或更久的汽车，是人们过去曾经使用、现在仍可以使用的汽车。

"老爷车"一词最早出现在1973年英国出版的《名人与老爷车》杂志上。此名称出现后很快得到了各国汽车界人士的认可，并成为世界各地爱好者对老式汽车的统一称谓。不到10年时间，关注老爷车的人越来越多，致使老爷车的身价也戏剧性地增长起来。例如，一辆1933年款式的美国求盛伯格汽车，在拍卖行竟然卖到100万美元，一辆布加迪老爷车更是卖到650万美元。

老爷车至今没有一个公认的标准定义。著名的美国老爷车俱乐部曾把其中意的品牌或车型，如1925至1948年间生产的老爷车列为完全古典车，其定义为"非凡的汽车，拥有优良设计、高工艺标准及制作"。

SUV
SUV起源于20世纪80年代的美国。其最吸引人的地方除了具备中高档轿车的舒适性外，还具有更高的越野性和安全性，便于日常生活、外出旅行和野外休闲。

交通之最 最昂贵的老爷车：制造于1906年的劳斯莱斯"银魂"敞篷房车，现价值1500万英镑。

▸ 主题索引　　　　　　　　　　　　　　▸ 科学关键词
概念车的设计为什么大都前卫而怪异？未来汽车发展的趋势是什么？　　概念车　电动汽车　EBS

【百科辞典】

电动汽车：
指以车载电源为动力，用电机驱动车轮行驶的车辆，其研究和应用目前已成为汽车工业中的热点。

EBS：
指电子控制制动系统。该系统可以使汽车在难以制动的情况下防止车轮打滑，从而保证驾驶员能够转动方向盘。

概念车
概念车具有超前的构思，体现了独特的创意，并应用了最新科技成果，不仅鉴赏价值极高，而且代表了未来汽车的发展方向。

■ 概念车的设计为什么大都前卫而怪异？
Weishenme

"概念车"由英文"Conception Car"意译而来，它指处在创意、试验阶段的车型，但并不一定不是即将投产，也可能永远不投产，它仅仅是为了向人们展示设计人员新颖、独特、超前的构思。概念车是当代的最新汽车科技成果，代表着未来汽车的发展方向，因此它展示的作用和意义很大，能够给人以启发并促进相互间的借鉴和学习。通常情况下，概念车分为两种，一种是能跑的真正汽车，另一种是概念车模型。概念车是汽车中内容最丰富、最前卫、最能代表世界汽车科技发展和设计水平的汽车。正因为概念车是艺术性最强、最具吸引力的汽车，所以它的设计大都前卫而怪异。

■ 未来汽车发展的趋势是什么？
Weishenme

一些业内专家对目前每年生产的5000万辆汽车进行了统计分析，预测出了未来汽车技术发展的十大趋势。

一、乘用车柴油机化的比例将会越来越高。二、电动汽车将进入实用阶段。三、汽车安全标准将会更加严格。为保证汽车安全，许多目前选装的安全装置将成为标准装备。四、汽车排放控制标准将会更加严格。五、降低油耗将成为制造商制胜市场的首选课题。六、设计人员将使用更多替代钢、铁的轻质材料，以降低车辆自重。七、各种电子、电控、智能装置会越来越多地应用在汽车上，如电子防盗门锁、电控可变技术、智能驾驶等。八、前轮驱动汽车的比例将会不断增加，发动机横置技术也会进一步发展。因为这两种技术可以使汽车的性能大大改善。九、通信、网络技术在汽车，尤其是商用车上的应用将会越来越普遍。十、重型载货汽车将向高吨位发展。

电动汽车
电动汽车的优点是：它本身不排放污染大气的有害气体，可实现尾气零排放，相对而言是一种较为环保的汽车。

◆134 交通之最　最轻的汽车：由英国伦敦的路易斯·博瑞斯制造，重量为9.5千克，配有2.5毫升排量发动机，最大时速可达25千米。

主题索引
最早的铁路何时出现？最早的火车是谁发明的？

科学关键词
铁路 布鲁克蒸汽机车

交通与体育

第一条铁路通车

1825年9月27日，世界上第一条行驶蒸汽机车的永久性公用运输设施，英国斯托克顿—达灵顿的铁路正式通车了。设计者斯蒂芬孙亲自驾驶着列车，浩浩荡荡地在铁路上行驶了31.8千米。

的形状，这样垃圾就不易积起，铁轨也不容易损坏了。可是这种轨道不是很稳，铁轨受到冲击时容易翻倒而导致车辆出轨翻车。于是人们又把铁轨的下面加宽，造成汉字的"工"字形，这种形状的轨道既稳定又可靠，一直沿用到今天。

■ 最早的铁路何时出现的？

Weishenme

16世纪下半叶，英国和德国的矿山与采石场中，已经铺有用木材做成的路轨，但在轨道上行走的车是靠人力或畜力推动的。到了1767年，英国的金属大跌价，有一家铁厂的老板看到堆积如山的生铁既卖不出去，又占用了很多地方，于是就令人将其浇铸成长长的铁条铺在工厂的道路上，准备在铁价上涨的时候再卖出去。可是，人们发现车辆走在铺着铁条的路上，既省力又平稳。就这样，铁路先于火车诞生了。

然而，铁条上行车毕竟不是很方便，于是，铁条得到了改进，做成凹槽形的铁轨。这种轨道可以防止车轮滑出，但凹槽中容易积上石子、煤屑，铁轨很容易损坏。后来，人们把铁轨做成了上下一样宽，中间略窄

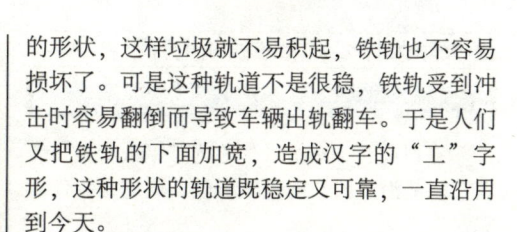

■ 最早的火车是谁发明的？

Weishenme

在铁路已经诞生的时代，行走在铁路上的车却是用马拉的。直到1814年，放牛娃出身的英国工程师斯蒂芬孙造出了在铁轨上行走的蒸汽机车。他发明的这个铁家伙有5吨重，车头上有一个巨大的飞轮。这个飞轮可以利用惯性帮助机车运动，斯蒂芬为他的发明取了个名字，叫"布鲁克"。这个布鲁克可以带动总重约30吨的8个车厢。在以后的10年中，他又造了11个与布鲁克相似的火车头。

1825年9月27日，英国的斯托克顿附近挤满了4万余名观众，铜管乐队也整齐地站在铁轨边，不一会儿，人们惊讶地看到一辆机车喷云吐雾地疾驶而来。机车后面拖着12节煤车，另外还有20节车厢，车厢里还乘有约450名旅客。这是斯蒂芬孙亲自驾驶世界上第一列火车进行试行。这列火车以每小时24千米的速度，从达灵顿驶到了斯托克顿。就这样，铁路运输事业正式开始了。

老式火车

老式火车是以蒸汽机为动力的，它利用蒸汽的力量推动汽缸里的活塞向前移动。活塞通过连杆和曲轴与前轮连在一起，随着曲轴的转动，车轮就跟着转起来，从而推动车子前进。蒸汽机是火车的主要动力机械，因此又被称为火车头。

交通之最 最长的铁路线：从俄罗斯首都莫斯科至朝鲜首都平壤的铁路线，全长10212.6千米。 **135**

5

主题索引
火车为什么只能在铁轨上行驶？火车的动力来源是什么？

科学关键词
铁轨 路基 电传动内燃机车

■ 火车为什么只能在铁轨上行驶？

Weishenme

在以前，火车被人们称为"钢铁长龙"，但它只能沿着长长的铁轨行驶。可这是为什么呢？

火车之所以只能在铁轨上行驶，是因为沉重的车厢如果直接压在地面上，哪怕是坚硬的水泥地面也会深深地陷下去，使车轮无法滚动。早期，人们曾用木头做轨道，尽管木头轨道做得很结实，但还是很快就被火车压坏了。现在的铁轨是由钢铁制造的，它的下面铺着许多粗大的枕木，枕木下面是坚实的路基。这样一来，火车的沉重压力就被均匀地分散到路基上，从而保证了火车的安全运行。此外，光滑的铁轨可以大大减小阻力，使火车头能带动更多的车厢，也能使火车跑得更快。

■ 火车的动力来源是什么？

Weishenme

大家都知道，火车非常长，几十节车厢全靠火车头来带动。那么，火车头这么大的"力气"是从哪里来的呢？

火车运行确实是靠火车头牵引的，火车头按其能量来源可以分为三类：烧煤的蒸汽机车、烧油的内燃机车、用电的电力机车。

铁轨

铁轨，全称"铁路轨道"，用于铁路上，与转辙器合作，使火车无需转向便能行走。铁轨其实是"钢轨"，通常由两条平衡的钢轨组成，钢轨固定放在轨枕上，轨枕之下为路基。

包括1814年斯蒂芬孙发明的第一辆火车在内，最早的火车头都是蒸汽机车，它们利用蒸汽机，把煤的热能变成机械能，使机车运行。它主要由锅炉、蒸汽机、车架走行部和煤水车四大部分组成。

目前，干线铁路已经很少使用蒸汽机车了，取而代之的是内燃机车和电力机车。内燃机车就是通过燃料在机器内部的燃烧而产生动力的机车。随着科技的发展，世界上先进的内燃机车现在一般都采用电动方式，俗称"电传动内燃机车"。1924年，出现了第一部内燃机车，它是使用汽油的。但之后不久，柴油内燃机很快显示出了高效率及低维修等优点，逐渐取代了汽油机车。

电力机车是以接触网送来的电流作为能源的，并由此牵引电动机驱动机车的车轮。电力机车具有功率大、热效率高、速度快、运载能力强和运行可靠等优点，而且不污染环境，特别适于运输繁忙的铁路干线和隧道多、坡度大的山区铁路。

火车头

火车头是铁路机车的通称。有的火车首尾都有火车头，第一是为了方便掉头，掉头时只要换一个火车头就可以了；第二是为了增加推力，便于火车爬坡。

◆136 交通之最 **海拔最高的铁路线：** 从北京至拉萨的青藏铁路，最高处的海拔为5072米。

> 主题索引
> 地下铁道和城市轻轨是一回事吗？什么是"动车组"？

> 科学关键词
> 地铁 轻轨 动车组

交通与体育

■ 地下铁道和城市轻轨是一回事吗？

Weishenme

地铁和轻轨都是比较新型的城市交通工具。"地铁"的全称是"地下铁道"，所以它的主要运行空间在地面下；而"轻轨"则是"轻型轨道交通"的简称，它既可以建在高架桥上，也可以铺设在地面上或地下。

其实，轻轨与地铁的区别，并不在于钢轨的轻重，也不在于运行线路在地上还是在地下，而主要是以载重量的大小来划分的。轻轨一般采用中等载客量的车厢，每节车厢可载客202人，超员时最多为224人，高峰时，每小时最大客流量为3万人次。而地铁则采用大载客量的车厢，每节车厢可载客310人，超员时最多为410人，高峰时，每小时最大客流量可达到6万人次。此外，轻轨的载客车厢一般不超过6节，地铁的车厢数量则常常超过10节。

地铁和轻轨是城市公交客运的骨干系统，也是城市建设和土地开发的支持系统，被誉为"城市的主动脉"和"城市建设的骨干"。

地铁
地铁是一种独立的有轨交通系统，不受地面道路情况的影响，能够按照设计的能力正常运行，从而快速、安全地运送乘客。地铁效率高，无污染，能够满足大运量的要求，具有良好的社会效益。

■ 什么是"动车组"？

Weishenme

你听说过"动车组"吗？它是什么意思呢？所谓动车，就是把动力装置分散安装在每节车厢上，使其既具有牵引力，又可以载客的车辆。动车组就是将几节自带动力的车辆和几节不带动力的车辆编成一组。其中，带动力的车辆叫动车，不带动力的车辆叫拖车。

一般情况下，我们乘坐的普通列车是靠机车牵引的，车厢本身并不具有动力。而采用了"动车组"的列车，车厢本身也具有动力，这样就可以把动力分散，从而达到较高的速度。

动车组可以根据某条线路的客流量变化进行灵活编组，实现高密度、小编组发车，具有安全性能好、运量大、往返不需掉转车头、污染小、节能等诸多优点，因而受到了国内外市场的广泛青睐。

轻轨
轻轨既可以建在高架桥上，也可以铺设在地面上或地下。

> **交通之最** 地铁线路最长的城市：作为世界上最早的地下铁路，伦敦地铁的总长度为408千米，是世界上最长的地铁。

主题索引
为什么会有单轨列车？ 为什么火车站台上画有安全线？

科学关键词
单轨列车 伯努利效应 流体

■ 为什么会有单轨列车？

Weishenme

见惯了车辆在两根钢轨上运行的你，也许想象不到还会有单轨列车。事实上，这种在一根导轨上行驶的列车确实存在，它与轻轨电车同样属于轻轨交通系统。

单轨铁路首先于1888年在爱尔兰建成。20世纪50年代以来，西方各国和日本共修建了数十条单轨铁路。其中，除日本外，其他国家的单轨大都是短距离的游览线路。

单轨铁路分为高架跨座式和悬挂式两种，它的车轨比普通车轨要宽一些，其结构新颖奇特。单轨铁路通常高高地架设在地面以上的空中，因此在城市中能节省土地，不会影响地面的建筑物和地下的管道。单轨列车车体采用铝合金外壳，用橡胶车轮代替了钢轮，车轮有负重轮和导向轮之分。开车的时候，导向轮紧紧抓住铁轨两侧，起着导向和稳定车身的作用，使列车既快又稳当，噪声和振动也减小了，又没有污染，是一种很理想的城市交通和旅游工具。然而单轨铁路虽然新奇优越，但由于还存在安全性及载客量等方面的一些弱点，因此在100多年的发展历史中，世界各国推广应用得并不是很多。

单轨列车
单轨列车与轻轨电车都属于轻轨交通系统，但由于技术还不成熟，在安全性和载客量方面还有一些弱点，因而应用得并不广泛。

火车站安全线
列车高速行驶的时候，会带动周围的空气一起高速运动，离列车越近的空气流速越高。所以，现在火车站的站台上都画有安全线，目的是使人们与高速气流保持距离，以防发生危险。

■ 为什么火车站台上画有安全线？

Weishenme

列车高速行驶时，会带动周围的空气一起高速运动，离列车越近，空气流速越高。也就是说，离列车越近压强越小，如果有人站在离列车很近的地方，这种气压就很可能会把人"拉"到车轮下，导致惨剧发生。

1726年，科学家伯努利通过无数次实验，发现了"边界层表面效应"，流体速度加快时，物体与流体接触的界面上的压力会减小，反之压力会增大。后来这一发现被称为"伯努利效应"。

所以，现在在火车站的站台上都画有安全线，就是为了使人们离高速气流远一点儿，站在安全距离以外，以免发生危险。

◆138 交通之最 载客量最大的单轨列车：日本有6个城市有单轨铁路，其中东京的单轨列车年载客量超过1亿人次。

主题索引
早期航海业是怎样的？ 为什么要开凿运河？

科学关键词
航海业 船坞 运河

交通与体育

京杭大运河
京杭大运河北起北京，南至杭州，全长1794千米，是世界上最长的人工河流，和万里长城并称为我国古代的两项伟大工程。

■ 早期航海业是怎样的？

Weishenme

早在公元前3000年，生活在地中海沿岸的腓尼基人就乘船航行到爱琴海。到那之后，他们庞大的商船队又通过直布罗陀海峡，航行到了英国。很长一段时期，人们都认为他们是最早的航海家。

印度是一个海岸线很长的文明古国，印度考古学家在孟买洛塔附近发现了世界上最早的港口。他们在那里发现了码头、货栈和218米长、37米宽的船坞。由这些发现，不难想象当时印度洋上繁忙发达的帆船运输的盛况。所以，严格地说，印度洋才是真正的航海摇篮。

阿拉伯也是最早出现航海业的民族之一。阿拉伯人以善于经商而闻名，古代阿拉伯航海业的发达与此有着密切的关系。阿拉伯早期的帆船，除了用于进行贸易外，也被当作战舰。所以说，阿拉伯人也为早期的航海事业做出过重大贡献。

■ 为什么要开凿运河？

Weishenme

运河，指的是人工开凿的用来沟通地区或水域间水路运输的水道。运河还常常被用于灌溉、分洪、排涝、给水等。现在的运河包括海运河、内陆运河、设闸运河、无闸运河、跨岭运河和旁支运河几类。从古至今，世界各国都十分重视运河的修建，这是因为运河对交通运输有着十分重要的作用。

中国的运河建设有着悠久的历史，早在公元前219年，秦人就为沟通湘江和漓江之间的航运而开挖了灵渠。而中国的京杭大运河则是世界上最长的运河，作为南北交通的大动脉，历史上它曾起过巨大作用。

世界上最著名的运河首推苏伊士运河和巴拿马运河。苏伊士运河位于埃及境内，连结地中海与红海，连通欧亚非三大洲，它的开凿大大缩短了东西方的航程。巴拿马运河位于美洲巴拿马共和国中部，横穿巴拿马地峡，是沟通太平洋和大西洋的重要航运要道，被认为是世界七大工程奇迹之一。

郑和海船模型
据记载，郑和船队中最大的海船长146.5米，宽59.4米，立9桅，挂12帆，是当时世界上最大的木帆船。

交通之最 **最长的运河**：中国京杭大运河。北起北京，南到杭州，纵贯两市四省，沟通五大水系，全长1794千米。**139**

主题索引
为什么船能浮在水面上？帆船是怎样航行的？

科学关键词
浮力 郑和 船帆

■ 为什么船能浮在水面上？

Weishenme

船是世界上最主要的水路运输工具。从19世纪开始，钢铁制造的船舶逐渐代替了木质船舶。我们都知道，木头是能浮在水面上的，可钢铁怎么也能浮在水面上呢？

放在水中的东西都会受到向上的浮力。我们在洗澡和游泳时，会觉得自己的身体在水中轻了很多，就是这个道理。人们发现，物体在水中占的体积越大，受到向上的浮力就越大，当浮力比物体的重量大时，物体就浮在水面。例如，把一只空心的铁碗放在水里，它就会漂浮在水面上，而把同样重的铁块放在水里，它就会沉入水底。这是因为铁碗是空心的，在水中占的体积要比铁块大得多，因而受到向上的浮力也大。

轮船好比一只空心的铁碗，因为它有着很大的体积，船受的浮力大于它的重量，因而能浮在水面上。如果船底有个洞，水从洞口流进船舱。那么，船在水中的浮力大大减小，它就会像铁块一样沉入水底。

■ 帆船是怎样航行的？

Weishenme

高高挂起风帆的帆船自由自在地游弋在大海中，是那样轻盈而具有活力，让人不禁有扬帆起航的冲动。可你知道能漂洋过海的帆船是怎样航行的吗？

帆船是使用风帆并以风作为动力的船舶，是继舟、筏之后又一种古老的水上交通工具，已有5000多年的历史。西班牙航海家哥伦布发现新大陆，葡萄牙航海家麦哲伦环球航行，中国明代的航海家郑和七下大西洋，他们率领的船队所使用的都是庞大的帆船。

帆船航行的动能由风提供。风吹在帆上，使船帆受力，船帆受力后便分解成两个方向的分力，一个是推动船向前的力，一个是使船横向移动的力。船受到向前的力就可向前移动，而横向的力则使船偏离航向，因此需要通过船舵使船回到正常的航向上。实际操作帆船时，应该合理调节船帆的角度，尽量使船前进的力大，而横向偏移的力小。

即使风向不利于帆船朝某个方向航行（如逆风），人们也可以通过合理操作船帆，使船按"之"字形的航线航行。这种情况下虽然没有顺风时快，但最终还是能够实现逆风前进。所以说，帆船最怕的不是逆风，而是没有风。

帆船

帆船曾在海上航行中长期占据统治地位。虽然现在已经是"后帆船时代"，除体育运动外，基本上已经很难见到帆船的身影，但舵、水密隔舱、船体形状这三项源自帆船的技术仍在被继续应用。

正在下沉的纸船

当一个物体受到的浮力比它自身的重量大时，它就会浮在水面上；反之则会沉入水底。所以纸船一开始总能漂浮在水面上，但随着纸张被水浸透，它就会慢慢沉入水底。

◆ 140 交通之最　**最大的轮船**：1981年下水的诺克·耐维斯号是迄今为止最大的轮船，船体长458米，宽69米，吃水24.6米，载重量56万吨。

主题索引
为什么说气垫船实际上是在"飞行"？为什么水翼船船底有个"翅膀"？

科学关键词
气垫理论 水翼船

交通与体育

气垫船

气垫船又叫"腾空船"，是一种利用空气的支撑力升离水面的船。人们把气垫船形象地称为"骑在空气垫上飞行的船"。

■ 为什么说气垫船实际上是在"飞行"？

Weishenme

1953年，英国人库克雷尔创立了气垫理论。经过大量试验后，1959年，英国建成了世界上第一艘气垫船，并横渡英吉利海峡获得成功。气垫船行驶时，船底会产生一个气垫，使船体与水面不直接接触，好像悬在空中飞行一样。这是为什么呢？

原来，气垫船上装有几台很大的鼓风机，这些鼓风机能产生压缩空气，并由船底四周的通道喷出，以很大的压力冲向水面，船体因此得到一个向上的托力。当这个力足以托起船体的重量时，船体就被抬出水面。然后船舶利用斜向插入水中的螺旋桨或空气螺旋桨产生推力，便产生了脱离水面又紧贴水面飞起来的奇异效果。

气垫船的最大优点是它在地面和水面上都可以行驶，而且在地面上行驶时不需要修筑公路，非常方便。

■ 为什么水翼船船底有个"翅膀"？

Weishenme

我们在现实生活中或者电视中，经常能见到一种船身底下长着翅膀的船，它们行驶起来像飞一样，非常快。这种船就是水翼船。

水翼船的船底前部和后部都装有宽大扁平的水翼，其形式和飞机的机翼差不多。水翼船在发动、行驶时，水中的水翼就像飞机的机翼一样，产生一种向上的升力。当水翼产生的升力与船体重量相近时，船身就被托出水面，从而消除了水对船体的大部分阻力。这时，它只受到空气的阻力。因此水翼船能在水中高速行驶。

水翼船的航行速度比同吨位的普通船舶大几倍。目前，水翼船的最高时速可达110千米以上。由于水翼船能露出水面高速行驶，大大减弱了波浪对它的影响。因此，即使在大风浪中，它也能平稳航行。

水翼船

水翼船的船身底部支架上装有水翼，当船的速度逐渐增加时，水翼提供的浮力就会把船身抬离水面（称为水翼飞航或水翼航行），从而大大减小水的阻力，提高航行速度。

交通之最 **最大的气垫船**：俄罗斯Zubr级气垫登陆艇，全长57.4米，艇宽22.3米，据称是世界上最大的气垫军舰。 141

主题索引　轮船为什么逆水靠岸？超导船为什么不用装螺旋桨？

科学关键词　超导体　超导现象

■ 轮船为什么逆水靠岸？

Weishenme

轮船靠岸的时候，总是让船头顶着水流，慢慢向码头斜着靠近，然后再平稳靠岸。水流越急，这种情况越明显。你可以注意一下，在大江大河里顺流而下的轮船，它们到达目的地时并不立即靠岸，而是绕一个大圈子，使船逆水行驶以后，才慢慢地靠岸。这是为什么呢？

道理其实很简单，你不妨算一下：如果水流的速度是每小时2千米，船在靠岸时的速度是每小时3千米。那么，顺水的情况下这只船每小时走几千米呢？要是逆水呢？你肯定能脱口而出：顺水时，船每小时可以行驶5千米；逆水时，船每小时只能行驶1千米。既然是为了让船停下来靠岸，当然是越慢越容易停靠。

轮船逆水靠岸，可以利用水流对船身的阻力，起到部分"刹车"的作用，以保证停泊安全。当然，轮船同样装有"刹车"的设备和动力。例如，当轮船靠近码头或运行途中发生紧急情况，急需停止前进时，就可以采用抛锚的办法，同时轮船的主机还可以利用开倒车来起到"刹车"作用。但是，最常见的轮船停靠方法还是让轮船自然地逆水靠岸。

■ 超导船为什么不用装螺旋桨？

Weishenme

当今世界，所有的舰船都离不开螺旋桨推进器和操纵舵。但是，随着超导技术的发展，一种不依靠螺旋桨和操纵舵的超导电磁流推进船——超导船，已开始涉足舰船领域。

1911年，荷兰物理学家、诺贝尔奖获得者卡曼林·昂尼斯发现了没有电阻，但在有电压的情况下能产生强大电流的超导体。美国的W.赖斯博士则根据昂尼斯的发现，提出了以电磁铁作为轮船动力的设想。

超导船的船身装有许多超导线圈，船的两侧装有电极板。当线圈处于超导状态时，电流就会通过线圈，并在船四周的海水内产生强大的磁场。发电机给两个电极板加电压时，电极板之间的海水中会产生电流。由于磁场与电流相互作用，便产生了电磁力，电磁力作用于海水，推动海水向后运动，舰船便可在没有螺旋桨的条件下获得一个向前运动的作用力。由于输入超导线圈和电极板的电流大小和方向是可以控制的。因此，只要对输入电流加以控制，就能够自如地控制舰船的航行速度和方向了。

由于超导船具有无振动、无噪声、无污染、造价低、航速高等传统舰船所不具备的优点，因此人们把超导船称为21世纪的高速船。

螺旋桨
螺旋桨是船的一种推进装置，它通过自身转动产生一个拨水向后的力，从而使船破水前进。

正在靠岸的轮船
逆水靠岸，利用水流的速度抵消船身的速度，可以避免因顺流船速太快而使轮船撞岸的危险。

交通之最　最大的游轮："卡纳佛尔·命运"号，长270米，排水量1万多吨，最多可载客3400人。

主题索引
人类第一次乘飞机飞行在什么时候？飞机为什么能上天？

科学关键词
莱特兄弟 气压

交通与体育

首次氢气球载人飞行

氢气球是一种充满氢气，靠氢气升空的大型气球，可以向上漂浮。1783年12月1日，法国人查理和罗伯特乘坐氢气球在巴黎作自由飞行，这是首次氢气球载人飞行。

■ 人类第一次乘飞机飞行在什么时候？
Weishenme

自古以来，人类就一直梦想着像鸟儿一样自由飞行。这种梦想直到1783年才得以实现。1783年，法国人蒙哥尔菲兄弟制造了世界上第一只内充热空气的气球并飞向空中。同年，法国物理学家查理制成并试放了世界上第一只氢气球。从那时起，人类飞向天空的梦想就已经不仅仅是梦想了。

在人类历史上，12月17日是一个非常值得纪念的日子。1903年12月17日，莱特兄弟在北卡罗来纳州基蒂霍克村一个人迹罕至的海滩上，成功进行了人类首次飞机飞行。首次试飞的驾驶员是弟弟奥维尔·莱特，他在空中飞行了12秒，飞行距离为36.6米。他们共同制造的"飞行者1号"总重280千克，长6.5米，翼展13.2米，以12马力的4缸活塞发动机为动力，用链条带动两个螺旋桨。

一个世纪以来，飞机制造技术发展得很快。到今天，人类已经可以乘飞机以超音速飞越几个大洲。人类的梦想已经完全变为现实了。

■ 飞机为什么能上天？
Weishenme

我们知道，地球周围的大气是有压力的。一个物体在静止的时候，各个方向受到的大气压力是一样的。但是，当它运动起来以后，也就是造成空气在表面的流动时，各处受到的大气压就不一样了，气流速度快的地方压力小，速度慢的地方压力大。飞机就是利用大气压力差产生的升力飞上天的。

飞机能飞上天靠的是它的机翼和发动机。飞机机翼的上表面是个向上凸的弧形，机翼下表面是平的。空气流到机翼前缘，就会分成上下两股气流，分别沿机翼上下表面流过，然后在机翼后缘重新汇合向后流去。机翼上表面比较凸出，流管较细，因此流速加快，压力降低；机翼下表面的气流受到阻挡，流管变粗，流速减慢，压力增大，于是上下表面出现了压力差。压力大的把压力小的顶起来，就产生了升力。这样，重于空气的飞机就能克服自身重力，在蓝天上自由地翱翔了。

"飞行者1号"试飞

1903年12月17日，美国的莱特兄弟成功试飞了人类历史上第一架能够自由飞行、完全可操纵的动力飞机——"飞行者1号"。"飞行者1号"的出现宣布了飞机的诞生。

交通之最　世界上最大的客机：空中客车A380客机，正常载客数为555人，如果对内部结构稍作修改，其载客数可增至840人。 143

主题索引　为什么早期的飞机都有两层机翼？为什么大多数飞机采用喷气式发动机？　　科学关键词　机翼 喷气式发动机

■ 为什么早期的飞机都有两层机翼？

Weishenme

飞机在空中之所以不会像一块石头那样掉下来，全靠机翼的升力来平衡它的重量。而能不能产生足够的升力，则取决于飞机的飞行速度和机翼的平面面积，飞行速度和机翼面积越大，升力就越大。

早期的飞机由于发动机还比较落后，加上结构材料比较粗糙，因此飞行速度不快。速度不快，又要克服一定的重量，唯一的办法就是尽量加大机翼面积，来取得足够的升力。一个机翼不够用两个，两个还不够就用三个。这样，双翼机、三翼机就产生了。不过，三翼机的结构很复杂，效果也并不比双翼机好多少，所以早期的飞机差不多都是双翼机。

随着航空发动机的改进及航空结构材料的改良，飞机速度有了很大的提高，不再需要大面积的机翼了，所以现代飞机都改成了单翼机。

■ 为什么大多数飞机采用喷气式发动机？

Weishenme

如今，人们把连接世界各大城市快速、定期的飞行看做是理所当然的事。这种高效率的空中航行大多是由喷气式发动机来提供动力的。

双翼机
有上下并列配置的两副机翼的飞机，就称为"双翼机"。双翼机的上下机翼用支柱和张线连成承力的整体，组成一个空间桁架结构，支撑飞机飞行。

喷气式飞机
喷气式飞机借助喷气发动机，可以获得更大的推力，飞得更快。今天，世界上绝大部分作战飞机和民航客机都早已实现了"喷气化"。

1935年6月，英国人惠特尔设计并制造出了第一台涡轮式喷气发动机。与此同时，德国的冯·奥亨也在研制涡轮喷气发动机。1939年8月27日，装有冯·奥亨研制的涡轮喷气发动机的He178飞机首次试飞成功，成为世界上第一架喷气式飞机。

喷气式飞机使用喷气发动机，靠燃料燃烧时产生的气体向后高速喷射的反冲作用使飞机向前飞行，它可使飞机获得更大的推力，飞得更快。特别在1万至2万米空气比较稀薄的高空，喷气式发动机有着螺旋桨活塞发动机所无法比拟的优越性。

喷气式发动机的诞生，为人们追求更快、更高的飞行目标提供了可靠的动力。喷气式飞机一诞生，就接二连三地打破了活塞式飞机创造的飞行速度和飞行高度的纪录。从此，人类航空史进入了喷气机时代。到今天，世界上绝大部分作战飞机和干线民航客机都早已实现了"喷气化"。

◆144　交通之最　**最小的喷气式飞机：**印度LCA轻型战斗机是目前世界上最小的喷气式飞机，翼展大约8.20米，全长13米多，空重只有5.5吨。

主题索引	科学关键词
超音速飞机为什么能超音速？为什么飞机身上装有"红绿灯"？	超音速 航行灯

交通与体育

■ 超音速飞机为什么能超音速？

音速就是声音在空气中传播的速度。高度不同，音速也不同。在国际标准大气压下，海平面的音速为每小时1227.6千米，在1000米的高空，音速则是每小时1065.6千米。超音速则指飞机的飞行速度大于声音的速度。

涡轮喷气发动机的成功研制，冲破了活塞式发动机和螺旋桨给飞机速度带来的限制，在向高音速迈进的道路上前进了一步。要进一步提高飞行速度，实现超音速，飞机必须采用新的空气动力外形。为此，飞机设计师们为飞机重新设计了机体结构：机翼非常薄，最大厚度可能只有十几厘米。飞机的翼展（即机翼两端的距离）趋向于较宽较短，多数呈三角形，前缘的后掠角较大，翼根很长。

1947年10月14日，美国空军的试飞员查尔斯首次完成了人类航空史上超音速飞行的壮举，成为世界上第一个飞得比声音还快的人，他的名字也被载入航空史册。这一次飞行，查尔斯驾驶的飞机在12800米的高空飞行，速度达到了1078千米/小时，超过了音速。

F-86超音速战斗机
美国的F-86超音速战斗机是世界上最早具有后掠翼的实用飞机之一。后掠翼可以延缓或消除音障现象，并减小飞行阻力，有利于提高飞行速度。

"协和"式客机
"协和"式客机是由英法两国共同研制的超音速客机，是迄今为止唯一一投入商业飞行的超音速客机。但由于其经济性差、航程短、噪声污染严重等原因，已于2003年停运。

■ 为什么飞机身上装有"红绿灯"？

当我们仰望夜空时，有时会看到几点红、绿、白色的灯光伴随着一阵隆隆的声音从头顶呼啸而过，这是飞机在夜空中飞过，而闪烁的彩灯是机身上的航行灯。

飞机在夜空中飞行时，尽管天空广阔，但由于飞机的速度很快，能见度又远远低于白天，所以仍然可能发生对撞事故。为了避免这种危险，飞行员必须时刻注意自己的前后左右和上下方，看有没有飞机在飞行，并及时判断事故隐患是否存在。"红绿灯"其实就是为飞机导航的航行灯。

飞机的航行灯有红、绿、白色三盏，其中红灯装在左机翼尖，绿灯装在右机翼尖，白灯装在机尾。这三盏灯可以连续点亮，也可以同时点亮。飞机夜航时，如果飞行员看到前方有一架飞机向自己飞来，而且只看到红、绿两盏灯，说明对方正在迎面而来，有对撞的危险，必须立即设法避开；如果只见到一盏红灯或绿灯，那就说明对方是在自己的左侧或右侧；如果三盏灯同时可见，那就说明对方在自己的上空或下空飞行，是没有危险的。当然，飞行员只靠灯光指示来避让对面飞来的飞机是远远不够的，现代飞机上的雷达可以反映逐渐靠近的飞机的航向和大致距离。

交通之最　最快的飞机：美国的"黑鸟"侦察机，最高时速曾突破5倍音速，是世界上速度最快的飞机。

5

▶ 主题索引　民航客机上为什么不配备降落伞？什么是"黑匣子"？

▶ 科学关键词　降落伞　黑匣子

波音747
波音飞机一直是全球民用飞机的主力，其中波音747是全球首架宽体喷气式客机，是一种研制与销售都很成功的民航客机。美国总统的专机"空军一号"就是由波音707和波音747改装而成的。

你知道吗

☑ 1908年，美国发生了第一起军用飞机事故。以后，随着飞行事故的增多，人们迫切需要一种研究事故原因的仪器。第二次世界大战时，飞行记录器（黑匣子）正式在军用飞机上使用。战后，它又被应用到民航飞机上。

■ 民航客机上为什么不配备降落伞？

　　Weishenme

　　我们都知道，军用飞机上都备有降落伞，一旦出现意外，飞行员和战斗员可以跳伞逃生。可是民航飞机上并不配备降落伞，乘客没有，机组人员也没有。这是为什么呢？发生事故又怎么办呢？

　　事实上，大多数飞机事故都不是在万米高空发生的，而是发生在起降的时候，降落伞是不大适用于超低空使用的。超低空跳伞，人的反应能力很难打开降落伞，即使能打开，降落伞也很难在短时间内迅速产生一个与人的冲量相当的升力。这样，超低空跳伞的受伤概率就很高。

　　而且，由于民航客机的舱门大多在飞机涡轮的前后方，在打开舱门跳伞的一瞬间，人很容易被飞机涡轮卷进去。专业跳伞人员乘坐涡轮飞机时，是从飞机尾部跳伞的。

　　如果给每个乘客都配备一顶降落伞，就会大大增加飞机的重量，会占用很多空间，影响飞机的运营能力。

　　此外，飞机如果发生危险，配备降落伞会造成乘客集体混乱，这样更不便于机组人员管理，会影响机组人员解决问题。如今，民航飞机的性能越来越先进，安全系数极高。因此，乘客大可不必担心客机在飞行中会发生意外。

■ 什么是"黑匣子"？

　　Weishenme

　　我们经常在新闻中看到，飞机一旦失事，航空部门总要千方百计寻找"黑匣子"。那么，它到底是什么东西呢？

　　原来，"黑匣子"就是安装在飞机上的飞行记录器。它外表并非黑色，而是醒目的橙色。只是人们视它为空难的不祥之物，才将它称为"黑匣子"。

　　"黑匣子"一般有两种，一种是飞行数据记录器，一种是语音记录器。飞行数据记录器能自动记录飞机的飞行高度、速度、航向等飞行状态信息。记录下来的各种数据必须经专门的机构作译码处理，人们才能看明白。而语音记录器则用来记录飞机停机前的半小时内飞行员与飞行员之间以及座舱内乘客、劫机者与空中小姐的讲话声。

　　"黑匣子"具有耐撞击、耐火烧、耐腐蚀的特殊结构，飞机一旦失事，航空部门可以依据其中记录的数据和录音分析空难原因，有助于分清责任，做好善后工作。

黑匣子
"黑匣子"是飞机专用的电子记录设备之一，学名叫"航空飞行记录器"。它里面装有飞行数据记录器和舱声录音器，飞机各机械和电子仪器仪表都有专门的传感器与之相连。

146　**交通之最**　最早的降落伞：降落伞起源于中国，成书于西汉时代的《史记·五帝本纪》中就有应用降落伞原理的记载。

■ 使用手机会干扰飞机飞行吗?

Weishenme

我们在乘坐飞机时,服务人员总是提示我们要关闭手机,这是什么原因呢?因为,在飞机上,使用中的手机会干扰飞机的通信、导航、操纵系统,威胁飞行安全。

飞机在整个飞行过程中,是利用机载无线电导航设备与地面导航台保持实时联系,控制飞行航线的。在能见度低的情况下,飞机需要启用仪表着陆系统进行降落,也就是利用跑道上的盲降台向飞机发射的电磁波信号,以确定跑道位置。而手机不仅在拨打或接听过程中会发射电磁波信号,且在待机状态下也会不停和地面基站联系。它搜信号的过程中,虽然每次发射信号的时间很短,但具有很强的连续性,所以发出的电磁波就会对飞机的导航系统造成干扰。

此外,手机传出的无线电波还可能会引起爆炸,或影响客机在9500米高空上飞行的航行系统。科学证据显示,在飞机上使用手机,确实存在危险。手机传送的信号,除了强度会影响航行的飞机,它们传送的频率,如果与飞机的频率恰巧相同或相近也会影响飞行安全。

低空飞行的轻型飞机
轻型飞机最大起飞重量小于5700千克,轻便、安全、易于操作,广泛用于私人飞行。

飞机在高空飞行
飞机在高空飞行时,乘客通过飞机的圆形舷窗,可以感觉到飞机在朵朵白云中穿行,令人心旷神怡。民航客机一般在9000米左右的高空飞行。

■ 为什么飞机要按"航线"飞行?

Weishenme

俗话说:"天高任鸟飞。"对于飞机来说,是否可以在万里长空任意飞翔呢?答案是否定的。因为飞机在天上飞行必须严格遵守空中"交通规则",按航线飞行。航线就是飞机的飞行路线,也称为空中交通线。飞机的航线不仅确定了飞机飞行的具体方向、起飞点和经停点,而且还根据空中交通管制的需要,规定了航线的宽度和飞行高度,以维护空中交通秩序,保证飞行安全。

飞机的类型不同,在航线空域的飞行高度也不同。航线就像公路的快车道和慢车道一样,应该走哪一条就必须走哪一条。根据飞机机型,航空管制部门规定了不同的航行高度,每条航路又分成若干高度层,飞机在相对、交叉、超越飞行时,必须保持一定的垂直间隔,以确保飞行安全和交通顺畅。

●●●【百科辞典】●●●

电磁波:
能量的一种,凡是能够释放出能量的物体,都会释放出电磁波。电磁波可以在真空或介质中传播。真空中的电磁波速是一个常数,它是宇宙中最快的速度。

交通之最 最早的空中航线:1909年,齐柏林创建了德国航空运输有限公司,用飞艇在法兰克福、巴登和杜塞夫之间定期提供运输服务。

■ 飞行员怎样知道飞机在空中的高度?

Weishenme

在飞行中,飞行员需要随时知道飞机在空中的高度,以便确认航线。可是,飞行员怎样知道飞行高度呢?

飞机上装有几种测量高度的仪表。一种仪表叫做气压式高度表,它是利用大气压强随高度变化的规律制成的。在地球表面上,海平面的大气压强最高,随着高度的增加,大气压强就按照一定的规律逐渐减小,因此只要测出压强,就可以推算出高度。气压式高度表中有一个用薄膜做的膜盒,它会随着外界压力的变化而发生膨胀或收缩,带动指针转动,直接显示出飞机所在的高度。

另一种高度表叫无线电高度表,它能够测量飞机离开地面的实际高度。它的原理也很简单:从飞机上发出无线电波,电波碰到地面以后反射回来,重新被飞机接收。由于电波传播的速度是一定的,因此只要记录从发出电波到收到回波的时间,就可以计算出飞机距离地面的高度。这种高度表在低空飞行时很有用。

但在现代飞机上,往往同时装有这两种高度表。

■ 为什么要把机场附近的鸟群驱走?

Weishenme

之所以要驱走飞机场附近的小鸟,是因为"飞机怕小鸟"。这听起来有点不可思议,是不是有悖常理呢?庞大的飞机怎么会怕小鸟呢?

事实上,飞机在飞行的时候,速度非常快,如果有小鸟撞上去,便会产生巨大的作用力,使飞机受到严重损坏。喷气式飞机如果遇上小鸟会更危险。喷气式发动机工作时,需要从周围吸入大量的空气,如果有小鸟在附近,极易被强大的气流卷进发动机里。而发动机里一旦卷进小鸟,零件便会受到很大的损伤,极易造成飞机失事的严重后果。

1962年11月,有名的"子爵"号飞机正在美国马里兰州伊利奥特市上空平稳地飞行,突然一声巨响,飞机从高空掉了下来。事后,人们发现酿成这场空中悲剧的罪魁祸首就是一只在空中慢慢飞翔的天鹅。

涡轮喷气发动机叶片

涡轮喷气发动机工作时,涡轮叶片高速旋转,从周围吸入大量的空气,小鸟如果在附近,极易被强大的气流卷进发动机里,造成发动机瘫痪。

飞机驾驶舱

在飞机驾驶舱密密麻麻的仪表中,有一种仪表是用来显示飞行高度的,这就是高度表。飞机上常用的高度表主要有气压式高度表和无线电高度表。

◆ 交通之最 飞得最高的飞机:美国的X-15A研究试验机,飞行员沃尔克曾驾驶该机飞到9.5936万米的高空,该纪录至今未被打破。

主题索引
为什么飞机表面要涂上涂料？火箭为什么能飞入太空？

科学关键词
航空涂料 作用力

交通与体育

迷彩战斗机
战斗机对航空涂料的要求十分苛刻，涂料不仅要质量绝佳，颜色也十分讲究。为了更好地隐藏自己和袭击敌人，很多战斗机都"穿上"了与周围环境相符合的"迷彩装"。

■ 为什么飞机表面要涂上涂料？
Weishenme

如果你仔细观察飞机，就会发现飞机表面涂有涂料。那么，飞机表面为什么要涂涂料呢？

首先，飞机飞行速度非常快，而飞行中遇到的小雨滴、雪花及尘埃在空中全部变成了可怕的东西。它们变得硬如铁砂，在机身上摩擦，可使机身温度升高到100摄氏度甚至300至400摄氏度。

另外，飞机有时被阳光照射，机身温度会突然升高；有时又钻进云层，机身被水滴和冰雪包围，温度又降到零摄氏度甚至零下几十摄氏度。机身时冷时热，时干时湿，有些重要的部位，如飞机头部受到的磨难就更严重了。

所以，飞机一定要用航空涂料对自身加以保护。这种涂料形成的涂层具有非常好的耐腐蚀、耐磨、耐热性，还有较强的附着力。另外，有涂层的机身因光滑度提高，便可大大减小机身与大气的摩擦。

■ 火箭为什么能飞入太空？
Weishenme

我们经常在电视里看到火箭发射的情景：随着指挥员一声令下，"3、2、1，点火！"火箭在轰鸣中喷着火苗飞向了太空。那么，火箭是怎样飞上太空的呢？

其实火箭飞行的原理并不复杂，它是依靠作用力和反作用力的原理飞上蓝天的。火箭点火后，通过燃料燃烧产生的炽热气体，不断地从火箭尾部的排气口排出，从而产生一股非常强大的向下的推力，而这股推力又会产生一个方向相反的反作用力，推动火箭向上飞行，直到飞出大气层，进入太空。

火箭的发动机
现代火箭广泛使用化学火箭发动机，它的工作原理是将推进剂在燃烧室内进行化学反应释放出来的能量转化为推力。火箭发动机的推力大小相差很大，小到微牛，大到十几兆牛。

火箭可以在大气中飞行，用于运载军用炸弹，成为火箭武器。由于它自身携带固体或液体燃烧剂与氧化剂，不必依赖空气中的氧气助燃，所以又可在外层空间飞行，用于运载航天器。我们知道，航天运载火箭要想飞入太空，必须达到宇宙速度，即最低为每秒7.9千米。为达到这个速度，必须采用多级火箭，以接力的方式将航天器送入太空轨道。简单地说，多级火箭就是把几枚单级火箭连接在一起，其中的一枚火箭先工作，工作完毕后与其他的火箭分开，然后第二枚火箭接着工作，依此类推。这样组合的优点是每过一段时间就把不再有用的结构抛弃，无需再消耗燃料来带着它飞行。

【百科辞典】

航空涂料：
指用于飞机的涂料。一般分为飞机铝蒙皮防护涂料（飞机蒙皮漆）、飞机复合材料防护涂料、雷达罩防护涂料、镁合金零件防护涂料、飞机内部金属零件防护涂料、发动机用涂料和飞机伪装涂料等。航空涂料的质量要求很高，现代飞机广泛使用的航空涂料是丙烯酸涂料和脂肪族聚氨酯涂料。

交通之最 世界上最早发明火箭的国家：火箭起源于中国，是中国古代的重大发明之一。13世纪，中国就有关于"起火"的记载。

什么叫航天运载火箭?

我们常在新闻中听到"某某航天运载火箭发射成功"的消息,有时还会看到长圆锥状的火箭喷着火舌发射升天的壮观景象。那么,什么是航天运载火箭呢?

航天运载火箭是技术含量非常高的火箭品种,其主要组成部分包括动力系统、飞行控制系统、结构系统、遥测设备系统、外测设备系统和安全自毁系统以及应急逃逸系统。遥测设备系统也叫内测系统,主要负责测量、记录和向地面发送火箭上的温度、压力等各种状态数据;外测设备系统是测量、记录和向地面发送火箭飞行速度和轨迹数据的工具;安全控制系统是火箭在飞行过程中,一旦出现无法纠正的故障,就由地面或火箭上的自毁装置将火箭炸毁,以保证地面上的生命财产安全的结构;应急逃逸系统是在火箭发射过程中发生爆炸等危及航天员生命安全的事故时,及时将载人的密封座舱从火箭顶部弹出,并可在安全地域降落的组成部分。

正因为如此复杂,所以一般国家的技术力量很难达到火箭系统的要求。目前,我国是世界上少数几个拥有航天运载火箭及其发射技术的国家之一。

"土星5号"发动机

"土星5号"是美国国家航空航天局在阿波罗和天空实验室两项太空计划中使用的多级可抛式液体燃料火箭。它是土星火箭中最庞大的一位成员,更是目前使用过的最大、最重、推力最强的运载火箭。

为什么有的火箭要分成多级?

现在各国使用的运载火箭几乎都被制成多级式火箭。那么,为什么要把火箭分成多级呢?

多级火箭是根据火箭的不同燃料和对速度的不同要求进行分级的。比如一枚两级火箭,分别由两级各重1000千克的火箭组成,并各装有750千克的推进剂。使用时,第一级火箭在推进剂烧完以后被整个抛掉,第二级火箭接着前进。试验表明,依靠第一级火箭的推力,可以达到每秒1175米的速度,然后依靠第二级火箭,又可进一步把速度提高到每秒5200米,其速度比单级火箭快了将近五倍。

各国现在一般采用二级或三级火箭来发射人造卫星,用四级火箭来发射飞向太空的宇宙飞船,并使宇宙飞船本身成为末级火箭。

你知道吗

☐ 多级火箭有串联、并联和串并联几种连接方式。串联就是把几枚单级火箭串在一条直线上;并联就是在较大的单级火箭(芯级)周围捆绑多枚较小的火箭;串并联以多级火箭作芯级。

运载火箭

运载火箭是在导弹的基础上发展而来的,一般由2至4级组成。每一级都包括箭体结构、推进系统和飞行控制系统。末级有仪器舱,内装制导控制系统、遥测系统和发射场安全系统。级与级之间靠级间段连接。

---

150 交通之最 **最大的运载火箭:** 美国研制的"土星5号"是目前世界上最大的运载火箭,它由三级组成,总长85米,起飞总重约3000吨。

■ 火箭发射场为什么建在人烟稀少的地方？

在电视新闻中，我们看到，火箭发射场都建在一些荒凉的郊外。这是什么原因呢？

发射场一般由测试区（又叫技术区）、发射区、指挥控制中心和生活区组成。技术区是装配、测试火箭和航天器的地方，建有宽敞和设备齐全的装配测试大楼。发射区是发射运载火箭的地方，建有发射台、发射控制室和燃料库等。发射场的神经中枢是指挥控制中心，它担负着发射时的指挥控制、数据处理和传输、安全控制、时间统一等工作。

火箭发射时，完成任务的火箭级段会落向地面。另外，火箭发射时的剧烈震动、巨大噪声和火箭推进剂会造成环境污染，火箭发射失败还会造成财产损失甚至危及人员的生命安全。因此，火箭发射场都建在人烟稀少的地方。

火箭发射区
火箭发射时会造成环境污染，一旦发射失败还会造成财产损失、危及人员生命安全。因此，对火箭发射场地的选择须慎之又慎。我国现有西昌、酒泉和太原三个火箭发射基地。

■ 火箭为什么要垂直发射？

在火箭发射基地，硕大的火箭垂直矗立在发射架上，随着底部喷出炽烈的火光，箭体径直冲向天空。那么，为什么火箭不能倾斜发射呢？

一般情况下，运载火箭的体形都很庞大，如果倾斜发射就得有一条比火箭体更长的滑行轨道。这种滑轨不仅相当笨重，稳定性也差，而且发射时所产生的振动还会影响火箭的发射精度。更何况火箭点火后，尾部还会喷射出高温、高速、高压燃气流。如果倾斜，就需要一个相当大的安全区。更重要的是，火箭绝大部分飞行时间是在大气层以外的空间，垂直向上飞行可以迅速穿过大气层，减少因空气阻力而造成的速度损失。此外，垂直发射还可以简化发射设备，而且能够使竖立在发射台上的火箭在360度范围内移动，从而满足改变射向的需要，并保证火箭系统的稳定性和隐蔽性。因此，垂直发射对于火箭的加速和能量的利用都是十分有利的。

火箭垂直发射
垂直发射能够使火箭尽快地穿过厚厚的大气层而进入高空飞行，最大限度地降低能量的消耗。

交通之最　中国最早的火箭基地： 1958年，我国在酒泉创建了第一个火箭发射基地，于1980年5月18日在这里发射了第一枚远程运载火箭。

什么是宇宙飞船?

宇宙飞船结构图
宇宙飞船是一种运送航天员、货物到达太空并安全返回的一次性使用的航天器。

宇宙飞船也称载人飞船,是一种能保障宇航员在外层空间执行航天任务并返回地面的航天飞行器,属于一次性使用的返回型载人航天器。它可以独立进行航天活动,也可作为往返于地面和空间站之间的"载体",还能与太空站或其他航天器对接后进行联合飞行,运行时间一般是几天到半个月,通常乘坐2至3名航天员。

宇宙飞船通常由两个舱组成,上面的是密封载人舱,又称航天员座舱。该舱内设有能保障航天员生活的供水、供气的生命保障系统以及控制飞船姿态的姿态控制系统、测量飞船飞行轨道的信标系统、着陆用的降落伞回收系统和应急救生用的弹射座椅系统。另一个舱是设备舱,舱内有使载人舱脱离飞行轨道而返回地面的制动火箭系统、供应电能的电池、储气的气瓶、喷嘴等系统。

【百科辞典】

空间站:
是能载人进行长期宇宙飞行的航天器,又称航天站或轨道站。空间站一般重达数十吨,可居住空间达几百立方米。它基本上由几段直径不同的圆筒串联组成,分为对接舱、气闸舱、轨道舱、生活舱、服务舱和太阳电池翼等几个部分。

宇宙飞船为什么要加压密封?

我们都知道,地球上的大气压与海拔高度有关,气压随着高度的增高而降低。宇宙飞船在几万米的高空中,气压不断降低,飞船中的宇航员血液中的氧气、氮气和水分含量也会随之发生不同的变化。

第一,血液的主要任务是向全身输送氧气。正常人体的血氧饱和度应达到99%至100%,当人到达3000米以上的高度时,氧在血液中的饱和度就会降低,人就会出现眩晕、恶心、反应迟钝等缺氧症状,更不用说飞到大气层外的宇航员了。第二,当人体处在5000米以上的高度时,血液中的氮会以气泡的形式从血液中分离出来,影响宇航员的正常生理机能,导致呼吸困难、神经麻痹、休克乃至死亡。第三,在极低的气压之下,水分会沸腾,人体内的水分也会汽化,几秒钟之内皮肤下面就会出现气泡,并迅速扩展到全身,其后果不堪设想。

正是基于以上的原因,宇宙飞船才必须进行加压密封处理,以维持正常的气压。而宇航员进入密封舱时,也必须穿上加压密封的宇航服,以确保生命安全。

"和平号"空间站
世界上第一个载人、在宇宙空间长期运转的宇宙空间站。

第一艘载人宇宙飞船:苏联于1961年4月12日发射的"东方1号"宇宙飞船,是第一艘绕地球轨道飞行的载人宇宙飞船。

主题索引	科学关键词	
什么是航天飞机？航天飞机怎样与空间站对接？	航天飞机 太空轨道	交通与体育

■ 什么是航天飞机？

Weishenme

航天飞机是一种集火箭、卫星和飞机等技术特点于一身的多功能新型航天器。它既能像火箭那样垂直发射进入空间轨道，又能像卫星那样在太空轨道飞行，还能像飞机那样进入大气层滑翔着陆。

航天飞机主要由轨道飞行器、用来提供推进力的外贮箱和火箭助推器三大部分组成。其中，轨道飞行器包括三副引擎火箭、驾驶员舱、乘务员舱和载货舱。

航天飞机的主要任务是空间运输和卫星服务，它可以靠近其他航天器，输送物品及进行修理，还可以进行星际观测，进行军事、地理观察及拍照。由于航天飞机本身体积较大，所以它也可以作为大型空间建筑。航天飞机最大的优势在于，它可以实现定点着陆和无损返回，主要机械经过整修还可以继续使用，这大大降低了飞行成本。

美国于1972年开始研制航天飞机技术，目前共建造了5架航天飞机，进行了62次飞行。

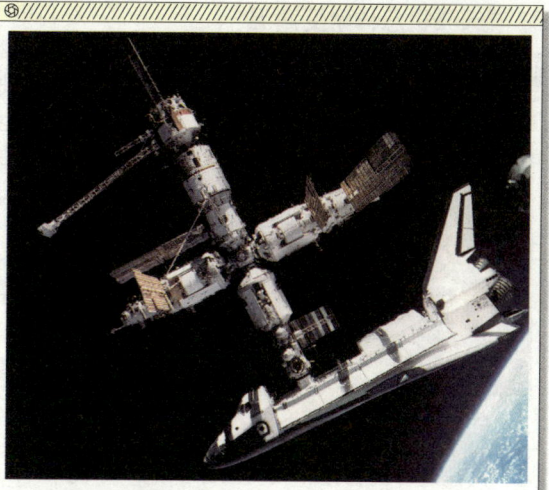

航天飞机与空间站对接

航天飞机与空间站对接前，需从低轨道开始用小动量发动机进行加速，将航天飞机的轨道推高，进而实现与空间站的对接。

■ 航天飞机怎样与空间站对接？

Weishenme

航天飞机最重要的用途就是为空间站提供运输服务。因此，它与空间站的交会和对接至关重要。两个航天器在茫茫太空中对接是一项十分复杂的技术。航天飞机与空间站对接前必须先会合。航天飞机在太空中飞行时必须沿着轨道运行，所以要精确地测量和计算出航天飞机与空间站的轨道和运行速度，精确地控制航天飞机的运行轨道，使其与空间站在同一轨道上运行。航天飞机从发射入轨到最后与空间站完成刚性连接，整个过程大致可分为地面导引、自动寻的、最后逼近、对接合拢四个阶段。

目前，美国和俄罗斯已经较好地掌握了这种复杂技术，迄今为止，他们发送的航天飞机与空间站的所有对接均获成功。

航天飞机发射

航天飞机共有固体燃料助推火箭两枚。发射时它们与轨道器的三台主发动机同时点火，当航天飞机上升到50千米高空时，两枚助推火箭停止工作并与轨道器分离，且回收后经修理可重复使用20次。

交通之最　航天次数最多的宇航员：美国航天飞机首航指令长约翰·杨曾6次飞上太空，是世界上航天次数最多的宇航员。

航天飞机怎样耐受高温？

在晴朗的夏夜里，我们仰望星空，有时可以看到有流星划过天边。流星是宇宙中游荡的石块，当它们靠近大气层时，就会和空气发生剧烈的摩擦从而起火燃烧，这时就会产生一条光亮的轨迹。可见，高速运行的物体和大气层摩擦能产生高热，将物体熔化，更甚者还可以起火燃烧。那么，航天飞机在飞行时，速度也很快，它是怎样耐受高温的呢？

为了解决航天飞机耐受高温这个问题，科学家们经过反复的研究，最终找到了一种碳复合材料。它可以耐受1650摄氏度的高温，将它涂在预先做成的硅纤维瓦的表层，然后再用几万块这样的防热瓦盖在航天飞机表层，就等于给航天飞机穿上了一件"防火衣"。这种"防火衣"既能耐高温，又可以隔热，就算飞机表面热得发红发白，机舱里的温度依然可以保持在19摄氏度上下，这种温度正适合宇航员们进行工作。

什么是空天飞机？

空天飞机是航空航天飞机的简称，顾名思义，它是一种既可以在大气层内飞行，也能在太空中飞行的新型飞行器。与航天飞机相比，空天飞机多了一个在大气层中航行的功能，而且它起飞时也不使用火箭助推器。作为新一代的航天器，空天飞机能够完全重复使用，从而大幅度降低航天运输的费用。

空天飞机可以在一般的大型飞机场上起落。起飞时，空气喷气发动机先工作，这样可以充分利用大气中的氧，节省大量的氧化剂。飞到高空后，空气喷气发动机熄火，火箭喷气发动机开始工作，通过燃烧自身携带的燃烧剂和氧化剂提供动力。降落时，两个发动机的工作顺序与起飞时正好相反。

空天飞机的奥妙之处就在于它的动力装置。这种动力装置既不同于飞机发动机，也不同于火箭发动机，而是一种混合配置的动力装置，由空气喷气发动机和火箭喷气发动机两大部分组成。空气喷气发动机在前，火箭喷气发动机在后，它们串联成一体，为空天飞机提供动力。

航天飞机

机舱中的宇航员
航天飞机拥有一种可以耐受1650摄氏度高温的"防火衣"，就算飞机表面热得发红发白，机舱里的温度依然可以保持在19摄氏度上下，这个温度正适合宇航员工作。

波音747与航天飞机轨道器
1977年2月，美国研制出了一架"创业号航天飞机轨道器"，由波音747飞机驮着进行了机载试验。如今，航空飞机与航天飞机组合的梦想已经成为现实。

154 交通之最 **最早研制空天飞机的国家：**美国航空航天局的科学家最早提出空天飞机的设想，并于1986年2月开始着手研究。

什么是高速公路？

许多人都有过坐车在高速公路上飞驰的经历。但是，究竟什么样的路才算是高速公路呢？就是汽车跑得快的公路吗？其实不然。

不同国家对高速公路的定义有所不同。一般来说，高速公路是指全封闭、全立交、有通过限制和速度限制的高速行驶道路。比如超大型车辆、特种车辆、摩托车、自行车均不允许通过高速公路，这就保证了高速公路不会被车速低的车辆所占用。高速公路一般限低速每小时60千米，限高速每小时120千米，这样就保证了车辆在高速行驶时的安全性和可靠性，又兼顾了道路的承受能力。

高速公路行车道分为超车道、主车道两部分。车辆正常行驶时应在主车道上，在条件允许时可通过超车道超越前方车辆。在主车道的外侧，一般设有紧急停车带，供车辆在紧急状态下停车使用。此外，高速公路上还设有警告标志、可变情报板等指导人们安全行车的工具。

立交桥

立交桥全称"立体交叉桥"，它用空间分隔的方法消除道路平面交叉车流的冲突，使两条交叉道路的直行车辆畅通无阻。

城市中为什么要架设立交桥？

据测试，机动车在城市中心区运行的时间，有三分之二是用在通过交叉路口上的。同时，有一半的交通事故也发生在交叉路口上。而建设立体交叉桥就是解决交通阻塞的一个重要手段。立交桥是为保证交通顺畅，而在道路、铁路交叉处建造的桥梁。它能将互相冲突的车流分别设置在不同高度的道路上，使车辆互不干扰。

立交桥可分为跨线桥、地道桥两类。跨线桥在既有线路之上进行跨越，它又分为分离式和互通式。前者只保证上下层线路的车辆各自独立通行；后者在平面和立面上修建复杂的迂回匝道，能使上下层线路车辆相互通行。而地道桥是从地下穿越既有线路的路桥。立交桥的形式多样，但目的都是保证高效通行，提高行车安全。

高速公路

高速公路上行驶的车辆一般能达到120千米/小时或者更高的速度，这要求道路路线顺畅，纵坡平缓，路面达到4个以上车道的宽度。

交通之最 高速公路总里程最长的国家：截至2012年，中国是世界上拥有高速公路最多的国家，现有高速公路9600千米。

为什么大部分国家都规定靠右行驶？为什么交通信号灯采用红、黄、绿三色？

科学关键词：通行制 靠右行驶 红绿灯

靠右行车
全世界60亿人口中有40亿"靠右走"。这些靠右行的国家大多是典型的大陆性国家，如中国、德国、美国、法国、俄罗斯等。

■ 为什么大部分国家都规定靠右行驶？

Weishenme

靠右行驶是道路交通规则中最基本的通行制原则之一。如果没有通行制，人、车在道路上随意走动，必然使得交通毫无秩序可言。世界现有两种通行制：一种是左行制，另一种是右行制。现如今，全世界大多数国家实行右行制。

靠右行驶的习惯可追溯至18世纪的法国大革命时期。在这以前，法国的左右行驶方向可谓泾渭分明，贵族马车靠左行驶，这样就把徒步行走的下层平民挤到了右边。1789年，法国大革命爆发，革命领袖罗伯斯庇尔发布命令：巴黎所有的马车和行人一律靠右行驶。

拿破仑上台后，也坚持他的辎重车辆应该靠右行驶。后来在被拿破仑征服过的欧洲国家，如瑞士、德国、意大利、波兰和西班牙等国，右行制便成了交通规则。

现在，世界上许多国家都规定靠右行驶。这种国际范围内行驶方向的统一，主要是为了公路交通的安全。调查证实，交通行驶方向统一之后，公路上的车祸的确大大减少了。

■ 为什么交通信号灯采用红、黄、绿三色？

Weishenme

我们从小就知道过马路要看红绿灯，红灯停，绿灯行。可是你知道交通信号灯为什么用红、黄、绿三种颜色吗？

在早期，交通信号灯只是用来表明道路使用者的行路权利的，它分为指挥灯、信号车道灯、信号人行横道灯。1868年，英国伦敦首先采用交通信号灯，它源于铁路信号灯。1918年，美国首先采用红、黄、绿三色电气照明灯作为交通信号。

其实，最早的信号灯只有红、绿两种。黄色信号灯是由中国留美电机专家胡汝鼎教授发明的。交通信号灯之所以采用红、黄、绿三色，是经过多次研究并根据光学原理而定的。红色光波长，显示距离最远，人的眼睛对红色的感觉也比较敏锐，因此用作停车信号。黄色光波次于红色，显示的距离也比较远，因而作为缓行信号。绿色光也是如此，而且它与红色光区别最分明，因此被用作通行信号。

红绿灯
采用红、黄、绿三种颜色作为交通信号灯的颜色，是根据光学原理而定的。红色光穿透空气的能力强，而且更引人注意，所以作为禁止通行的信号；黄色光穿透空气的能力也较强，所以作为警告的信号；绿色与红色的区别最大，易于分辨，所以作为通行标志。

你知道吗

■ 汽车刚诞生时，驾驶座是位于车身中央的，采用"三轮式"结构，也没有刹车及排挡等设备。

■ 据统计，世界上有34%的国家靠左行驶，66%的国家靠右行驶。全世界只有28%的可通行道路规定靠左行驶。

交通之最 第一盏交通信号灯：1868年12月10日，英国机械师德·哈特设计并制造了红、绿两色的煤气交通信号灯，用于指挥交通。

主题索引
什么是全球卫星定位系统（GPS）？为什么不能酒后驾车？

科学关键词
无线电 GPS 酒精

交通与体育

■ 什么是全球卫星定位系统（GPS）？

Weishenme

全球卫星定位系统（GPS），是20世纪70年代由美国陆、海、空三军联合研制的新一代空间卫星导航定位系统，可以为陆、海、空三大领域提供全天候和全球性的导航服务。

GPS包括人造卫星、地面监控站和用户接收设备三个部分，其中空间部分是绕地球运行的24颗卫星，它们能连续发射一定频率的无线电信号。只要用户持有信号接收设备，无论身处陆地、海上还是空中，都能收到卫星发出的特定信号。接收仪中的电脑通过选取几颗卫星发出的信号进行分析，就能确定用户所在地方的经纬度和高度，以实现导航、定位、授时等功能。GPS系统可以为公路、铁路、空中和海上的交通运输工具提供导航定位服务。

现在，便携式的GPS接收机差不多只有移动电话的大小。如果有了GPS，即使在荒野中也不会迷失方向。

GPS接收器
GPS卫星发送的导航定位信号是一种可供无数用户共享的信息资源。只要拥有一台GPS信号接收机，就可以随时免费接收、跟踪、变换和测量GPS信号。

■ 为什么不能酒后驾车？

Weishenme

我们经常在公路上见到这样的标语——"司机一滴酒，亲人两行泪"，由此可以看出酒后驾车的严重危害。那你知道司机为什么不能酒后驾车吗？从科学理论上说，酒精在人体血液内达到一定浓度时，人对外界的反应能力及控制能力就会下降，尤其是处理紧急情况的能力会下降。司机血液中酒精含量愈高，发生撞车的机会就越高。当司机血液中酒精浓度达0.064%（每100分升的血液中含有64毫克酒精）水平时，发生交通事故的可能性较零点水平高3.5倍；达到0.08%水平时，发生交通事故的可能性较零点水平高26倍。根据世界卫生组织的研究与抽样调查，许多国家50%至60%的交通事故都是由酒后驾车引起的。为此，各国都制定了非常严格的酒后驾车惩处措施。

根据我国法律，酒后驾车分为饮酒驾车和醉酒驾车两种情况，是根据驾驶人员血液、呼气中的酒精含量值来界定的。饮酒驾车，是指车辆驾驶人员血液中的酒精含量大于或者等于20毫克/分升而小于80毫克/分升的驾驶行为。醉酒驾车，指车辆驾驶人员血液中的酒精含量大于或者等于80毫克/分升的驾驶行为。

喝过酒的司机从发动车的那一刻起，就已经踏上了危险的边缘。酒后驾车不仅是法律上的事，更是威胁每个人的生命，影响社会秩序的大事！

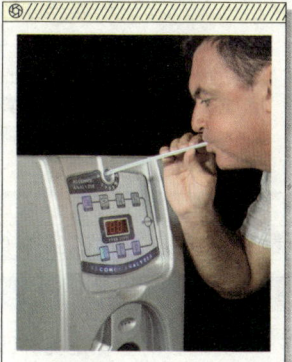

酒精测试
酒精测试仪能通过口腔中呼出的气体，测试出血液中酒精的浓度，以此判断司机是否酒后驾车。

你知道吗

■ 酒精对肝脏、大脑等器官有毒害作用，而且过量饮酒还会减少人体对其他食物的摄入，使身体里的热量过剩。

■ 在英国，酒后驾车初犯者会被吊销驾驶执照一年，重犯者吊销3年，加1000英镑罚款，在10年内有3次酒后驾车，就要吊销驾驶执照109年。

交通之最 最早的卫星定位系统：美国的子午仪系统，GPS系统的前身，从1958年开始研制，1964年正式投入使用。

▶ 主题索引
古希腊人为什么要举行奥运会？古希腊运动员为什么裸体参赛？

▶ 科学关键词
奥运会 体育竞技 裸体赛

奥林匹亚宙斯神殿遗址
古时候，希腊人把体育竞赛看作一种祭祀奥林匹斯山众神的节日活动。而宙斯作为众神之首，希腊人对他更是格外崇敬，对他的祭祀也格外隆重，渐渐便促生了古代奥林匹克运动会。

■ 古希腊人为什么要举行奥运会？
Weishenme

奥运会的全称是奥林匹克运动会，是当今世界规模最大、最有权威性的体育盛会。

奥运会源于古希腊。奥林匹亚是希腊南部一座风景秀丽的小镇，是人们朝圣和祭祀的地方。据记载，希腊人在公元前776年就规定每四年举办一次运动会，借以"传达诸神的和平旨意"，消弭内争外战。第1届古代奥运会就在奥林匹亚举行。

后来，古希腊运动会的规模逐渐扩大，并成为显示民族精神的盛会。从公元前776年开始，到公元394年止，历经1170年，共举行了293届古代奥林匹克运动会。此后，由于罗马皇帝狄奥多西信奉基督教，禁止一切异教活动，因而废止了古奥运会，并烧毁了它的建筑物。之后希腊又遭到地震，古奥运会遗址从此被埋在地下。

1875至1881年，德国库蒂乌斯等人在奥林匹克遗址找到了大量出土文物，这引起了全世界的兴趣。为此，法国的顾拜旦认为，恢复古希腊奥运会的传统，对促进国际体育运动的发展有着十分重大的意义。在他的倡导与积极奔走下，1894年6月，在巴黎举行了首次国际体育大会，并正式成立了国际奥委会。第一届现代奥运会于1896年在雅典举行，以后每四年召开一次，其中三届因世界大战被迫中断，但届数仍按顺序计算。

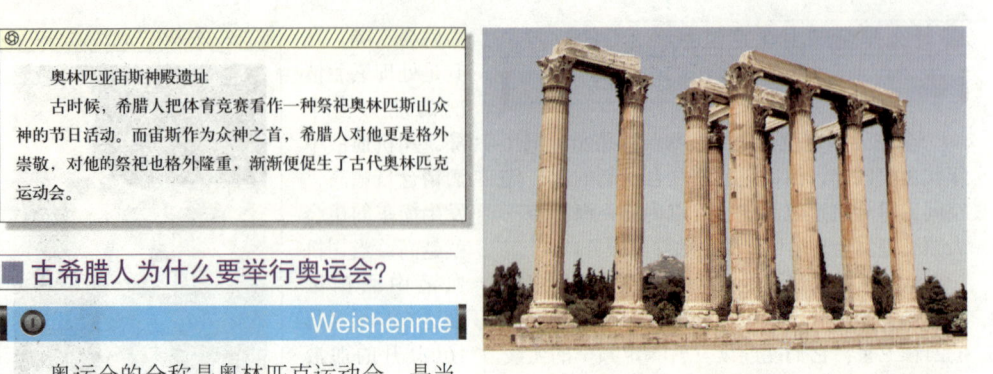

■ 古希腊运动员为什么裸体参赛？
Weishenme

"赤身运动"是古希腊体育竞技的一大特色。希腊盛产橄榄油，运动员比赛时全身涂满这类油脂，在阳光照射下熠熠生光，身体显得特别健美，因此赤身比赛风靡一时。

但是，在古希腊运动会初期，选手并不是赤身裸体的，这一习俗的出现有一定的偶然性。据说，一个身着狮皮的选手在一次比赛中，不慎狮皮脱落。人们发现，裸体更能体现人体的健美，因此便规定以后进行比赛都要赤身。

此外，还有一个更具体的说法。在公元前724年第14届（或第15届）奥运会上，一位选手在赛跑时被散落的"兜裆布"绊倒丧命，所以从第15届（一说第16届）起，规定选手一丝不挂，进行裸体比赛。当然，这些也仅是传说而已。

古代奥林匹亚体育场入口
古代奥运会期间，来到这里参加比赛的运动员必须符合以下条件：男性、希腊人、自由人、婚生子、没有任何犯罪记录等。

体育之最　古希腊获得荣誉最多的人：塞阿格勒斯在古代奥运会上与大型竞技会上共获1400多种奖品，他的雕像遍布古希腊各地。

主题索引	科学关键词	
奥运会开幕前为什么要传递"圣火"？奥运五环代表什么？	火炬 圣火 五环旗	交通与体育

■ 奥运会开幕前为什么要传递"圣火"？

Weishenme

"奥林匹克"火炬的火种之所以被称为"圣火"，是因为它源于古希腊神话。传说，众神之王宙斯为了永远统治大地，故意不给人类降火，使世人永远生活在黑暗之中。然而勇敢善良的普罗米修斯不顾个人安危，用茴香树枝从太阳火焰里引来了火种。从此，人间有了火，驱散了黑暗和寒冷，普罗米修斯给人类带来了光明和温暖。可是，普罗米修斯却因此受到宙斯残酷的惩罚。后来，人们为了纪念这位英雄，便制成火炬来传递、扩散火种，并把这作为光明、勇敢、威力的象征。

1912年，现代奥林匹克运动会的创始人顾拜旦为了把象征和平的奥林匹克精神永远传播开来、继承下去，提出了在奥运会上点燃圣火的建议。这个建议在1936年第11届奥运会中被正式实施。奥运会圣火的取火仪式在古代奥林匹克运动发源地举行。

在古希腊女神赫拉的庙旁，化妆成女神的女子用凹面镜聚集日光点燃圣火后，人们以接力传递的方式把火炬传到奥运会举办地点。人们认为，用接力传递的方式来迎送火炬，有利于扩大奥运会影响，传播奥林匹克精神，所以传递"圣火"的仪式也就一直流传了下来。

高举圣火
古代奥运会开幕前必须举行隆重的点火仪式，由祭司从圣坛上燃取奥林匹克之火，所有运动员一齐向火炬奔跑，最先到达的三名运动员将高举火炬跑遍希腊，传谕停止一切战争，开始四年一度的奥运会。

■ 奥运五环代表什么？

Weishenme

五只相套接的彩色圆环是现代奥林匹克运动会最显著的标志，它象征着五大洲运动员的友谊和团结。依据传统的说法，五环标志及其颜色是现代奥运会创始人皮埃尔·顾拜旦男爵于1913年精心设计和选定的，以后才成为国际奥林匹克会旗和会徽的主要标志。

1914年7月，这个旗帜首次出现在巴黎庆祝奥运会成立20周年的大会上。1920年，比利时奥委会把一面绣有五环的绸缎会旗赠送给国际奥委会，并在安特卫普奥运会的开幕式上升起来。

圣火采集地——赫拉神庙
奥林匹亚遗址内的赫拉神庙是希腊众神庙中最古老的一座，建于公元前7世纪上半叶，现代奥运会点燃圣火的仪式就是在该神庙前的广场上举行的。

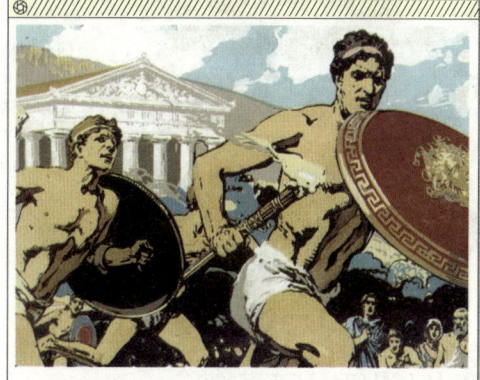

体育之最 **耗时最长的奥运会：** 早期奥运会赛程不规范，1908年伦敦奥运会从4月27日一直进行到10月30日，历时6个多月。

同一个世界

2008年北京奥运会的口号为："同一个世界，同一个梦想。"它表达了全世界在奥林匹克精神的感召下，不同种族、不同肤色、不同语言的人们亲如一家，携手追求人类美好未来的共同愿望。

■ 什么是奥林匹克精神？

Weishenme

《奥林匹克宪章》指出，奥林匹克精神就是"以友谊、团结和公平精神互相了解"。奥林匹克精神集中体现在奥林匹克运动所一贯遵循的宗旨以及提出的格言和口号上。

"和平、友谊、进步"是奥林匹克宗旨的高度概括。这不仅是奥运会最基本的出发点，也是奥林匹克精神的重要内容。

"更快、更高、更强"这一格言于1913年经现代奥运会创始人顾拜旦提议，获国际奥委会批准后，被定为奥林匹克格言。它体现了一种敢于拼搏、不断进取、永远奋发向上的竞技精神。

"重要的是参加，不是胜利。"这句口号反映了奥林匹克运动的国际性和广泛的群众性。不同种族、不同肤色、不同语言的各国运动员平等参加比赛，不仅是争夺奖牌，更重要的是交流友谊、增进理解、扩大和平。

■ 奥运会选手为什么要进行性别检查？

Weishenme

在奥运会各项运动比赛前，先要对运动员进行性别检查，看是男选手还是女选手以及与他（她）所要参加的运动项目是否吻合。之所以这样做，主要是因为男女生理上的差异，会导致男女运动员的成绩有差距。历史上曾出现过男性用种种手法伪装成女性，混入女性运动员的行列中参加女子运动项目，从而轻易获奖的事。这明显违背了奥林匹克的精神与原则。

在1932年，奥运会女子100米比赛的金牌获得者瓦拉谢维奇，在其长达20年的运动生涯中所获得的奖牌多达5000枚，是田径界的一个传奇人物。但在"她"死后的尸检中却发现，这名"女运动员"原来是男性。再如1938年创造了女子跳高世界纪录的朵拉·拉蒂安和1966年在世界滑雪锦标赛高山下滑女子比赛中获金牌的奥地利选手艾丽卡·施莱格等，均是男子冒充的"女选手"。

因此，及时甄别出伪装性别的运动员，确认各位选手参加规定项目的比赛资格，以确保奥运比赛的公正进行，就成了奥运会竞赛前一项必要的检查措施。

1968年，国际奥委会决定，对所有奥运参赛选手采用"染色体检查法"进行性别检查。它是通过鉴定受检运动员的细胞染色体中是否有Y染色体，从而确认该运动员性别的。

北京奥运会火炬传递

奥运圣火是和平的象征。奥运圣火的传递，代表着奥运精神的弘扬和传承。2008年3月25日，北京奥运会的圣火在希腊奥林匹亚采集成功，经过4个多月的传递后，于8月6日抵达2008年奥运会的举办地——中国北京。

◆ 160 体育之最 第一部《奥林匹克宪章》：亦称奥林匹克章程或规则，由顾拜旦提出，于1894年6月在巴黎国际体育大会上正式通过。

主题索引
田径运动的"田"和"径"分别指什么？为什么许多田径运动员要穿钉鞋参赛？

科学关键词
田赛 径赛 钉鞋

交通与体育

田径场

田径场分为标准田径场和非标准田径场两类，都内设由两个弯道和两个直道组成的环形径赛跑道及各项田赛区。多数田径场都设有看台，以方便观众观看比赛，较大的田径场可以容纳数万名观众。

■田径运动的"田"和"径"分别指什么？

Weishenme

田径运动包括竞走、赛跑、跳跃和投掷等40多个单项以及由部分跑、跳、投项目组成的全能运动。其中，以时间计算成绩（走和跑）的项目叫"径赛"，以高度和远度计算成绩（跳跃和投掷）的项目叫"田赛"。田赛和径赛合称为田径运动。

田径运动是体育运动的重要项目之一。它的项目较多，一般都是个人运动项目，运动强度大，竞争性强，锻炼形式多样，不受人数、年龄、性别、季节、气候等条件的限制，便于广泛开展。

田径运动是各运动项目之母。它能全面地、有效地发展人的身体素质和运动技能，对其他各项运动技术的发展和成绩的提高都有很好的作用。因此，各项体育运动都把田径运动作为提高身体素质的基本训练手段。

田径运动历史悠久，具有广泛的群众基础。公元前776年，第一届古代奥运会就将田径运动列为正式比赛项目。1896年，在雅典举行的第一届现代奥运会上，田径的走、跑、跳跃、投掷等项目也都被列为比赛项目。至今已举行的各届奥运会上，田径运动都是主要比赛项目之一。

在历届奥林匹克运动会和其他大型比赛中，田径比赛都在中心运动场举行，是设奖牌最多的竞赛项目。因此，世界各国都很重视发展田径运动，并把它作为衡量一个国家总体体育水平的重要标志。

■为什么许多田径运动员要穿钉鞋参赛？

Weishenme

在田径比赛中，许多运动员都穿着钉鞋上场。这是什么原因呢？

原来，鞋底的钉子能"抓"住地面，使运动员在快速跑动时脚下不打滑。同时，由于鞋钉大大增加了鞋底与地面的摩擦力，运动员就能借此用力蹬地，发挥出最高的水平，获得最好的成绩。

当然，并不是所有的田径运动员穿的钉鞋都一样，不同的田径项目，运动员会选择不同的钉鞋。径赛运动员的钉鞋一般只有鞋底前掌才有鞋钉，数目不会超过6枚。而像跳高、标枪等田赛运动员的钉鞋，常常是前掌镶着鞋钉，鞋后跟也镶着2至4枚鞋钉。这是因为径赛运动员主要用前脚掌着地，而田赛运动员助跑时则需要脚掌脚跟同时发力。

起跑

对于田径运动员来说，拥有一双好的钉鞋将如虎添翼，它可以帮助运动员发挥出最好的水平，获得最好的成绩。所以很多著名的运动员都有制造商为自己特制的钉鞋。

体育之最　田径成绩之最：美国人阿尔弗雷德·厄特在1956至1968年4届奥运会的铁饼比赛中，连续4次打破奥运会纪录并获金牌。

▶ 主题索引
为什么跳高选手多采用"背跃式"？什么是三级跳远？

▶ 科学关键词
背跃式 三级跳远 弹跳力

员快速助跑之后，向前连续三次跳跃：第一跳是单足跳，即用起跳脚落地；第二跳是跨步跳，须用摆动脚落地；第三跳用双脚落入沙坑。

由于这项运动使身体下肢的负担很大，所以对身体素质的要求比其他项目高一些。它要求运动员有较高的助跑速度和良好的弹跳力以及强大的腿部力量。

速度是影响三级跳远成绩的重要因素。运动员必须具备良好的助跑速度、动作速度、跳跃速度。其中，助跑速度最为重要，世界优秀的三级跳远运动员都具有较高的助跑速度。另外，起跳有力、踏跳脚积极扒地、腾空抛物线很高、双臂摆动、大腿高抬等都对运动成绩的提高有重要作用。

如今，三级跳远的发展已经进入了新的时期，世界各国都涌现出许多优秀的运动员，有的能跳过17米，英国运动员乔纳森·爱德华兹则在1995年创造了18.29米的世界纪录。

"背跃式"跳高

"背跃式"跳高时，人的重心在杆的下面，形成一个圆弧过杆，重心为圆心；而"跨越式"跳高的重心在杆的上面，要求有更高的高度。所以，一般来说"背跃式"比"跨越式"易取得成绩。

■ **为什么跳高选手多采用"背跃式"？**
Weishenme

在跳高比赛中，我们经常可以看到大多数运动员都是采用"背跃式"跳跃。那么，选择这种跳跃方式有什么好处呢？

"背跃式"跳高的助跑技术特点是采用弧线助跑。助跑时身体内倾有利于降低身体重心，为起跳做好肌肉用力的准备。起跳阶段可以迅速地改变人体的运动方向，并获得尽可能大的垂直速度，保证过杆动作顺利进行。

"背跃式"跳高时，运动员在起跳后，头部、肩部、后背部首先过杆。这时，运动员在空中挺胸挺腹，身体成反曲，在身体重心达到跳跃的最高点时，臀部正好处于横杆上方。由于整个身体是以"扁平"的姿势过杆的，所以采用"背跃式"的姿势能充分利用腾起的高度，跃过较高的横杆。

■ **什么是三级跳远？**
Weishenme

三级跳远是田径运动中田赛跳部的运动项目，由单脚跳、跨步跳和跳跃组成。运动

三级跳远

三级跳远时，运动员快速助跑之后，要向前做连续三次跳跃：第一跳是单足跳，即用起跳脚落地；第二跳是跨步跳，须用摆动脚落地；第三跳时双脚落入沙坑。

◆ 162 体育之最 **最早的跳高比赛**：最早的跳高比赛出现在1800年的苏格兰运动会上，当时运动员主要采用简单的"跨越式"起跳方式。

交通与体育

科学关键词：铅球 滑步 铁饼

推铅球

铅球的重量较大，要使铅球既推得远，又要落在扇形区域内，运动员在做准备动作时，就要把铅球托在肩上锁骨窝处，然后滑步以使铅球和人体迅速起动，并沿着水平方向前进，以获得最大的预先速度。

■ 推铅球为什么先滑步？

Weishenme

凡是观看过田径比赛的人，都知道铅球运动员在掷铅球前，都要先滑步，然后转体投掷。这是为什么呢？

推铅球运动是田径运动中的田赛项目之一。正式比赛中，男子铅球的重量为7.26千克，直径11至13厘米；女子铅球的重量为4千克，直径为9.5至11厘米。由于铅球的重量较大，要使铅球既推得远，又要按规则落在前方的扇形区域内，运动员在做准备动作时，就要把铅球托在肩上锁骨窝处，然后采用滑步使铅球和身体迅速起动，并沿着水平方向前进，以获得最大的预先速度。当摆动腿的脚掌一触地，立即用力推出，这样就可以把铅球推得更远。

【百科辞典】

铅球：
田径运动使用的投掷器械之一，球形，用铁或铜做外壳，中心灌铅。

铁饼：
田径运动使用的投掷器械之一，形状像凸镜，边沿和中心用铁制成，其余部分用木头。

实践证明，一个优秀的铅球运动员，其原地推球和滑步推球的成绩能相差1.5至2.5米。从这里也可以看出，滑步动作对提高推铅球的成绩是多么重要。

■ 掷铁饼前为什么要原地旋转？

Weishenme

铁饼是田径比赛中的投掷项目之一。据考证，这项运动起源于公元前12至前8世纪希腊人投掷石片的活动。比赛用的铁饼重量为2千克，直径为22厘米。

我们经常看到，铁饼运动员在投掷铁饼之前都要原地转几圈，这是为什么呢？

铁饼投掷的场地是一个直径为2.5米的圆圈，在这么狭小的范围内，运动员在把铁饼掷出之前无法用跑动的方式为它提高速度。因此，只有通过旋转身体的方式，让铁饼具备一定的初速度，这样出手后才能飞得更远，进而提高投掷成绩。所以，投掷铁饼的方法是使铁饼随着运动员的旋转而做圆周运动，并在运动员最后用力前获得预先速度，为最后用力创造有利条件。同时，铁饼也因此旋转起来，这样可以减小空气的阻力，增加惯性，使铁饼飞得更远。实践表明，用旋转法掷出铁饼一般要比原地掷铁饼远6至10米。

世界上的优秀运动员，铁饼出手的初速度可达到24至25米/秒，铁饼以7至8转/秒的速度旋转，这使它能在最后着地时仍保持稳定。此外，在顺风条件下，正确投掷铁饼，成绩要大大高于无风条件下投掷铁饼的成绩。

掷铁饼者

这尊被誉为"体育运动之神"的雕像，一望而知是表现投掷铁饼的一个典型瞬间动作：人体动势弯腰屈臂成S形。现存的掷铁饼者为大理石雕复制品，高约152厘米，原作为青铜，米隆作于约公元前450年。

体育之最 最高的女子铁饼纪录：目前女子铁饼的世界纪录是76.80米，是由前民主德国选手雷因施在1988年7月创造的。

163

■ 跑步比赛为什么都要逆时针跑？

Weishenme

田径比赛中的跑步都是按逆时针方向进行的，大家知道为什么不按顺时针方向跑吗？

我们知道，人的大脑分为左右两个半球，而且左右脑的功能不一样。左脑支配右半身的活动，右脑则支配左半身的活动。在日常生活中，大多数人养成了用右手干活、写字、工作的习惯，而左脑又主要是进行高级思维活动的，因此就大大加重了左脑的负担。人体为了维护全身的平衡，就会加强受右脑支配的左腿的功能，所以多数人感到左腿比右腿有力。

赛跑时，多数运动员都是用左腿作为后蹬腿的。在跑弯道时，由于左腿有力，如果按逆时针方向跑，左腿就能很好地克服身体的离心力，避免身体向内侧倾倒。右腿力量比左腿小，如果按顺时针方向跑，就会感到身体不稳，容易摔倒。其实，人在滑冰、骑自行车拐弯和跑步时，也有同样的感觉。如果按顺时针方向跑步，反而会感到别扭和不舒服。

此外，一般情况下，人的心脏在左边，当逆时针方向跑步时，身体向左倾斜，形成左转弯，有利于保护心脏。所以说，逆时针跑的规制是合理的。

起跑器
根据田径比赛规则，在跑道上安放起跑器时，起跑器任何部分都不得触及起跑线或延伸线，或者延伸至其他分道。

■ 短跑比赛为什么要使用起跑器？

Weishenme

短跑是径赛中距离最短、速度最快的项目，也是田径运动员的基础项目。最初的短跑比赛中，运动员都是站着起跑的。澳大利亚运动员舍里尔发明了蹲距式起跑，并在第1届奥运会上取得了优异成绩，从此蹲距式起跑就成了短跑的标准起跑姿势，起跑器作为辅助的工具也随之诞生了。

起跑器是用于径赛短跑的起跑装置，一般由坚固的金属材料制成，包括两块抵足板和一个固定抵足板的框。抵足板面呈平形或凹形，有槽，上带适合钉鞋使用的物质，位置和角度可调整。田径竞赛规则规定：短跑项目可以使用起跑器。大型比赛的起跑器由运动会统一提供。

具体来说，使用起跑器的好处有两点：首先，可以使两脚有牢固的支撑形成良好的预备姿势，使身体迅速地摆脱静止状态，获得向前的最大冲力，尽快地提高速度转入途中跑；其次，使用方便，能够根据个人的需要随意调整位置、距离和抵足板的倾斜度。实践也证明，使用起跑器有助于运动员更好地发挥，提高速度，同时还可以保护跑道不受损坏。

接力赛
"接力"是田径比赛中唯一的集体项目，由每队4名队员依次传递接力棒，并跑完一定距离。在接力赛中，只有第一棒运动员使用起跑器。

跑得最快的百岁老人： 南非一个名叫菲利普·拉比诺维茨的百岁老人于2004年创下了28.89秒的百岁老人百米跑世界纪录。

主题索引　为什么说长跑运动能锻炼心脏？为什么说马拉松长跑起源于古希腊？

科学关键词　竞技运动 长跑 马拉松

交通与体育

女子10000米长跑

图为2004年雅典奥运会女子10000米长跑现场。长跑能锻炼心脏，使心脏的肌肉变粗，收缩力增强，从而使心脏的血液输出量加大，心率减慢，工作能力加强。

为什么说长跑运动能锻炼心脏？

Weishenme

在竞技运动中，长跑包括3000米、5000米、10000米等项目，属于高强度运动，持续时间在8至40分钟之间，是一项全身性的剧烈运动。所以，练习长跑是非常艰苦的，要不断地克服"极点"，不断地与疲劳作斗争。由于此项运动单调乏味，所以不易引起人们的兴趣。但是，长跑运动却具有独特的锻炼作用，对身体十分有益。

长跑运动能够锻炼神经系统。经常进行长跑锻炼的人，其大脑皮层及神经系统特别坚强稳定，所以对各肌肉群及内脏器官的协调能力较好，具有顽强的意志力和吃苦耐劳、坚忍不拔的精神。

另外，人在长跑的时候，肌肉会剧烈活动，这样，血液对氧气和养料的需求量就会大量增加，心脏输出的血量也会成倍增加，比平时的输出量要多4至5倍。要输出这么多的血，心脏必须加快跳动，加强收缩，拼命工作。随

着长跑距离的逐渐加大，心脏工作的强度也会不断增加。久而久之，心脏的肌肉变粗，收缩力增强，心脏也会增大，血液输出量加大，心率减慢，这样，心脏的工作能力也就加强了。所以说长跑能锻炼心脏。

为什么说马拉松长跑起源于古希腊？

Weishenme

马拉松是古希腊的一个地名，位于雅典城东北30千米处。公元前490年，波斯远征军入侵希腊。当波斯军在马拉松这个地方布阵的消息传到雅典后，雅典就派出一名叫裴里匹底斯的信使前往斯巴达求援。这位信使用35小时走完了从雅典到斯巴达的150千米路程。但是，斯巴达人的回答却是，月圆之后才能出兵。这需要等10天左右。无奈，雅典人不得不靠自己孤军奋战，结果竟然以少胜多，打败了波斯人。这位名叫裴里匹底斯的信使，又带着胜利的喜讯，从马拉松跑到雅典城中央广场（距离为42.195千米），向雅典人民高喊："我们胜利了！庆祝吧！"随即倒地身亡。"马拉松跑"就是为纪念这件事而设立的。

1896年，法国的顾拜旦男爵在恢复现代奥林匹克运动会之际，巴黎索邦大学的语言学家、历史学家布莱尔援引马拉松的故事，向他提议增加一项长距离赛跑项目。马拉松赛跑便由此诞生。

马拉松比赛

由于马拉松比赛一般在室外进行，不确定因素较多，所以在2004年1月1日前，马拉松一直使用世界最好成绩，而没有世界纪录。但从2004年开始，国际田联规定让马拉松也拥有了自己的世界纪录。

体育之最　**第一个马拉松冠军**：在1896年的第1届奥运会上，希腊运动员鲁伊斯成为第一个马拉松比赛的冠军。　165

5

▸ 主题索引
为什么自由泳的速度比其他泳姿快？为什么称花样游泳为"水上芭蕾"？

▸ 科学关键词
自由泳 花样游泳 芭蕾

自由泳
自由泳（爬泳）的动作像爬行，双臂轮流划水，两腿上下交替打水。这种姿势结构合理、阻力小、速度均匀，是目前世界上最快、最省力的一种游泳姿势。

■ 为什么自由泳的速度比其他泳姿快？

Weishenme

在游泳比赛中，那种身体俯卧在水面上，双臂轮流在体侧向后划水，两脚快速上下打水面，游起来好像江中汽艇的姿势，称为自由泳（也称爬泳）。自由泳是游泳姿势中速度最快的一种。

为什么自由泳的速度最快呢？从力学的角度来看，游泳速度的快慢主要取决于两个因素：一是增大游进时的推进力；二是减小游进中水对人体的阻力。鱼雷快艇之所以开得快，第一个原因是它船体小、马力足；第二个原因是它有尖形的船头，流线型的船身。因此，在前进时所受的阻力小。同样，自由泳之所以比别的泳姿游得快，也是由于它具备了上述两个优越条件。

今天的自由泳技术正朝实效性发展，要求高体位、高肘加速后划，减少换气次数，动作连贯，节奏稳定合理。

在水中游得快，选择姿势固然很重要，但是更重要的是顽强的意志和强壮的身体。因为自由泳需要连续地划水、打水，对体力消耗较大，所以要想游得快，还要有良好的身体素质。

■ 为什么称花样游泳为"水上芭蕾"？

Weishenme

花样游泳，是运动员在水中做出各种优美游泳动作的艺术性游泳，是一项只有女子才能参加的奥运会比赛项目。花样游泳融游泳、体操、舞蹈和音乐于一体，给人以高度的艺术享受。

花样游泳比赛分为规定动作和自选动作两种。规定动作的比赛没有音乐伴奏，主要比个人的基本技术；自选动作的比赛可以自己选配音乐。这个项目在奥运会上的历史并不长，在1984年第23届洛杉矶奥运会上，它才被正式列为比赛项目。

花样游泳运动员们动作娴熟优美，一丝不苟，将划水、仰浮、下潜、变换图形（花样）等动作完成得天衣无缝、和谐无比，构成的画面也多姿多彩。在此运动中，生命的力度、青春的韵律及女性独特的妩媚舞姿，无不表现得淋漓尽致，恰如碧波上一群翩翩起舞的天鹅。因此，受到世人的喜爱，并被冠以"水上芭蕾"的美称。

花样游泳
花样游泳是一项具有艺术性的优雅的体育运动，由游泳、技巧、舞蹈和音乐编排而成，有"水上芭蕾"之称。

◆ 体育之最　第一次花样游泳比赛：在1973年前南斯拉夫举行的世界游泳锦标赛中，第一次进行了花样游泳比赛。

主题索引
人在冷水中游泳时为什么容易抽筋？跳水运动员为什么要控制入水时的水花？

科学关键词
抽筋、跳水、流线型

交通与体育

■ 人在冷水中游泳时为什么容易抽筋？

Weishenme

冬泳
冬泳被称为"勇敢者的游戏"，经常进行冬泳可以加快血液循环和新陈代谢，增强心血管的功能。

到了夏天，很多人都爱游泳。有的人到水里以后会出现一点小麻烦：肌肉突然不听指挥，顿时强直收缩起来，既酸又痛，身体局部不能活动。这种现象就叫肌肉痉挛，俗称抽筋。那么，为什么有的人游泳时会抽筋呢？

抽筋是人体某一部分肌肉发生痉挛的现象，在日常生活中会经常碰到。游泳时抽筋，大多数是由于游泳前没有做准备活动，下水时突然受到冷水的刺激，肌肉产生了反射性紧张。有的是因在水中停留时间过长，体内热量、水分、盐分排出过多，过度疲劳导致的。还有的则是由精神紧张、动作不放松或突然用力过猛而引起的。

其实，抽筋是完全可以预防的，只要做好准备活动，下水时间适当，动作放松，一般都不会出现抽筋。下水前，可以先用冷水擦拭身体，让身体适应冷水环境。下水以后，不要一开始就猛游，运动量要逐渐加大，这样就会提高身体对冷水的适应能力，使全身血液循环流畅，同时也可增强肌肉的耐受性。

■ 跳水运动员为什么要控制入水时的水花？

Weishenme

跳水是一项优美的水上运动，运动员从高处用各种姿势跃入水中，在空中完成一定动作，并以特定动作入水。在跳水比赛中，运动员入水时身体要成一条直线，动作轻盈优美、干净利落，富于美感。要想做到这一点，运动员需要控制入水时的水花，使其越小越好。

波浪与水花的形成同人体入水时的身体形态有很大的关系，全身越是接近流线型，水花就越小。因此，跳水运动员入水时，要求身体成一直线，脚尖绷直，从头到脚都在同一点上入水。不过，人体不可能是最佳流线体，手入水后，头、肩等部分都会突然增加人体入水的横截面，从而产生一定的水花。为了减少水花，我国运动员在比赛中采用手腕上翻、掌心向下、手指分开、两手也稍分开的"压水花"技术。这种入水方法在手接触水面时有一点水花，但随即因为手掌在入水时带入了大量空气而降低了身体其他部分入水时的阻力。此外，由于手掌压水可以稍微减慢入水的速度，这样就可避免造成较大的水花了。

入水
跳水运动员入水时，要求身体成一条直线，脚尖绷直，从头到脚都在同一点上入水，动作轻盈优美、干净利落，富于美感。

你知道吗

☑ 1904年，第3届奥运会将跳水列为比赛项目。运动员在跳水过程中，要在空中做出复杂的翻腾动作，由于动作轻巧美丽，所以这项运动被称为"空中芭蕾"。

☑ 高敏是我国著名的女子跳水运动员。她在13岁时便获得全国跳板跳水的冠军。从1986年开始，她多次获得国际大赛的跳水冠军，并成为世界上第一个获得世界锦标赛、世界杯赛和奥运会冠军的三连冠者，她被誉为"跳水女皇"。

体育之最　在国际比赛中为新中国夺得第一块金牌的人：游泳运动员吴传玉，于1953年8月9日，在第4届世界青年联欢节100米仰泳比赛中夺得冠军。

■ 什么是冲浪运动？

冲浪运动是由运动员站在冲浪板上驾驭海浪的水上运动。早在18世纪80年代，英国的探险家库克船长，就曾在夏威夷群岛看见当地印第安人骑坐树干漂浮在海浪之间的情景。以后，人们从中受到启发，将印第安人的树干改成一块扁平的木板，人站在上面，依靠自己的平衡能力，逍遥于海浪之间。近一二十年来，冲浪运动得到了较为迅速的发展，在部分沿海国家较为普及。

冲浪运动以浪为动力，要在有风浪的海滨才能进行。海浪的高度要在1米左右，最低不低于30厘米。运动员站在一块长160至270厘米、宽60至80厘米、厚10至15厘米的以塑料、木质或玻璃钢为材料制作的冲浪板上，随波逐流地由浪峰向浪谷滑下。在冲浪板上，当冲至浪峰前面时，运动员由俯卧或跪姿改为站姿，两腿自然开立，通常平衡腿（左腿）在前，控制腿（右腿）在后，靠腰部及双臂调整身体重心与板体浮心的相对位置来平衡身体。方向控制则主要靠扭动腰部、夹紧臀部、用双腿的剪力来完成。

夏威夷群岛常年都有适合冲浪运动的海浪，特别是在冬天或春天，都有从北太平洋涌来的海浪，浪高达4米，可以使运动员滑行800米以上。因此，夏威夷群岛一直是世界冲浪运动的中心。

水球比赛

水球是一种在水中进行的球类活动，起源于19世纪中叶的英国。水球最初是人们游泳时在水中传掷足球的一种娱乐活动，故有"水上足球"之称，后逐渐形成两队之间的竞技水球运动。

■ 为什么说水球是"水中足球"？

水球比赛是在长30米、宽20米的长方形水池中进行的。赛场水深在180厘米以上，四周有明显的浮标作为界线，而且场内有一些虚设的线，如中线、球门线等，两条边线上也有明显的标志。球门固定在球场两端的正中，门柱和横木都是用木头、金属或合成纤维制成的。球门高90厘米，宽3米，两侧和后面都用软网封闭起来。

水球用球的周长与足球一样，也是68至71厘米；重量也与足球基本相似，为400至450克。水球的外壳是用皮革或橡胶制成的，有良好的防水性能，而且表面十分光洁。水球的颜色为统一的棕色，不像足球既可以是白色，也可以是黑白相间色。

冲浪

冲浪运动曾创造出许多令人难以置信的奇迹。1986年初，两名法国运动员脚踩冲浪板，从非洲西部的塞内加尔出发，横渡大西洋，二月下旬到达中美洲的法属德罗普岛，历时24天12小时。

◆ 我国最早的水球比赛：1931年第5届广东省水上运动会曾设立水球比赛项目，这是我国最早举行的正式水球比赛。

交通与体育

■ 为什么滑雪用滑雪板而滑冰却用冰刀？

滑雪是一项既浪漫又刺激的体育运动。人们把滑雪板装在靴底上，在雪地上轻松自在地滑行，尽情享受速度带来的快感。滑雪时使用滑雪板，主要是为了增大脚部与雪地的接触面积，这样人就不至于陷入松软的雪里，而能在积雪的表层自由滑行。

而滑冰是在冻结的冰面上进行的运动，冰鞋底下冰刀的作用与滑雪板恰恰相反，是为了减小冰鞋与冰面的接触面积，增大对冰的压强。

冰的融解有一个特点，当它受到的压强增大时，融点就会降低。大约每增加1个大气压，冰的融点就降低0.0075摄氏度。当人穿着冰鞋在冰面上滑过时，冰面在冰刀的压力作用下迅速融解成水，在冰刀和冰面之间形成一层薄薄的水膜。这层水膜可以对冰刀起到润滑的作用，使冰刀与冰面间的摩擦力减小，从而使人们得以在冰面上快速飞驰，滑出一个个优美的动作。

冰鞋
现代冰刀的刀刃有一定弧度，且不同项目的冰刀式样、弧度和刀齿均有所不同。

一种将滑冰的技巧性与艺术性融合到舞蹈动作中的综合性运动项目。这项运动要求运动员具有较好的力量、耐力、速度、协调、柔韧、灵活、平衡、优美、稳定等素质。花样滑冰千变万化，动作优美，韵律和谐，深受人们的喜爱。

双人滑
花样滑冰的双人滑动作丰富多彩，包括许多十分复杂的托举和抛接动作。

据载，花样滑冰已有100多年的历史，它的创始人被认为是"美国滑冰大王"杰克逊·海恩斯。1908年，在英国伦敦举行的第4届奥林匹克运动会上，花样滑冰被首次列为竞赛项目。花样滑冰在每年的世界滑冰比赛中都要举行，同时也是冬季奥运会扣人心弦的比赛项目之一。目前，我国的花样滑冰运动已经相当普及，水平也正在不断提高。

■ 什么是花样滑冰运动？

花样滑冰运动指运动员在音乐的伴奏下，随着音乐的韵律和节拍，在冰面上滑出各种姿势的跳跃、旋转、图形和花样的一种冰上运动项目，是

你知道吗

☑ 挪威国土的1/3在北极圈内，气候寒冷，是滑雪的胜地，举办过许多次世界冰雪大赛，还诞生了许多著名的冰雪运动员，所以被称为"世界冰雪运动的故乡"。

☑ 在白茫茫的雪地原野中行进时需要戴上雪镜，否则太阳出来之后，双眼就会受到白雪反射出来的紫外线的伤害，出现红肿、剧烈疼痛、怕光、流泪等症状，这就是人们通常所说的雪盲。

体育之最 第1届单人花样滑冰锦标赛：1896年，俄国圣彼得堡举行了第1届世界男子单人花样滑冰锦标赛。

■ 为什么划船运动员的肺活量比较大？

Weishenme

如果你有机会和划船运动员比较一下肺活量，我想没有几个人能超过他们。划船运动员的肺活量，在所有的体育运动员中是最高的，平均可以达到6000至6500毫升，比游泳运动员的肺活量还要大。为什么会这样呢？划船运动使全身的大肌肉群都参加工作，这对体内氧的供应提出了很高的要求，迫使肺的工作效率不断提高。再加上划船时双臂的动作具有"扩胸运动"的效果，使肺部的容积愈加增大，自然也就能够提高肺活量。此外，划船过程中，人的呼吸频率成倍地上升。优秀运动员在安静状态下，每分钟呼吸约在10次左右；而运动时，可达到每分钟70次以上。这对于呼吸肌来说是一种很好的锻炼。

另外，划船运动一般都在空气清新的湖面上进行，这也为运动员呼吸新鲜空气创造了良好条件。因此，划船运动非常有利于提高呼吸系统的机能，也是促进肺部健康的重要因素。因而，有人把划船运动称为"肺脏的体操"。

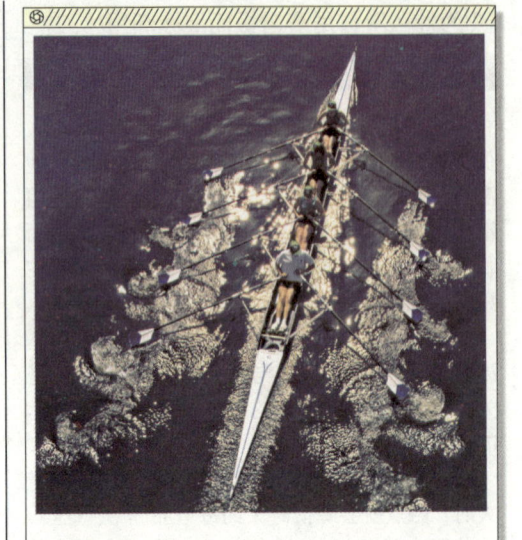

划船

划船运动被称为"肺脏的体操"。因为划船一般都在空气清新的湖面上进行，使人呼吸到更多清新空气，再加上双臂不断做"扩胸运动"，自然可以增大肺部容积，提高肺活量。

赛龙舟

赛龙舟是中国民间传统水上体育娱乐项目，已流传2000多年，多在喜庆节日举行。史书记载，赛龙舟是为了纪念爱国诗人屈原而兴起的。现在，赛龙舟活动早已走出中国，受到全世界人民的喜爱。

■ 为什么运动后要"冷身"？

Weishenme

一般情况下，在进行重大比赛前，常要举行"热身赛"。同样道理，在进行一项较剧烈的运动前，常要做"热身运动"，这是为了预防肌肉和骨骼遭到损伤。在运动后，为使身体逐步放松，也要有几分钟走动或慢跑这样的"冷身运动"作过渡，千万不要马上坐下来或平躺休息，否则对身体十分有害。因为在激烈运动时，血液循环速度加快，如果突然停下来，血液此时主要淤积在腰以下的血管内，无法及时将血液送到上半身，因而导致血压下降，严重者还会因心脏供血太少而昏迷。同时，身体为了代偿血压下降而产生大量肾上腺素，有时会增多10倍，而肾上腺素会令血管收缩，从而使血压上升，可引发心脑血管疾病。

◆170 体育之最 最早的划船运动组织：最早的国际赛艇联合会于1892年成立，国际划艇联合会于1924年成立。

- 主题索引
为什么称足球为"世界第一运动"？为什么说足球运动起源于中国？

- 科学关键词
足球 蹴鞠 圆周

交通与体育

■ 为什么称足球为"世界第一运动"？

Weishenme

在目前已经成为国际比赛项目的几十种体育运动中，足球的普及程度最高，被全世界公认为"世界第一运动"、"体育之王"。

足球运动有着很深的历史底蕴，源远流长。据说，希腊人和罗马人在中世纪以前就已经从事一种足球游戏了。世界上几乎所有国家和地区的体育爱好者都喜爱足球运动。相关专家们对各项运动的参加人数、开展范围和观众人数进行统计后发现，足球堪称世界之最，是其他任何体育项目都不可比拟的。任何体育比赛都有胜负，但都没有足球比赛那样激动人心。一场足球比赛可突显一个国家的地位、一个民族的荣辱。胜者可以将一个国家的全体人民带入欢乐的海洋。

尤其是四年一度的世界杯，更成了全世界球迷的视觉盛宴。足球运动以它特有的魅力将世界人民的思想、热情、希望紧紧地聚集在了一起，所以被誉为当今世界的第一运动。

足球
国际足联规定，足球是圆形的，以皮革或其他合适的材料制成。球体的圆周在68到70厘米之间，球的重量在比赛开始时不得超过450克，不得少于410克。球的气压，在海平面应为0.6至1.1个大气压。

■ 为什么说足球运动起源于中国？

Weishenme

世界上许多民族古代都出现过用脚支配球的游戏，均属于足球游戏的范畴。然而，要谈起古代足球运动的起源，却不得不提中国。

你知道吗

■ 现代足球运动起源于英国。1863年10月26日，英国伦敦成立了世界上第一个足球协会，这标志着现代足球运动的诞生。

■ 国际足球比赛规则规定：一个运动员在同一阶段比赛中，被裁判员出示黄牌累计达两次者，即停止下一场比赛。被出示红牌后，除当场停止比赛外，还需停止下一场比赛。

中国古代球戏最早可追溯至2500年前的战国时期。《战国策·齐策》曾记载，纵横家苏秦与齐宣王会面时，提及人民安居乐业，喜欢"蹴鞠"。所谓"蹴鞠"就是一种足球游戏："蹴"就指踢，"鞠"则指球。那时，足球在中国就已成为一种比较流行的体育活动了。以后，此项运动逐渐有新的发展。西汉初年，汉高祖刘邦曾在宫廷内建筑"鞠域"，专供踢球竞赛用。到了唐代，此项运动在场地、设备、器材方面逐渐完善。宋代，踢球的艺人们组织了自己的团体，称为"圆社"，专门推广蹴鞠活动。北宋时期的高俅就出身于圆社。据记载，他球技高超，因陪侍宋徽宗踢球而被提拔为殿前都指挥使。1985年7月，时任国际足联主席的阿维兰热博士在北京举行首届世界少年足球锦标赛的开幕式中也肯定地说，足球运动起源于中国。

足球比赛
足球运动是世界上最受人们喜爱、开展最广泛、影响最大的体育运动项目，被誉为"世界第一运动"。不少国家还将足球定为"国球"。

体育之最　我国近代最早的足球组织：1908年，香港成立了我国近代最早的足球运动组织——"南华足球会"。

▶ 主题索引
什么是世界杯足球赛？足球场为什么铺草皮？

▶ 科学关键词
世界杯足球赛 顶球 守门员

世界杯足球赛中疯狂的球迷

世界杯足球赛是世界上最高水平的足球赛事，与奥运会、F1并称全球顶级三大赛事。世界杯足球赛每四年举行一次，比赛期间，全世界球迷为之日夜疯狂。

■ 什么是世界杯足球赛？

Weishenme

世界杯足球赛是目前世界上规模最大、最受世人瞩目的国际性足球比赛。它专门由国际足球联合会主办，其创办过程十分坎坷。

1900年，足球比赛被列为奥运会比赛项目，但这时的足球赛只限业余运动员参加。直到1928年第9届奥运会后，国际足球联合会才决定在1930年另行组织足球类的国际大赛，这就是世界杯足球赛。国际足联还规定，无论是业余球员还是职业运动员都可以参加比赛。比赛每四年举办一次，参赛队是各会员协会派出的最强队。从1930年到2006年，除了停办的1942年和1946年两届以外，世界杯共举行了18届比赛。世界杯的奖杯是流动杯。但是，一个队若先后三次夺得冠军，就能永久占有世界杯奖杯。

■ 足球场为什么铺草皮？

Weishenme

当我们坐在足球场的看台上，望着绿草如茵的球场时，会有一种舒适爽目的感觉。这是什么原因呢？这是草地的绿色对阳光反射比较弱，对我们的眼睛刺激不太大的缘故。此外，有绿色草地作为背景，场上的运动员、裁判员和所有的设备都被绿草衬托得十分醒目，即使连续观看几个小时的比赛，眼睛也不会感到太疲倦。

对于运动员来说，场地铺了草皮后，更显得平坦、松软而富有弹性，能缓冲球速及其弹跳，便于控制，为运动员更好地发挥技术提供了良好的条件。铺着草皮的场地还对运动员起着一定的保护作用。大家都知道，足球运动员身体接触或摩擦地面的机会比较多，如鱼跃顶球、倒地铲射和守门员扑接球等，都要与地面接触或摩擦。场地上铺了草皮就可使运动员免于或减少受伤。当然，倒地不受伤更主要的是靠运动员的倒地技巧。

另外，正式足球比赛的日期一旦确定之后，一般不轻易改动。足球场上铺了草，遇到刮风不会尘土飞扬；遇到下雨也不会泥泞不堪；即使是下雪天，也便于雪水快速地渗入地面。总而言之，它可以保证比赛正常举行。

人工草皮
体育场、足球场、广场绿地等，一般铺设的都是人工培育的绿色植物，种类为75%的细叶草配25%的大叶草。

◆ 172 体育之最 首届世界杯足球锦标赛：1930年，乌拉圭举办了首届世界杯足球锦标赛。

主题索引
谁发明了篮球？什么是"NBA"？

科学关键词
篮球 周长 NBA

交通与体育

■ 谁发明了篮球？

Weishenme

詹姆斯·奈史密斯像
詹姆斯·奈史密斯是美国马萨诸塞州一所学校的体育老师，他从加拿大儿童用球投入桃子筐的游戏中受到启发，发明了篮球运动。

篮球运动是一项很受欢迎的运动，起源于100多年前的美国。它是1891年由一个叫詹姆斯·奈史密斯的美国人发明的。当时，奈史密斯是美国马萨诸塞州春田国际青年会训练学校的体育老师。这个学校的体育系主任要求他发明一种冬天也能在室内比赛而且能引起学生兴趣的团队运动。于是奈史密斯融合了北美土著印第安人玩的长曲棍球以及英国人玩的足球的特点，创造了一种新的室内运动。这种运动不准用棍子打，也不能用脚踢，而是由球员把球传来传去，或者在地上拍（运）球，然后投进目标。这个所谓目标就是两个固定在空中的"篮子"，所以这种运动就被称为"篮球"。

最初比赛的时候，每次有人投中篮，球就停在篮子里，玩起来很不方便。到了1906年，一种篮底开洞的铁制篮子出现了。接着，篮板也开始出现。不久，像足球那样大的篮球也被较大的球代替了。

篮球
根据规定，正规比赛中的篮球必须是正圆体，颜色为橘色，外皮必须用皮、橡胶或合成物质等材质制成，重600至650克，周长75至78厘米。

"NBA"赛场
"NBA"是当今男子篮球全世界范围内最高水准的比赛，在这里集合了全世界最优秀的篮球运动员和最疯狂的篮球观众。

■ 什么是"NBA"？

Weishenme

"NBA"是National Basketball Association（国家篮球协会）的缩写，由美国波士顿花园老板沃尔特·阿·布朗于1946年4月6日发起成立，成立时叫"BAA"，即全美篮球协会（Basketball Association of America）。它是由11家冰球馆和体育馆的老板为了让体育馆在冰球比赛以外的时间不至于闲置而共同发起成立的。

1949年，在布朗的努力下，"BAA"篮球组织与当时另一大篮球组织"NBL"合并为"全国篮球协会（简称'NBA'）"。布朗也成为后来著名的波士顿凯尔特人队的创始人。

"NBA"是全美国男子职业篮球运动的比赛。每场比赛分两个半时，共4节，每节12分钟，加时赛为5分钟。目前，该项赛事是男子篮球全世界范围内最高水准的比赛，集合了全世界最优秀的篮球运动员，比赛精彩激烈，令全世界篮球爱好者共同瞩目。

近年来，"NBA"以更开放的姿态吸纳了更多的外籍球员，包括中国的姚明和来自欧洲、南美洲等众多国家的优秀球员，从而使这项赛事吸引了全世界人的目光。

体育之最 最早的世界篮球规则：1932年，美国等8个国家在日内瓦组建了国际业余篮球联合会，制定了第一份统一的篮球规则。

5

主题索引
篮球队里为什么没有1、2、3号队员？乔丹为什么被称为"空中飞人"？

科学关键词
犯规 裁判员 飞人

■在国际篮球比赛中为什么没有1、2、3号队员？

Weishenme

如果你经常观看国际篮球比赛，就一定会发现，在比赛场中，无论哪一个篮球队，都没有1、2、3号队员。这是为什么呢？

这是因为，在篮球比赛中，裁判要做很多手势来表明得分、犯规等判决，如果球员投进一球，裁判就用手势来表示得几分，篮球比赛中的得分数为1、2、3；如果有球员犯规，裁判要用手势来表示罚几个球，而一次可以罚1至3个球；当球队换队员时，裁判还要用手势来表示球员的号码。所以，如果有1、2、3号球员，这些方面都容易引起误会。为了避免队员号码与得分混淆，使记录台更清楚地记录，以便比赛顺利进行，篮球比赛规则规定，参加篮球比赛的队员，不得穿用1、2、3标号的球衣，也不得穿用数字号码过大的球衣。因为数字号码过大，临场裁判员不易用手势向记录台作出表示。

当然也有特例，例如NBA在这方面就较宽松，它允许的号码范围是1至55。所以才有23号的"飞人"乔丹，50号的"海军上将"罗宾逊，1号的"便士"哈达维、T—MAC，3号的"答案"艾弗森等篮球明星号。

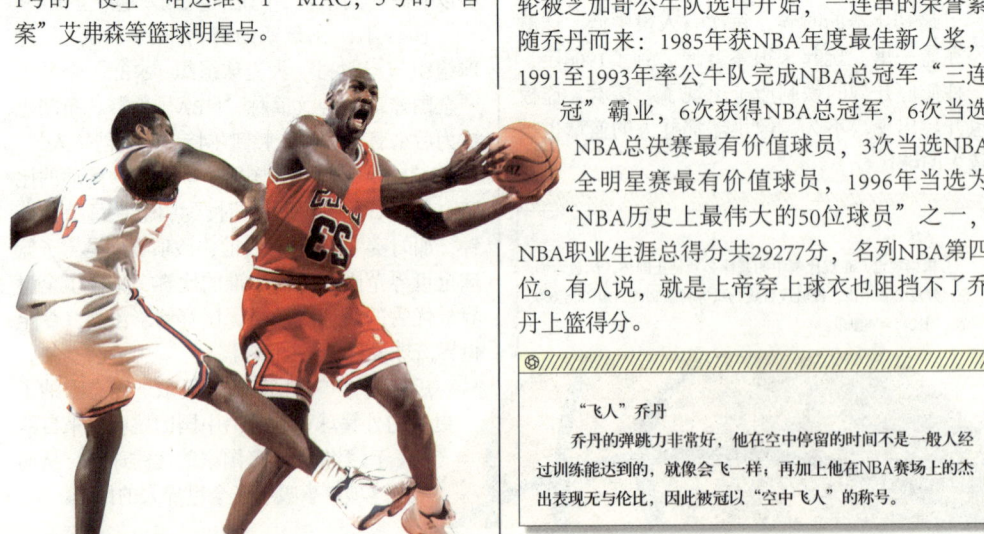

球衣

在篮球比赛中，为了避免队员号码与得分混淆，我们很少看到有穿着1、2、3号球服的队员，只有NBA在这方面比较宽松，它允许的号码范围是1至55。

■乔丹为什么被称为"空中飞人"？

Weishenme

迈克尔·乔丹被称为NBA历史上最杰出的篮球运动员，是NBA最辉煌的图腾，被冠以"空中飞人"的称号。为什么这样称呼他呢？主要原因在于乔丹的弹跳力非常好，就像会飞一样。他可以在空中自由地停留3秒钟，而这一点普通人一般都无法达到。他可以在空中跨步、转体，在空中"览尽风光"之后用各种花样扣篮；他可以跳到2米以上，并隔着两个人大力灌篮；他也可以从罚球线起跳，把球塞入篮筐。曾经有位教练对媒体说："当乔丹双脚离开地面时，没有任何力量能阻挡他飞翔。"

当然，更让乔丹在球坛上声誉倍增的是他所创造的篮球神话。自1984年NBA选秀大会第一轮被芝加哥公牛队选中开始，一连串的荣誉紧随乔丹而来：1985年获NBA年度最佳新人奖，1991至1993年率公牛队完成NBA总冠军"三连冠"霸业，6次获得NBA总冠军，6次当选NBA总决赛最有价值球员，3次当选NBA全明星赛最有价值球员，1996年当选为"NBA历史上最伟大的50位球员"之一，NBA职业生涯总得分共29277分，名列NBA第四位。有人说，就是上帝穿上球衣也阻挡不了乔丹上篮得分。

"飞人"乔丹

乔丹的弹跳力非常好，他在空中停留的时间不是一般人经过训练能达到的，就像会飞一样；再加上他在NBA赛场上的杰出表现无与伦比，因此被冠以"空中飞人"的称号。

174 体育之最 我国首次参加奥运会篮球赛：1936年8月，我国第一次参加了奥运会篮球赛（男子）。

主题索引
乒乓球为什么被称为中国的"国球"？排球比赛中为什么要设"自由人"？

科学关键词
国球 双打 自由人

交通与体育

中国球员郭跃
我国的乒乓球运动员为国家赢得了无数的荣誉。尽管20年来国际乒联出了一个又一个新规则，但中国队的夺冠势头依然不减，在第39至48届这10届世乒赛中，我国共产生了70个冠军中的56个。

■乒乓球为什么被称为中国的"国球"？

Weishenme

从20世纪五六十年代开始，乒乓球运动在我国便得到了广泛开展。乒乓运动相对于足球、篮球等运动来说，没有直接的身体对抗，自己可控制运动量，所以得到了国人的普遍喜爱。无论是城市还是乡村，人们都积极地投入这项运动：孩子们在家里用门板搭起简易的球台；没有条件的乡村学校砌起水泥球台；甚至一条10厘米宽的长板凳，孩子们也能在上面打得难解难分。另外，各学校、各单位、各省市每年都要举行各种等级的乒乓球赛，从中选拔出优秀的乒乓球人才，然后重点培养，使我国乒乓球后备力量充足。

我国的乒乓球为国家赢得了巨大的荣誉。新中国成立后，毛泽东主席号召"发展体育运动，增强人民体质"，从此，乒乓球运动开始在全国广泛开展。1959年，乒乓球运动员容国团为中国夺得了第一个世界金牌！此后，中国的乒乓球运动长盛不衰。在世界乒乓球三大赛事中，金牌数均居世界第一位。

据统计，从1969到1997年，我国共参加13届世乒赛，荣获冠军35.5项，亚军31项，季军50项。在第36届（1981年）、43届（1995年）比赛中，囊括男女团体、男女单打、男女双打、混合双打全部7项冠军。乒乓球为国家争得了极大的荣誉。所以，人们把乒乓球称为中国的"国球"。

■排球比赛中为什么要设"自由人"？

Weishenme

在排球比赛中，每个队可设一名自由防守队员参加比赛。这是国际排联于1996年世界女排大奖赛中试行的一项规则，该自由队员称为"自由球员"或"自由人"。自由人的设立是为了增加排球比赛中每个球的回合数，加强防守，使比赛更加精彩。

这名自由人身穿与队友不同颜色的衣服，可以在后场任何位置活动，但不许发球、扣球或参与前场进攻。他（她）不受换人次数的限制，当场上为死球时，不用经过裁判同意，即可于场上换人区（本方替补席一侧，中线与限制线之间的无障碍区）以外区域与场上后排队员进行交换。在每次死球中，只能进行一次自由人的换人，即自由人不能刚下场就又上场，中间必须经过一次比赛过程。

国际排联规定，自由防守队员应穿着与场上其他队员明显不同的服装，且只能作为后排队员进行比赛，当其应轮换到前排位置时，则必须与其替换下场的队员进行交换，否则即为违例。

乒乓球与乒乓球拍
乒乓球运动于19世纪末起源于英国。最初只是一种活动性游戏，球是用轻而富有弹性的材料制成，拍子用雪茄烟盒盖之类的木质板做成，人们像打网球一样在桌上打乒乓球，故乒乓球也被称为"桌上网球（table tennis）"。

体育之最 最早的奥运会排球比赛：在1964年东京举行的第18届奥运会上，首次进行了排球比赛。

■ 网球比赛怎样记分？

Weishenme

网球比赛的记分方式在球类比赛中非常独特。在比赛中，0分用"Love"标记，胜1分记15分，胜2分记30分，胜3分记40分。如果一个选手取得4分，也就获得了这局比赛的胜利，但条件是他必须比对手多得2分。但是，"0"分为什么叫"Love"呢？这个"Love"与通常所说的"爱情"根本没关系，而只是法文"I'oeut（鸡蛋）"的英文译音。因为"0"的形状像鸡蛋，所以法国人把零分称为"I'oeut（鸡蛋）"，转到英语中就变成了"Love"。

网球比赛的记分方式虽然奇特，看似毫无规律，其实还是有章可循的。这种15—30—40的记分系统源自一种航海仪器——六分仪。在茫茫的大海上，船员是通过六分仪观测星座来确定船只位置的。六分仪依据圆的六等分原理，采用60进制。

早在17世纪，网球赛就采用了六分仪的进位制来记分：15—30—45—60形成完整的一周。也就是说，球员要想赢一盘比赛，就必须打6个60分。到了19世纪，45分改成了40分，这是因为裁判在喊分时，"40分"的发音要比"45分"容易些。

网球比赛

网球运动是一项优美而激烈的运动。它的由来和发展可以用四句话来概括：孕育在法国，诞生在英国，开始普及和形成高潮在美国，现在盛行全世界。它被称为世界第二大球类运动。

棒球帽

棒球帽不但能遮光防风，还有很广泛的气候适应性。帽根紧扣脑后，帽檐长长探出，表现出一种动感、力量，深受人们欢迎。

■ 为什么棒球帽又被称为"战斗帽"？

Weishenme

在美国深秋时节，繁华都市的街头，常会看到一些妙龄少女或小伙子，神气十足地戴着棒球帽。你可知道，棒球帽又被称为战斗帽？

棒球帽檐上的金橄榄枝早在英国皇家海军佩戴时就代表和平这一主题。后来，美国航空兵和陆军学院把它接过来，改成了军便帽。这种帽子既能遮光防风，还有很广泛的气候适应性。帽根紧扣脑后，帽檐长长探出，表现出一种运动、速度和力量，所以深受美军欢迎。

不久之后，防暴警察和联邦调查局又加以发挥，用一些标志性的字母代表特定的含义。这样，美军这种军便帽便以其良好的适应性被北约成员国的一些军兵种采用。不久后，此种风潮迅速蔓延到东南亚，各国军队也纷纷效仿，它便这样成了"战斗帽"。后来，美国棒球选手经常戴着这种"战斗帽"上场比赛，久而久之，它又进入了体育领域，被人称为棒球帽。

你知道吗

- 网球运动起源于法国，由贵族们的"掌球戏"演变而来，18世纪在民间流行，19世纪时开始在欧美盛行。
- 棒球运动起源于英国的板球和一种叫"跑圈子"的运动，后来由英国移民传到美国，演变成现在的棒球运动。
- 美国和日本对世界棒球运动的发展贡献最大，即便说棒球是美日两国的"国家运动"，也毫无争议。

◆ 176 体育之最 **首届网球锦标赛：** 1877年，英国温布尔顿举办了第1届网球锦标赛，当时共有22名男选手参赛。

主题索引
什么是"全垒打"？垒球和棒球有什么区别？

科学关键词
全垒打 垒球 偷垒

交通与体育

■ 垒球和棒球有什么区别？

Weishenme

棒球和垒球都是集体竞赛活动，它们虽然是两个项目，但场地、器材和竞赛规则却有许多相同之处，所以人们常把它们相提并论。但两者也有不同之处，主要有以下几点：

第一，垒球的比赛场地比棒球场地稍小一些（约半个足球场大）。

第二，垒球的球体比棒球稍大且软，垒球的球棒也比棒球的球棒短而细。

第三，二者对投手投球的距离和姿势要求不同，垒球采用下手臂运动投球，而棒球则举手过肩投球，垒球的垒间和投球的距离比棒球要短。

第四，垒球的跑垒员必须在投手把球投出后才能离垒或偷垒，否则判为出局，而棒球则无此限制。另外，垒球的投手限用低手投球，而棒球则没有这个要求。

第五，正式的垒球比赛要打7局，而棒球比赛则打9局。

第六，棒球只限于男子参加，它在技术、力量、速度等方面比垒球的要求高一些。而垒球的主要参加者则是女子和少年男子，中老年男子也可参加。

棒球比赛

■ 什么是"全垒打"？

Weishenme

棒球是以9人为一方，在室外扇形场地使用球棒和球进行的一项球类运动。棒球比赛中，进攻队伍的队员必须依次经过四个垒包才能得分。在其他情况下，打者上垒成为跑者之后，必须借助其他队友的帮助推进才能得分。但是若击出全垒打，计分板上的分数立刻就增加了，因此全垒打一向是棒球运动中最为人津津乐道的一环。

那么什么是全垒打呢？全垒打是一种打者可环绕所有垒跑一周的安打。也就是1、2、3号垒上都有人，形成满垒局面时，下一个打者将球击出外场且不能出界（左右两根白线）——通常是打上看台。这时，除了打者跑到终点本垒，可自己得到1分之外，所有已经在垒包上的跑者每人皆可得1分。多数全垒打球都从界内外场地区飞出围栏。优秀的棒球运动员通常很会打全垒打。

全垒打有很多种类，除了一般常说的全垒打，某些特定的比赛状况还有各自的名称。最典型的是场内全垒打，就是把球打出球场外野最后面的全垒打墙外，并且球飞出去时是在界内。此外，还有大满贯全垒打、再见全垒打等。

垒球比赛

你知道吗

☐ 垒球运动20世纪初传入中国。1915年，在上海举行的远东运动会上，菲律宾女子垒球队做了表演。此后，垒球运动逐渐在上海、北京、天津、广州等地的教会学校中得到开展。

☐ 1924年，在中华民国第3届全运会上进行了首次全国女子垒球赛。1933年，在中华民国第5届全运会上，女子垒球被列为正式竞赛项目。

体育之最 最早的棒球比赛： 1846年6月19日，美国的古柏斯镇举行了首次棒球赛，因此人们将古柏斯镇称为棒球运动的发源地。 **177**

5.

▶ 主题索引
高尔夫球为什么被称为贵族运动？高尔夫球上为什么布满小坑？

▶ 科学关键词
高尔夫 休闲运动 高消费

高尔夫运动
高尔夫运动可以使运动者欣赏美丽的环境和呼吸新鲜的空气，是一种极休闲的运动，同时也是一项高消费的"贵族运动"。

■ 高尔夫球为什么被称为贵族运动？

Weishenme

"高尔夫"运动起源于苏格兰，据说是当时驻守在海岸的士兵为了休闲而发明的一种游戏。这些苏格兰士兵在操练之余用一根木棒在草地上击打小球入洞，比赛看谁能用最少的击球数将球击入事先挖好的若干小洞中。这种游戏很快流行开来，19世纪遍及世界各国。

最早的高尔夫球只是圆形的石头或木头，现代的高尔夫球表面像蜂窝，由有弹性的橡胶制成。高尔夫球是一项既要动脑筋，又需体力的有趣的运动。打球从进入1号洞开始，依次打完18个洞，为一场球。每个洞的距离长短不一，近则约110米，远则达650多米。

高尔夫球场的大小没有统一标准，一般设在风景秀丽的草地上，大约占地50公顷。这种运动不仅气氛轻松，而且运动者还可以欣赏美丽的环境和呼吸新鲜的空气，是一种极休闲的运动。然而，它也是一项高消费的运动，在日本打一场高尔夫球，球场租费就要180至450美元，然后还必须花数千美元买一张俱乐部的会员证和一套价值1500美元的运动器具。此外，由于世界上许多国家首脑和社会名流在节假闲暇时都喜欢参加高尔夫球运动，因此人们把它称为"贵族运动"。

■ 高尔夫球上为什么布满小坑？

Weishenme

高尔夫球是一种草地上的体育运动。运动员用球杆的勺形部位撞击球，以尽可能少的次数把球击入规定数目的小圆洞内。一个高尔夫球的大小约是一个棒球或一个网球的一半，重45.93克，直径不得小于4.16厘米。

早期的高尔夫球用厚皮革制成，里面塞满了羽毛。现在的高尔夫球是在一块压缩的小橡皮上，用橡皮筋环绕成圆球形，再包上有微凹的坚硬合成材料作为外壳。高尔夫球的表面为什么不能做成光滑的呢？首先，在球杆触球时，小坑可以增加二者之间的摩擦力，提高倒旋速度，使球体受力均匀。其次，小球在飞行中，小坑可以使球体保持适当的旋转，利用空气阻力向上增大压力，使球飞得又高又远。

高尔夫球
高尔夫球外面有很多凹陷的小坑，只要打中这些小凹坑，就能使球飞得更直。此外，这些小坑还能减小风的阻力，而使球飞得更远。

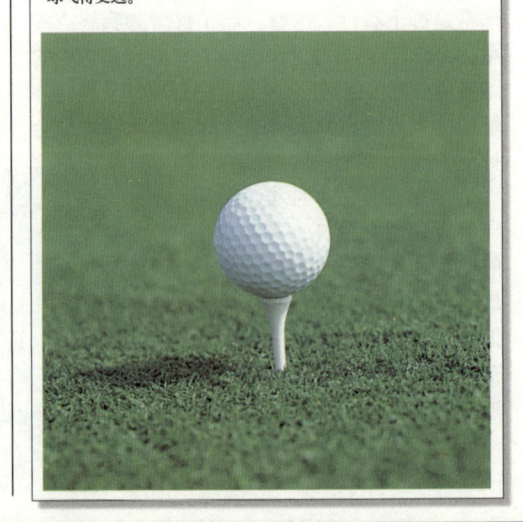

◆ 178 体育之最 首届女子高尔夫锦标赛：1894年，美国女子高尔夫球手举行了第1届世界女子高尔夫锦标赛。

斯诺克台球

台球也叫桌球，台球运动是一种用球杆在台上击球、依靠计算得分确定比赛胜负的室内娱乐体育项目。斯诺克台球共有15个红球、6个其他不同颜色的球和1个白色主球。

■ 台球运动为什么又叫"斯诺克"？

Weishenme

台球是一项在国际上广泛流行的高雅的室内体育运动。它起源于英国，据说，大约在14世纪，伦敦的一家名叫Billsyard的当铺老板为消遣娱乐而发明了台球，它的英文名称就源于此。18世纪末，台球作为一种游戏在英国民间广泛流行。

早期的台球，桌面上只有两个白球，之后，法国人增添了一个红球并改进了打法。后来英国人又将其发展成为今天十分流行的落袋台球。现在的台球多种多样：有俄式落袋球、英式落袋球、开仑台球、美式落袋球和斯诺克台球等。其中，斯诺克台球最为普遍，而且被官方认可，已成为一项独立的比赛项目。

"斯诺克"为"障碍"之意，从英文"Snooker"音译而得名，属于英式台球的一种。据说，1875年，驻扎在印度的英国得文郡军团的官兵们，对于他们每天常玩的英式"比例"台球觉得太乏味，便想出一种新的台球游戏。他们起先是在球台中多放了一个黑球，一位年轻的尉官又建议再加上一个红球，随后又连续加了几个别的颜色的球。经过这样一步步的演变，最后就形成了今天流行的有15个红球、6个其他不同颜色的球和1个白色主球的斯诺克台球。

斯诺克台球发明后，1880年末传回英国。不久，在英国得到发展。1903年，英国台球协会定出最早的斯诺克台球规则，并使斯诺克台球成为世界台球赛中的正式比赛项目。从此，斯诺克台球才开始在英国兴盛起来，成了英国的国球。

■ 为什么保龄球要打10根球柱？

Weishenme

保龄球是一种十分流行的室内活动，又称地滚球，起源于3世纪末4世纪初的德国。其实，保龄球原来只有9根球柱。中世纪的德国，每当乡村举行舞会和基督教洗礼时，人们都会玩对准9根竖着的木制棍棒滚动或投掷石球的游戏。

17世纪时，9柱保龄球传入美国。然而，当时大多数保龄球运动机构的所在地都又小又暗，充满了香烟味，是社会闲散分子的积聚地。因此，当保龄球风靡美国的时候，利用这项运动进行赌博的行为也迅速蔓延开来，所以它一度被视为一种社会罪恶。为了整治社会风气，提倡良好的道德情操，各地都纷纷禁止这一运动。1841年，康涅狄格州的立法机关更是为此颁布法令，"用保龄球滚击9个靶瓶"是非法的，许多保龄球迷因此被送进监狱。有人钻法律的空子，增加了一根球柱，于是就有了现在的10根球柱。

保龄球
保龄球比赛时，在球道终端放置10个球柱呈三角形，比赛者在犯规线后轮流投球撞击球柱。每人均连续投出两球为一轮，10轮为一局，击倒一个球柱得1分，以此类推，得分多者为胜。

你知道吗

- 台球运动虽然体力消耗不大，但要运用几何学、力学、心理学等多方面的知识，趣味性很强，是一项有益于身心健康和开发智力的体育活动。
- 保龄球运动虽然由来已久，但直到1988年汉城奥运会时才被列为表演项目。

体育之最 最早建立台球组织的国家：英国于1885年由业余球手与职业球手组成了台球协会，并制定了第一套正式的台球比赛规则。

▌主题索引
体操运动员赛前为什么要在手上擦白粉？为什么李宁被称为"体操王子"？为什么体操运动员手上要戴皮条？

▌科学关键词
体操 单杠 双杠

■ 体操运动员赛前为什么要在手上擦白粉？

Weishenme

我们经常会注意到，在体操比赛中，运动员上场时总要在手上抹一些白色的粉末。这些白色的粉末到底是什么东西呢？

这种白色粉末的化学名字是"碳酸镁"，它具有很强的吸湿性。体操运动员在比赛时，手掌常常会出汗，以至于手掌握不稳器械，容易滑落，造成危险，当然也就不能做出高质量的动作来了。"碳酸镁"粉末涂在手上，可以吸收汗水，同时也可增大手与器械之间的摩擦力，使运动员的身体更加稳定，在保证安全的同时提高表演成绩。

事实上，不仅体操运动员上场前要在手掌上抹"碳酸镁"粉末，举重运动员也要在手上抹这种白色粉末，以增大举重时的稳定性。

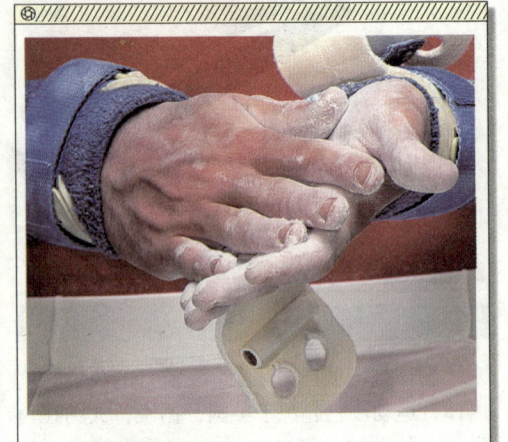

体操比赛前手擦白粉
体操运动员比赛前要先在手上抹一些叫"碳酸镁"的白色粉末。这些粉末具有很强的吸湿性，可以吸收汗水，增大手与器械之间的摩擦力，以保证运动员的安全，提高表演成绩。

■ 为什么李宁被称为"体操王子"？

Weishenme

李宁是我国20世纪80年代最著名的体操运动员。1982年，在第6届世界杯体操比赛中，他表现出色，一人独得男子全部7枚金牌中的6枚，包括个人全能、自由体操、鞍马等项目，创造了世界杯赛史上个人在一届比赛中得金牌数目的新纪录，也创造了世界体操史上的神话，被誉为"体操王子"。

李宁17岁进入国家体操队，26岁退役。但他在十几年的运动生涯中，共获得国内外重大体操比赛金牌106枚。他的独创动作"吊环正吊臂后悬垂前摆上接直角支撑"和"双杠大回环转体180度成倒立"，被国际体联命名为"吊环李宁摆上"和"双杠李宁大回环"。

1999年，李宁被世界体育记者协会评选为"20世纪世界最佳运动员"之一，他的名字和拳王阿里、球王贝利、飞人乔丹等25位体坛巨星一道登上了世纪体育荣誉之巅。

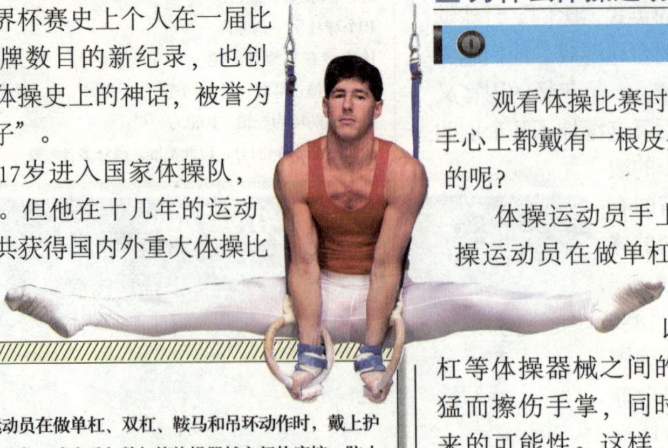

■ 为什么体操运动员手上要戴皮条？

Weishenme

观看体操比赛时，你会发现，体操运动员手心上都戴有一根皮条。这个皮条是做什么用的呢？

体操运动员手上的皮条叫"护掌"。体操运动员在做单杠、双杠、鞍马和吊环等动作时，戴上护掌就可以保护手掌，减轻手与单杠等体操器械之间的摩擦，不至于因用力过猛而擦伤手掌，同时也能减少因手滑而掉下来的可能性。这样，运动员就可以放心地完成各种动作了。

吊环
体操运动员在做单杠、双杠、鞍马和吊环动作时，戴上护掌可以保护手掌，减小手与单杠等体操器械之间的摩擦，防止擦伤手掌，同时也减少了因手滑而掉下来的可能性。

◆ 180 体育之最 **我国第一个体操冠军：**在1979年的第20届世界体操锦标赛中，我国选手马燕红与德国的M·格瑞克并列获得高低杠冠军。